[개정판]

긍정심리와 인간관계

| 황혜원 정민철 심호규 |

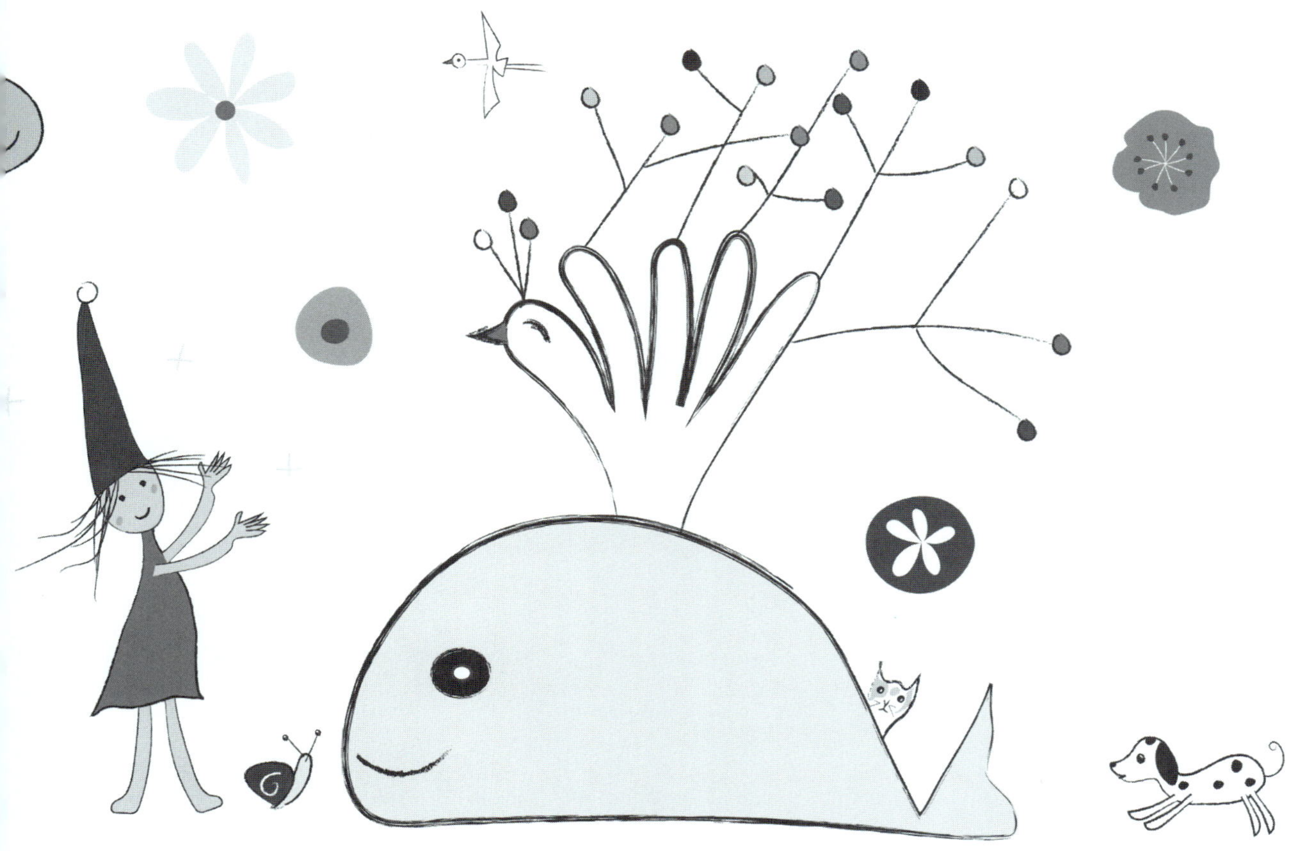

양 성 원

머리말

세계에는 파키스탄의 훈자, 에콰도르의 비루카밤바, 중국 신강성의 위구르 자치구, 그루지아의 코카서스라는 4개의 장수지역이 있다. 이들 지역의 장수 비결은 '가족과 친구들과의 좋은 관계를 맺는 것'이었다. 이는 우리나라에서도 적용이 된다. 우리나라의 TV 프로그램 중 하나인 "생로병사의 비밀"에서도 "사회적 관계"가 100세를 살게 하는 장수의 조건 중 하나라고 하였다. 이러한 내용은 인간이 신체적·정신적으로 건강하게 사는 방법 중에서 "사회적 관계"가 매우 중요함을 말해주는 것이다.

이러한 "사회적 관계"에 대한 중요성을 알면서도 막상 "관계"를 어려워하는 것이 우리 인간의 모습이다. 특히 대학생이 되면서 다양한 사람들을 알게 되고, 이들과 관계맺기를 하면서 늘 고민하고 힘들어 할 수 있다. 또한 '코로나'로 인해 인간관계의 소중함을 알게 되었고, 다양한 방법으로 인간관계를 맺는 경험도 하게 되었다. 이러한 다양한 인간관계의 경험은 '성숙한 인간관계'를 만들 수 있게 한다. 이러한 '성숙한 인간관계'는 대학을 졸업하고 형성하게 되는 더 다양한 사회적 관계, 즉 직장생활에서의 관계, 사랑하는 사람과의 이성관계, 부부관계, 가족관계 등을 형성하고 발달시키는 것에 또 다른 하나의 기초가 될 것이다.

따라서 본 책은 "성숙한 인간관계" 형성을 돕고자 인간관계의 중요성과 발달과정, 인간관계를 위한 자기인식, 다양한 인간관계에 대한 이해, 부적응적 인간관계와 건강한 인간관계에 대한 이해, 인간관계에서 경험하게 되는 갈등을 관리하는 방법 등에 대한 내용을 담았다. 또한 이론적 내용만 학습하는 것이 아니라 이론에 의해 자신 모습을 비추어 보고, 보다 성숙된 인간관계 형성을 할 수 있도록 돕고자 하였다.

본 교재를 통해 다양한 사람들과 건강한 인간관계를 형성하고 발전시켜 나가는 초석이 되기를 저자들을 소원한다.

2023. 8.

모든 사람이 건강한 관계를 통해서

아름다운 세상을 만들어 가기를 소망하는

저자 일동

차례

CHAPTER 1

인간관계의 중요성

◐ 학습목표 ◑

1. 인간관계의 중요성을 이해한다.
2. 인간관계의 유형을 이해한다.
3. 생활 속에서 맺게 되는 인간관계를 이해한다.
4. 건강한 인간관계 형성에 대하여 이해한다.

사람에게는 사람이 필요하다.

-타고르-

나에게 혼자 파라다이스를 살게 하는 것보다 더 이상의 형벌은 없다.

-괴테-

사람, 행복의 90%는 인간관계에 달려 있다.

-키에르 케고르-

자신을 완성시키려면 다른 사람들과 관계를 잘 맺어야 한다.
다른 사람과 교제를 맺지 않고,
또한
다른 사람에게 영향을 끼치거나 영향을 받지 않고서는
자신을 살찌워 나갈 수 없다.

-톨스토이-

1 CHAPTER

인간관계의 중요성

1 인간관계의 중요성

SK 하이닉스 공식 기업블로그 하이라이트에서 대학생들에게 '대학생활에서 가장 기대하는 것이 무엇인가?'를 물어보았다. 대답한 사람들 중 33%가 '새로 만나게 될 다양한 사람들'이라고 하였다. '대학에 들어오기 전에 가장 큰 고민은 무엇인가?'에 대한 질문에 대해서는 21%가 '인간관계'라고 했으며, 그 다음으로 16% '대학공부 및 학점'이라고 대답하였다.

한국고용정보원에 조사에 따르면 직장 적응에 어려운 점으로 '업무내용 습득'이라고 하였다. 그 다음으로 '상사와 동료와의 관계'라고 대답했으며, '대학 재학 시 배웠으면 업무에 도움이 되었을 능력'에 대해 응답자의 19.1%가 '의사소통능력'을 꼽았다.

아리스토텔레스(Aristoteles)는 '인간을 사회적 동물'이라고 하였다. 이는 인간은 기본적으로 끊임없이 누군가와 관계를 맺고, 이 과정에서 자신의 존재를 확인하며 이를 통해서 만족감을 얻고자 한다. 또한 지속적인 사회변화와 다양한 환경에서 적응하기 위해서는 서로가 서로에게 도움을 주고받는 관계 형성 과정에서 얻은 교훈과 결과들이 개인의 성장과 삶의 질을 높여 줄 수 있는 매우 중요한 요소이다.

그러므로 첫째, 인간은 태어나서부터 죽을 때까지 주변 사람들과의 상호작용은 필수적이다. 이러한 필수적인 상호작용은 서로가 서로에게 존재적 의미와 가치를 찾아 주기에 인간관계는 매우 중요하다고 볼 수 있다.

둘째, 인간은 태어나면서부터 다른 사람들과 관계를 맺다보면, 많은 갈등과 이를 해결하기 위한 다양한 경험들을 하게 된다. 이러한 인간관계에서 경험하게 되는 갈등과 이를 해결하기 위한 과정들은 한 개인의 인격과 성격을 형성하는 데에 매우 중요한 역할을 하게 된다.

셋째. 부정적인 인간관계는 스트레스에 중요한 원인되어 심리적, 신체적 건강에 영향을 끼친다. 누군가와 관계를 맺고, 이 과정에서 자신의 존재를 확인하며 이를 통해서 만족감을 얻고자 한다. 또한 지속적인 사회변화와 다양한 환경에 적응하기 위해서는 서로가 서로에게 도움을 주고받고, 이러한 관계 형성을 통해서 얻은 교훈과 결과들이 개인의 성장과 삶의 질을 높여 줄 수 있는 매우 중요한 요소이다.

그러므로 첫째, 인간은 태어나서부터 죽을 때까지 주변 사람들과의 상호작용은 필수적이다. 이러한 필수적인 상호작용은 서로가 서로에게 존재적 의미와 가치를 찾아 주기에 인간관계는 매우 중요하다고 볼 수 있다.

둘째, 인간은 태어나면서부터 다른 사람들과 관계를 맺다보면, 많은 갈등과 이를 해결하기 위한 다양한 경험들을 하게 된다. 이러한 인간관계에서 경험하게 되는 갈등과 이를 해결하기위한 과정들은 한 개인의 인격과 성격을 형성하는 데에 매우 중요한 역할을 하게 된다.

셋째, 인간관계는 스트레스에 중요한 원인되어 심리적, 신체적 건강에 영향을 끼친다. 긍정적인 인간관계의 경험은 행복감을 가지고 자신의 삶의 의미를 찾고 성장할 수 있게 하는 원인이 될 수 있다. 그러나 부정적인 인간관계는 우울, 불안, 분노 등과 같은 부정적인 정서를 경험하게 되고, 이는 심리적인 스트레스와 수면장애, 소화불량, 두통 등과 같은 부정적인 신체 증상으로 나타날 수 있다.

2 인간관계의 유형

인간은 태어나면서부터 죽을 때까지 지속적으로 '관계'를 맺는다. 지속적인 관계 형성은 다음과 같은 인간관계의 유형으로 구분할 수 있다.

1) 일차적 인간관계와 이차적 인간관계

- 일차적 인간관계는 개인의 의지나 자발적인 선택이 아닌 의무적으로 부여되는 인간관계 유형을 말한다. 일차적 인간관계는 자신이 싫다고 관계 형성을 단절할 수 없는 관계를 말한다. 이에 대한 예로 부모, 친척, 형제자매, 같은 반 또는 학과 친구들이 있다.
- 이차적 인간관계는 개인의 자발적인 의사에 의해 자유롭게 선택하여 상호작용을 할 수 있는 인간관계를 말한다. 이차적 인간관계는 자신의 자발적인 선택과 의사로 선택하였기에 가입과 탈퇴에 비교적 자유로운 편이다. 따라서 일차적 인간관계보다는 일시적인 상호작용이 될 수 있다. 이에 대한 예로는 친구, 직장에서의 상사와 동료, 동아리 친구 등을 말한다.

2) 수직적 인간관계와 수평적 인간관계

- 수직적 인간관계는 부모와 자녀 관계, 선배와 후배 관계, 스승과 제자 관계, 직장상사와 부하직원 관계와 같은 상하구조의 인간관계를 말한다. 수직적 인간관계는 동양문화권에서 잘 발달되어 있는 인간관계 구조로 상급자에게는 명령, 지도, 보살핌과 양육과 같은 역할을 하며, 하급자에게는 순종과 같은 역할이 요구된다.
- 수평적 인간관계는 친구관계, 이성관계, 부부관계 등과 같이 서로 동등하고

평등한 인간관계를 말한다. 수평적 인간관계는 보통 서양문화에 잘 발달되어 있다. 그러나 어느 문화권이든 수직적 · 수평적 인간관계가 서로 함께 있다.

3) 우호적 인간관계와 적대적 인간관계

- 우호적 인간관계는 서로에 대한 좋은 감정과 뜻을 가지고 있어 함께 도와주며 상호작용하는 인간관계를 말한다.
- 적대적 인간관계는 서로에 대하여 경쟁적 또는 적으로 인식하고 상대방이 하는 일에 협조하지 않거나 방해하는 태도를 보이는 인간관계를 말한다.

4) 애정 중심적 인간관계와 업무 중심적 인간관계

- 애정 중심적 인간관계는 이성친구나 부부관계와 같이 상대방에 대한 사랑을 가지고 관계가 형성되고 유지되는 인간관계를 말한다.
- 업무 중심적 인간관계는 직장동료나 직장상사와 부하직원의 관계같이 일이나 업무 수행하기 위해서 관계가 형성되고 유지되는 인간관계를 말한다. 업무적 인간관계는 사랑을 가지고 관계가 형성되고 유지되는 애정 중심적 인간관계와 달리 상대방과의 관계를 통해서 얻게 되는 이익이 목적이 되어 관계가 형성되고 유지되는 경우가 많다.

5) 공유적 인간관계와 교환적 인간관계

- 공유적 인간관계는 상대방과의 관계를 통해서 얻게 되는 이익보다는 상대방의 행복과 불행에 대한 관심을 가지고 친교의 경험을 함께 하는 인간관계이다. 공유적 인간관계는 서로에 대하여 의존적이며, 친밀감을 가지고 있다.
- 교환적 인간관계는 서로에게 이익을 주고받을 수 있는지에 대한 관심을 가지

고 관계가 형성되고 유지된다. 교환적 이해관계는 서로 간의 이해와 친밀감보다는 서로의 이익을 주고받는 과정이 얼마나 공정하고, 투자한 만큼의 보답이 있느냐에 대한 관심으로 인간관계가 형성되고 유지된다. 이러한 교환적 인간관계는 개인주의와 자본주의 생각으로 살아가고 있는 현대사회에 가장 많이 나타나고 있는 인간관계이다.

3 생활 속의 인간관계

1) 가족관계

가족관계는 인간이 세상에 태어나면서 처음 겪는 인간관계이다. 이때 시작한 인간관계가 모든 인간관계의 중요한 요인이 된다. 가족관계는 크게 부모-자녀관계와 형제-자매관계가 있다. 에릭슨(Erickson)의 심리사회적 발달이론에 의하면 부모-자녀관계는 아무것도 할 수 없는 무력한 인간이 부모와의 처음 맺는 관계 형성을 통해서 세상과 다른 사람에 대하여 신뢰 또는 불신을 형성하게 된다고 하였다. 이때 형성된 신뢰 또는 불신은 인간관계 형성의 매우 중요한 기초가 된다고 하였다. 형제-자매와의 관계는 다른 인간관계보다 더 친밀감과 유대감을 가지게 된다. 하지만 동시에 부모의 사랑을 나누어 가져가야 하는 경쟁심도 배우게 된다. 형제-자매관계를 통해서 부모가 보여주는 양육태도에 따라 개인의 성격 형성과 인간관계 형성에 중요한 영향을 끼치게 된다. 가족관계는 부모-자녀관계를 통해서 수직적 인간관계 유형을, 형제-자매와의 관계를 통해서는 수평적 인간관계 유형을 배우게 된다.

2) 친구관계

친구관계는 학령기 이전 단계에서 형성되는 인간관계이다. 친구관계는 또래의 친구와 우정을 통해서 형성되는 인간관계이다. 친구는 가족관계와 달리 개인의 자발적인 선택으로 이루어진 관계이므로, 개인이 가지고 있는 흥미, 취미, 관심도, 가치 등이 비슷하고, 서로에 대한 호감성을 갖게 되면 관계가 시작될 수 있다. 친구관계는 다른 목적보다는 삶의 즐거움 자체이며, 순수한 관계지향적인 관계이자 수평적인 관계이다. 청소년 시기에서는 부모-자녀관계와 형제-자매관계보다 친구관계를 가장 중요한 관계로 생각하며, 가족관계 만큼이나 지속적인 관계로 유지될 수도 있다.

3) 이성관계

이성관계는 사랑을 가지고 이성을 만나 형성하는 인간관계를 말한다. 이성관계는 청년기 단계에서 깊게 형성되며, 결혼이라는 사회적 제도하에 부부관계로 발전될 수 있다. 또한 부부관계를 통해서 부모-자녀관계를 형성할 수 있다. 그러나 이성관계가 발전하지 않으며, 이별이라는 관계의 단절을 경험하게 되고 이로 인해 절망감과 좌절감이라는 심리적 어려움을 경험하게 될 수 있다.

4) 작업적 관계

작업적 관계는 직장에서 상사와 부하, 동료, 선후배 또는 거래하는 사람들과의 업무적인 관계를 말한다. 작업적 관계는 자발적 선택으로 인해 관계가 형성된 것이 아니라 특정한 목표와 이익을 위하여 형성된 관계이기 때문에 수단적이고, 교환적인 측면이 많다. 따라서 다른 인간관계보다 갈등이 많이 일어날 수 있다. 이로 인해 스트레스 또한 많이 경험하게 된다. 그러나 작업적 관계는 인간의 생계유지와 자아실현을 위해서 꼭 경험하는 중요한 관계이며, 이 관계를 통해서 갈등과 의사소통, 사회적 규범 등에 대한 다양한 경험을 할 수 있게 된다.

4 건강한 인간관계

한국임상심리학회·한국심리학회는 학회 소속 심리학자 317명을 대상으로 '현재 대한민국은 얼마나 고독하다고 생각하는가?'라는 질문을 하고 점수를 매기도록 했다. 이에 대한 심리학자들의 평균 점수가 100점 만점을 기준으로 했을 때 78점으로 평가했다고 한다. 이러한 고독감으로 인해 발생하는 문제로는 우울증, 자살, 고독사, 일 중독, 악성 댓글, 혐오범죄 등의 순으로 꼽혔다.

상호협조적인 건강한 인간관계는 인간을 보다 더 생산적이고 마음의 안정을 유지하여 정신 건강에 긍정적인 영향을 나타내지만, 건강하지 못한 인간관계는 불안과 우울, 분노 등의 부정적인 감정으로 인해 신체적·정신적으로 병리적인 증상을 나타나게 한다. 따라서 가족, 친구, 이성 등의 주변의 사람들과 건강한 인간관계를 맺도록 노력하는 것은 개인의 건강뿐만 아니라 건강한 사회를 만들어 가는 데 매우 중요한 것이다.

1) 인간관계의 바람직하지 않은 요인

최근 인간관계에 대하여 '번아웃(소진증후군)'을 경험하는 사람들이 '자발적 아웃사이더'로 지내는 경우가 많이 있다. 취업포털사이트 '사람인'에서 직장인 223명을 대상으로 한 설문조사에 의하면 55.6%가 '나는 직장 내에서 자발적 아웃사이더'라고 답했고, 이 중 40%는 인간관계에 지쳐서 아웃사이더가 됐다고 답했다. 이는 직장인들뿐만 아니라 대학생들에게도 나타나고 있다. 잡코리아에 따르면 45%의 대학생들이 인간관계에서 권태기를 경험하는 것에 지쳐서 혼자서 학교생활을 하는 '자발적 아웃사이더'를 선택했다고 나타났다. '자발적 아웃사이더'에 대한 만족도는 10점을 만점으로 했을 때 7.2점으로 상당히 높았으며, '자발적 아웃사이더'를 부정적으로 본다는 것보다(15%)보다 긍정적으로 보는(44%)이 경향성이 더 많았다.

많은 현대인들이 인간관계를 특정한 목적을 가지고 '인맥 만들기'를 위한 인간관계 형성을 하는 경우가 많이 있다. 따라서 인간관계를 형성하는 데에 있어서 자신의 있는 그대로의 모습을 가지고 순수한 관계를 형성하기보다는 투자나 관리차원으로 자신을 좋은 모습으로 포장하여 관계를 맺는 경우가 많이 있다. 이러한 관계는 순수하게 주고받는 진정성이 있는 관계 형성이 어렵고, 외로움이나 배신의 감정을 경험하게 된다. 인간관계 속에서 이러한 부정적인 경험이 반복되면 인간에 대한 환멸을 느끼게 되고 더 이상의 관계 형성을 하지 않으려는 경향이 있게 된다.

또한 인간관계의 시작의 기본은 서로 간의 신뢰를 통해서 형성된다. 그러나 서로에 대한 불신을 갖게 되면, 관계 속에서 자신이 더 이상의 상처를 받고 싶지 않고 자신을 보호하게 된다. 그렇게 되면 사람중심, 관계중심보다는 형식적인 관계나 자신이 해야 하는 역할만 몰두하게 되어 진정한 의미의 인간관계를 형성할 수 없게 된다. 따라서 하루아침에 형성되는 것은 아니지만 기본적으로 인간에 대한 신뢰를 갖는 것이 건강한 인간관계를 형성하게 되는 가장 중요한 요인이 된다.

2) 건강한 인간관계의 특징

건강의 인간관계를 가지고 있는 사람의 특징은 다음과 같다.

- 인간에 대한 기본적인 신뢰를 바탕으로 관계 형성을 하고자 한다.
- 관계 형성에 있어 인간은 목적과 도구가 될 수 없기에 자신을 있는 그대로 표현하며 다른 사람들도 있는 그대로 수용하고자 한다.
- 관계 형성을 통해서 현실적인 이익이 아니라 서로의 행복과 성장에 관심을 가진다.
- 나보다는 상대방의 행복을 위해서 행동하고자 노력한다.

WORKSHEET 1

● 나와 함께 하는 사람들

- 나를 중심으로 현재 나와 가까운 사람은 가까운 곳에, 멀리 있는 사람은 먼 곳에
- 나에게 영향력을 크게 준 사람은 동그라미 크기를 크게, 적은 영향력을 준 사람은 동그라미 크기를 작게
- 나에게 부정적인 영향을 준 사람에게는 빗금으로 표시
- 돌아가신 분은 점선으로 표시

나

____________학과 ___________________학번 ___________이름

WORKSHEET 2

1. 나와 함께 하는 사람들 중에서 좋은 관계를 맺고 있는 사람과 좋지 않은 관계를 맺고 있는 사람 두 명이 누구인지 살펴보고 그 이유에 대해서 적어보세요.

	좋은 관계	좋지 않은 관계
사람	① ②	① ②
이유	① ②	① ②

_______________학과 _______________________학번 _____________이름

2. 앞으로 친해지고 싶은 사람과 친해지고 싶지 않은 사람에 대한 스타일과 그에 대한 이유를 작성해보세요.

	친하고 싶은 사람	친하고 싶지 않은 사람
스타일		
이유		

읽어보기

자연스러운 인간관계 형성을 위한 방법

[방법 1] 관계의 양보다 질에 대하여 더 신경써야 한다.

많은 사람들에게 좋은 사람이 되기보다는 나에게 소중하고 가까운 사람에게 더 많은 관심을 가지는 것이 필요하다.

[방법 2] 자신의 '관심사' 집중할 필요가 있다.

자신의 '관심사'는 라틴어로 '오티움(Otium)'이라고 할 수 있다. '오티움(Otium)'은 "내적 기쁨을 주는 능동적인 여가"라는 뜻을 가지고 있다. 자신에게 내적 기쁨을 주는 것은 시간이 지날수록 심화되어 간다. 이러한 과정에서 나와 같은 즐거움을 가지고 있는 사람들과 공유적 관계가 형성된다. 이렇게 형성된 인간관계는 보상이나 결과에 대한 기대보다는 순수한 의미에서의 관계를 형성하고 유지할 수 있다.

[방법 3] '갈등'을 풀어보고자 하는 경험을 가지고 있어야 한다.

인간관계에서는 누구나 오해와 마찰로 인해 '갈등'을 경험하게 된다. 갈등을 풀어보지 않고 회피하게 되면 관계에서 있어 성장을 이루어지지 않는다. 갈등을 풀어보기 위해 자신의 속마음을 솔직하게 이야기하고 오해와 마찰로 인해 경험하게 된 불편함을 풀어보는 경험을 통해서 친밀감과 편안함이 깊어질 수 있다.

http://blog.samsungfire.com/4036 블로그 삼성화재 화제만발 참고

2

CHAPTER

인간관계와 자아개념

◐ 학습목표 ◑

1. 인간관계 속에서 자기이해의 중요성을 이해한다.
2. 자기개념에 대하여 이해한다.
3. 에고그램을 통해 자기분석을 한다.

만약 그대가 자신을 알고자 한다면
다른 사람들이 하는 방식을 보라.
만약 그대가 사람들을 이해하고자 한다며
그대 자신의 마음을 들여다보라.

– 실러 –

사람들은 만일 누가 자신을 이해하면
모든 사람을 이해하게 된다고 말한다.
그러나
나는 '누가 사람들을 사랑하면
그는 자신에 대해서 무엇인지를 터득하게 되리라'고
그대에게 말해 주고 싶다.

– 칼릴 지브란 –

자신을 깨달았을 때
비로소 남의 마음도 이해하게 된다.

– 에릭 호퍼–

2
CHAPTER

인간관계와 자아개념

1 인간관계에서의 자기이해의 중요성

인간관계에서 자기를 이해한다는 것은 매우 중요한 성공요인이 된다.

그 이유는 첫째, 인간은 다른 사람들과의 상호작용을 통해서 '나'와 '너'를 구별하며, '나는 누구인가'에 대한 답을 찾아가기 때문이다. 이렇게 답을 찾아가는 과정에서 자기개념과 자아 존중감을 형성하게 되며, 이는 다양한 인간관계를 형성하고 유지하는 것에 매우 중요한 기초가 된다.

둘째, 사람은 자신을 통해서 세상과 다른 사람들을 바라보고 평가하기에 자기이해가 중요하다. 인간은 자신이 형성하고 있는 틀과 기준에 의하여 세상과 다른 사람들을 평가한다. 다른 사람들을 평가하고 바라보는 틀과 기준이 왜곡되지 않았을 경우에는 관계를 형성하는 데 어려움이나 문제를 일으키지 않는다. 그러나 왜곡된 틀과 기준으로 다른 사람들을 바라보면, 관계 형성의 어려움이나 문제를 갖게 될 수 있다. 예를 들면, "권위자는 모두 무섭고, 잘하는 점보다는 부족한 점을 보려는 경향이 있다"라는 왜곡된 틀을 가지고 있는 사람은 어떤 상황에서도 권위자에게 친밀감을 가지고 다가가지 못하고, 권위자가 보여주는 긍정적인 조언이나 호의를 순수한 마음으로 받아들일 수 없게 될 수 있다.

2 자기개념

심리학자 William James(1890)는 자아를 '한 개인이 자기 것이라고 말할 수 있는 모든 것'이라고 정의하였다. James는 자아를 개인과 사회의 상호작용을 통해 형성되는 것으로 보았다. 또한 자아개념을 위계적 구조로 보았으며, 물질적 자아, 심리적 자아, 사회적 자아, 순수 자아로 구별하였다.

물리적 자아는 신체적 특성과 소유물에 대한 인식으로 외모, 신체적 능력과 매력, 재산 등을 말한다. 심리적 자아는 가장 지속적이고 본질적인 것으로 개인의 독특한 내면적 특성인 성격, 능력, 적성, 가치관 등을 말한다. 사회적 자아는 가족, 친구, 이성, 선후배 등과 같이 자신과 타인과의 관계를 통해서 얻게 되는 사회적 위치와 신분을 이야기한다. 순수 자아는 추상적이고 가설적이며 개념적인 의미를 가지고 있다.

자아개념은 자아만족과 자아불만이라는 느낌과 감정을 갖게 되며, 자아는 현재의 단순한 종합이 아니라 과거의 기억을 통해서 얻게 된 사고를 가지고 평가되며, 자기존중감의 기초가 된다.

권석만(1996)은 자기개념을 다측면적 구조를 가지고 네 가지로 구별하였다. 첫째 자아는 현재의 자신의 정보를 가지고 있는 현실적 자아(Real self)이다. 둘째 자아는 자신이 기대하고 바라는 이상적 자아(Ideal self)이다. 셋째 자아는 중요한 타인들에 기대되는 모습인 의무적 자아(Ought self)이다. 넷째 자아는 앞으로 노력하면 가능하다고 보는 가능한 자아(Possible self)이다.

자기개념은 네 가지 자아의 비교를 통해서 형성된다.

첫째, 현실적 자아와 이상적 자아를 비교한다. 예를 들어, 자신의 성적은 좋지 않은데 자신의 성적보다 높은 상급학교에 대한 진학을 기대했으나 기대에 미치지 못하는 결과를 가지게 됐다면 불만족감을 갖게 될 것이다. 현실적 자아와 이상적 자아의 차이가 크면 클수록 좌절감과 실패감이 강해진다고 볼 수 있다.

둘째, 현실적 자아와 의무적 자아를 비교한다. 부모님이나 주변 사람들이 자신에 대한 기대는 높으나 현실적인 자아는 그것을 이루어줄 수 없다면 심한 부담감을 갖게 될 것이다.

셋째, 현실적 자아, 이상적 자아, 의무적 자아와 가능한 자아를 비교한다. 현실적 자아에 대한 불만족이 있고, 자신이 바라고 기대하는 이상적 자아와 의무적 자아가 있다고 하더라도 자신이 열심히 노력한 만큼의 좋은 결과가 있을 것이라는 믿음이 있으면, 자아에 대한 불만족과 불안이 일시적이거나 조금일 수 있을 것이다. 그러나 자신을 열심히 노력한다고 하더라고 이상적 자아나 의무적 자아를 성취할 수 없다고 생각하며 좌절감과 절망감만 가득할 것이다.

3 자기이해를 위한 자아분석

Eric Berne은 자아를 부모자아, 성인자아, 어린이자아로 구분하였다. 이 세 가지 자아는 타인과의 상호작용을 통해서 형성되며, 개인의 성격 구조이다.

1) 부모자아

부모자아는 5세 이전의 부모나 의미 있는 타인으로부터의 말과 행동을 보고 무비판적으로 받아들여 내면화한 것이다. 부모자아는 비판적 부모자아(Critical Parent : CP)와 양육적 부모자아(Nurturing Parent : NP)로 구분된다.

(1) 비판적 부모자아(Critical Parent : CP)

부모의 가치관, 도덕, 윤리 기준이 자녀에게 내면화된 것으로 비판적 · 편견적 · 징벌적 특징을 가지고 있다. 비판적 부모자아가 높은 사람들은 다른 사람들에게 자신의 생각이나 가치관을 강요하거나 지배하고자 하는 행동을 보이기도 한다. 그러나 책임감이 강하고 자신의 신념체계에 따라 자신의 의사표현을 분명하게 하는 경향이 있다. 비판적 부모자아는 "~ 해야만 한다", "~해서는 안 된다"라는 언어표현 형태를 가지고 있는 경향이 있다.

(2) 양육적 부모자아(Nurturing Parent : NP)

양육적 부모자아는 부모가 자녀를 사랑으로 돌보고 양육하는 말이나 행동을 보고 내면화한 것이다. 양육적 부모자아가 높은 사람들은 동정, 보호, 양육, 배려, 도움의 특징을 가지고 있으며, 이러한 것은 원만한 인간관계를 위해서는 필요한 것이다. 그러나 양육적 부모자아가 지나치게 높으면, 다른 사람들과의 상호작용에서 과보호, 과잉개입을 하는 면이 있게 되며, 이에 대하여 상대방은 의존적이 되거나 참견 또는 부담으로 느껴질 수 있다. 양육적 부모자아의 언어표현은 "힘들지", "도와줄게", "한번 해봐", "힘내" 등이 있다.

2) 성인자아(Adult)

성인자아는 생후 10개월부터 혼자서 무엇인가를 해낼 수 있다는 자신감에서부터 발달된다. 성인자아가 낮을 경우에는 정확한 판단이나 이해를 하지 못하거나 계획적이 못해 함께 일을 하는 사람이나 업무에 지장을 초래할 경우가 종종 생긴다. 이 때문에 다른 사람들과의 상호작용에서 어려움을 느끼게 될 수 있다. 그러나 성인자아가 매우 높으면 무감정적이고 기계적인 행동으로 인해 다른 사람들에게 차갑고 냉정한 느낌을 준다. 성인자아의 언어표현은 "원인이 뭘까?", "조사해보자", "비교해보자" 등이 있다.

3) 어린이자아(Child)

어린이자아는 5세 이전에 부모와의 관계에서 경험한 감정과 반응양식이 내면화된 것이다. 어린이자아는 자유로운 어린이자아(Free Child)와 순종적인 어린이자아(Adapted Child)로 구분된다.

(1) 자유로운 어린이자아(Free Child)

자유로운 어린이자아는 부모나 다른 사람들의 반응에 구애받지 않고 자신의 욕구를 자연스럽게 나타나는 자아이다. 자유로운 어린이자아는 본능적·감정적·즉흥적·충동적 특징을 가지고 있다. 자유로운 어린이자아가 낮은 경우에는 놀이나 취미활동, 여행 등에 대하여 적극적이지 못한 경향이 있다. 또한 자신을 억압하거나 자신의 감정이나 느낌을 표현하지 못해서 마음속에 불만이나 스트레스가 많이 쌓여 있는 경우가 종종 있다. 그러나 지나치게 높은 경우에는 매우 충동적이고 자기중심적이며, 무책임한 부분이 많아 다른 사람들이 자유로운 어린이자아의 특징을 가진 사람과 관계 형성에 어려움을 가질 수 있다. 자유로운 어린이자아는 "와, 멋있다", "하고 싶다", "하기 싫다", "주세요", "놀자" 등이 있다.

(2) 순종적인 어린이자아(Adapted Child)

순종적인 어린이자아는 부모나 다른 사람들에게 관심을 얻기 위하여 행동하는 자아이다. 순종적인 어린이자아는 순종적·순응적·소극적·의존적 특징을 보인다. 자유로운 어린이자아가 낮은 경우에는 자기중심적이며, 자신이 원하고 즐거운 방향으로 행동하는 경향이 있어 다른 사람들과의 관계에 어려움을 가질 수 있다. 그러나 순종적인 어린이자아가 지나치게 높으면, 자신의 감정이나 욕구를 지나치게 억압하는 경향이 있어 심리적인 문제나 스트레스를 가지고 있을 경우가 매우 높다. 또한 순종적인 어린이자아가 높으며 열등감과 죄책감, 억압된 분노 등으로 인해 갑자기 도발적인 행동을 보이는 경우가 종종 있다. 순종적인 어린이자아의 언어표현은 "~해도 되나요?", "최선을 다했지만 부족합니다" 등이 있다.

WORKSHEET 1

에고그램

아래 표의 내용을 읽은 후, 다음의 보기에서 골라 기호 (0 ,1, 2, 3)를 비어 있는 칸에 기입해 주십시오. 평소의 자신의 언동을 생각해 내면서 대답해 주십시오. 너무 깊이 생각하지 말고, 가벼운 마음으로 답해 주시기 바랍니다.

정말 그렇다	대체적으로 그렇다	가끔 그럴 때도 있다	별로 그렇지 않다
3	2	1	0

1	상대방을 깔보는 경향이 있다.					
2	남의 단점을 지적하기보다는 장점을 잘 칭찬한다.					
3	능률적으로 일을 척척 해낸다.					
4	발랄하고 자유롭고 천진난만하다.					
5	불쾌한 일이 있어도 참는다.					
6	남의 무례한 태도를 보면 화가 치밀어 주의를 주고 싶어진다.					
7	남으로부터 부탁 받는 일이 많다.					
8	현실을 잘 보고 행동한다.					
9	표현에는 감정이 풍부하다.					
10	어느 쪽 한 부분은 소극적이다.					
11	책임감이 강하다.					
12	남을 생각해 주는 마음이 강해 지나치게 간섭하는 경향도 있다.					
13	누가, 어디서, 왜라는 식의 말을 자주 쓴다.					
14	주위 사람을 생각하지 않고, 하고 싶은 말을 솔직하게 한다.					
15	주위 사람의 안색이나 평가에 신경을 쓴다.					
16	좋고 나쁨을 확실히 가려서 행동한다.					
17	곤경에 빠진 사람을 보면 즉시 도와주고 싶어진다.					
18	계획을 세우지 않고는 행동하지 않는다.					
19	제멋대로의 성품이다.					
20	조심성이 많아 자신의 생각을 입에 담지 못한다.					
21	아이들이나 아랫사람에게 사리를 분간해서 행동하도록 지도한다.					
22	남의 의견을 대범하게 받아들인다.					
23	이야기 도중에 감정적으로 되는 일이 없다.					
24	무슨 일이건 흥미를 나타내고 호기심이 강하다.					

_______________학과 _______________________학번 ______________이름

WORKSHEET 2

● 에고그램

정말 그렇다	대체적으로 그렇다	가끔 그럴 때도 있다	별로 그렇지 않다
3	2	1	0

25	일이 제대로 되지 않았을 때, 남을 책망하기보다는 자신의 탓으로 돌린다.					
26	OO을 해야 된다고 자신의 생각을 남에게 강요하는 경향이 있다.					
27	남이 실패를 했다 해도 그것을 선의적으로 받아들일 수 있다.					
28	남의 이야기를 정확히 들을 수 있다.					
29	남이 어떻게 생각하든 신경을 쓰지 않는 유형이다.					
30	비관적으로 생각하는 경향이 있다.					
31	정해진 규칙이나 룰은 엄격히 지킨다.					
32	부탁 받으면 다소 그것이 고생스럽다 해도 받아들인다.					
33	침착하게 상대의 얼굴을 보면서 이야기한다.					
34	이성적으로 결정하지 않고 직감으로 정한다.					
35	실패했을 때는 솔직하게 사과한다.					
36	이상이나 목표가 높아서 그것이 낮은 사람에게는 뭐라고 한마디 하고 싶어진다.					
37	남의 이야기에 공감할 줄 안다.					
38	사물을 정확히 판단하는 편이다.					
39	불쾌한 일이 있어도 곧 잊어버린다.					
40	다른 사람들이 결정한 일에 따른다.					
41	자신의 의견에 대해선 신념을 가지고 주장한다.					
42	남의 어려운 일을 기꺼이 도와주는 일이 많다.					
43	항상 냉정하고 이성적이다.					
44	잠시라도 그냥 있으면 불안하다.					
45	남들이 즐거워도 자신은 그다지 즐거워하지 않는 편이다.					
46	남의 실패나 실수를 용서하지 않는 경향이 있다.					
47	남을 위해 봉사활동을 하는 것을 좋아한다.					
48	어떤 것이 손해고, 어떤 것이 이익인지를 즉시 알 수 있다.					
49	생각할 겨를 없이 행동해 버린다.					
50	남들이 능력이나 실력 이상으로 크게 보인다.					
합 산 (※아래의 숫자를 합계합니다. 반드시 검산해 주세요)		CP	NP	A	FC	AC

_____________학과 ____________________학번 ____________이름

에고그램 결과지

(세로의 실선에 해당 점수를 점으로 표시한 후 점을 선으로 연결한다)

점수	CP	NP	A	FC	AC
32					
30					
28					
26					
24					
22					
20					
18					
16					
14					
12					
10					
8					
6					
4					
2					

성격의 탄생

대니얼 네틀 지음, 김상우 옮김/와이즈북(2009)

“내 인생은 무엇 하나 쉽게 넘어가는 것이 없어.” 이런 심란한 생각이 들 때 우리는 자신의 성격을 돌아본다. 성격은 인생사에서 일관적으로 나타나는 고유한 그 무엇이다.

그렇다면 나는 왜 이런 성격을 갖게 된 것일까? 사람마다 성격의 차이가 나타나는 이유는 무엇일까? 나도 남들이 말하는 좋은 성격을 갖고 싶은데 성격을 바꿀 수 있는 방법은 없나? 대니얼 네틀의 〈성격의 탄생〉은 이런 고민에 대해 과학적으로 똑 부러지는 답을 준다.

성격심리학자가 말하는 성격이란 “진화의 산물”이고 “진화된 심리메커니즘”이다. 성격은 핀치의 부리처럼 환경에 적응하는 과정에서 생성된 뇌의 메커니즘이다. 자연선택에 의해 일정한 범위의 유전자 변형체가 걸러졌고, 작은 유전적 차이가 환경과 상호작용하여 각기 다른 성격을 만들었다.

대니얼 네틀은 〈성격의 탄생〉에서 인간의 성격을 5가지 유형으로 분류하고 수치화했다. 외향형, 신경성, 성실성, 친화성, 개방성이다. 우리는 모두 이 5가지 성격에 포함되며, 해당 성격에 따라 공통된 뇌 회로를 가지고 있다. 사람마다 고유한 성격패턴과 신경시스템이 있다는 것. 성격 유형별로 감정회로, 뇌 영역, 신경전달물질, 유전자 사이의 차이가 있음을 과학적으로 밝히고 있다.

자연이 선택한 성격의 차이는 그럴만한 까닭이 있었다. 어떤 성격이든 좋은 점(혜택)과 나쁜 점(비용)이 공존한다. 예컨대 성실성은 계획하고 절제하면서 생활을 잘 꾸려나가지만, 상황에 대처하는 순발력이 부족하다는 단점을 가지고 있다. ‘시대와 장소를 막론하고 가장 적합한’ 성격이란 존재하지 않는다. 대니얼 네틀은 이것을 긍정적인 메시지라고 말한다. 타고난 기본적인 성격을 바꿀 수 없지만 바꿔야 할 이유도 없다고 말이다.

자신의 성격을 이해하려는 노력은 성격을 바꾸기 위함이 아니다. 과학적으로 자기를 객관화하고 낯설게 보는 작업은 자신의 성격을 인정하고 받아들이는 과정이다. 자신의 목소리로 노래하기 위해서는 자신의 목소리를 찾아야 하는 것처럼 성격의 문제는 자신에 대한 자각과 애정에서 출발한다. 그다음에 "자신이 물려받은 성격의 장점을 극대화하고 단점을 최소화하는 행동 패턴을 찾게 된다." 그리고 다른 사람들의 성격을 이해함으로써 인간관계의 어려움까지 해소할 수 있다.

누구나 자신의 인생과 성격의 상관관계를 궁금해 한다. 대부분 사람은 유년 시절의 성격 형성에 부모의 양육방식, 식습관, 형제 관계, 결혼상태, 이혼, 재혼 등이 영향을 주었을 것이라고 생각한다. 그런데 대니얼 네틀이 제시하는 연구결과는 우리의 통념을 여지없이 비껴간다. 가정환경뿐만 아니라 형제 서열과 같은 출생순서도 아이의 성격 형성에 그다지 영향을 미치지 않는다는 것이다. 〈성격의 탄생〉을 읽다 보면 우리는 스스로 규정한 성격의 이미지에 갇혀 있는 것은 아닌지, 무익하고 낡은 사고방식에 매달려 전전긍긍하면서 사는 것은 아닌지 의심이 든다. 이럴 때는 과감히 자신의 성격과 인생을 재구성하는 발상의 전환을 시도해 보는 것이 좋을 듯싶다.

Memo

3

CHAPTER

인간관계 발달 과정

◐ 학습목표 ◑

1. 인간관계 발달과정에 대하여 이해한다.
2. 인간관계 발달과정 단계별로 중요한 요인에 대하여 알아본다.

사람이 친구를 사귀는 데에는
분명한 과정이 있다.
매번 몇 시간에 걸쳐 이야기를 하고
이야기를 들어주는 것이다.
– 레베키 워스트–

진정한 우정이란
천천히 자라는 식물과 같아서
이름을 지어주기 전에
역경을 겪고 이겨내야만 한다.
–조지 워싱턴–

풍요 속에서는
친구들이 나를 알게 되고
역경 속에서는
내가 친구를 알게 된다.
– 존 철튼 콜린스–

만남은 인연이고
관계는 노력이다.
– 양광모 –

3
CHAPTER

인간관계 발달 과정

1 인간관계의 발달 과정

우리는 하루에도 많은 사람을 만난다. 하지만 만나는 사람들마다 모든 관계를 맺지 않는다. 내가 만나는 사람들과 인간관계를 맺기를 위해서는 서로에 대해 호감을 느끼고, 호감 속에서 피상적인 상호작용을 하다가 서로의 생각과 감정이 비슷하거나 공유할 수 있는 것들을 발견하게 되면 친밀한 관계를 맺는다. 친밀한 관계 속에서도 갈등을 경험하게 되고, 갈등을 서로 잘 극복하면 더 돈독한 관계를 유지한다. 하지만 갈등을 극복하지 못하게 될 때는 친밀한 관계에서 피상적인 관계로 전락하거나 아예 관계가 끊어지기도 한다. 이러한 인간관계의 변화는 그냥 이루어지는 것이 아니라 단계가 있고, 단계에 따라 원리원칙이 있다. 각 단계에 따라 원리원칙을 이해하고 적용할 때 효과적인 인간관계를 맺고 유지할 수 있다.

1) 시작 단계

인간관계의 시작은 만남으로 통해 시작된다. 만남을 통해서 상대방에게 호감을 느끼고, 관계를 맺을 것인가를 고민하는 시기라 할 수 있다. 시작 단계에서는 처음 보는 상대의 신체적 매력을 찾고, 이를 바탕으로 상대방의 더 많은 정보를 탐색하고 확인하는 과정을 갖는다. 따라서 첫인상은 상대방에 대한 호감 여부와 관계의 지속 여부에 중요한 요인으로 영향을 미친다(이성태, 2017).

첫인상은 심리학 용어로 초두효과라고도 한다. '초두효과(Primacy Effect)'란 처음에 갖게 되는 정보가 나중에 알게 되는 정보보다 더 중요하게 작용하는 것을 말한다. 즉 초두효과는 인간관계의 시작 단계에서 처음 알게 되는 상대방의 인상, 옷차림, 언어 스타일 등이 다음으로 들어오게 되는 정보를 해석하는 기준이 된다. 그러나 반대로 처음에는 상대방으로부터 좋은 첫인상의 정보를 접하지 못했지만 지속적인 만남을 통해서 상대방의 진실한 모습을 알게 되는 효과를 '빈발효과(Frequency Effect)'라 한다. 또 상대방이 가지고 있는 지명도나 학력이 가지고 있는 한 가지의 커다란 장점으로 인해 다른 나머지 정보들을 긍정적으로 평가하는 것은 '후광효과'라 한다. 반대로 상대방이 가지고 있는 커다란 단점으로 다른 정보들을 부정적으로 평가하는 것을 '악마효과'라 한다.

- **편견** : 상대방이 속한 집단이나 집단에 속한 사람들에게 대한 긍정적 또는 부정적인 평가
- **고정관념** : 다른 사람들에 대해서 자신이 소속해 있는 범주에 관한 지식으로 돌출하는 과정

고정관념은 아이들에게 담배 대신 과자를 주는 것처럼 유용화 과정이기도 하지만, 많은 경우 다음과 같은 속성으로 인해 유해한 결과를 가져온다.
- 고정관념은 부정확할 수 있다.
- 고정관념은 남용될 수 있다.
- 고정관념은 자가지속적이 될 수 있다.
- 고정관념은 자동화 될 수 있다.

민경환 외 다수(2016). 심리학 입문(제2판) 서울: 시그마프레스 (p. 437-440)

2) 관계촉진 단계

관계촉진 단계는 상대방에 대해서 알고, 자신도 상대방에게 알리는 단계이다. 관계촉진 단계에서는 상대방과 상호작용을 통해 상대방의 특성을 탐색하는 단계로 피상적인 관계에서 친밀한 단계로 만들어 갈 수 있는 기회가 될 수 있다. 그러나 그렇지 못하게 되면 단절된 단계로 갈 수도 있다.

사람들 사이에 호감을 갖게 되는 상호작용의 요인들은 다음과 같다.

(1) 근접성

서로 자주 만나는 것만으로 서로에게 호감과 친근함을 느낄 수 있는 것을 근접성의 효과라 한다. 근접성 효과는 같은 공간이나 가까운 거리에 있는 사람들과 함께 이야기하거나, 서로에게 도움을 주고받으므로 친밀함을 더 느낄 수 있다.

(2) 유사성

사람은 자신과 비슷한 가치관, 취미, 성격, 지역, 외모, 종교, 기호를 가진 사람들에게 호감을 갖게 된다. 자신과 공유되는 영역이 많을수록 동질감을 갖게 되고, 이를 통해서 관계형성의 깊이와 넓이가 확장하게 한다.

(3) 상보성

사람은 유사성과 반대로 서로 다른 매력을 지닌 사람에게 호감을 갖게 되기도 한다. 예를 들어 외향적인 사람이 내향적인 사람을, 내향적인 사람이 외향적인 사람을 좋아하는 경우를 말한다.

(4) 호혜성

사람은 자신에게 호의적이고 긍정적인 반응을 하는 사람들에게 같은 마음을 갖게 된다. 따라서 호혜성은 자신을 좋아하는 사람을 좋아하게 되는 경우를 말한다.

3) 친밀한 단계

친밀한 단계는 피상적인 단계에서 보다 친밀함과 상호 간의 신뢰감이 조금씩 두터워지는 단계이다. 이 단계에서는 상대방의 고향, 직업, 출신학교, 가족관계를 넘어 보다 깊은 개인적인 부분에 대하여 알게 되는 단계이다. 이러한 친밀한 단계를 통해서 상대방을 더 깊이 이해하게 되고, 여러 가지를 함께 하고자 하는 노력과 배려가 나타나게 된다. 이때 신뢰와 자기노출은 상호작용적이고 나선적이어서 하나가 상승하면 다른 하나가 다시 상승하는 결과를 가져온다. 그 결과 신뢰가 더 깊은 자기개방을 낳고, 더 깊은 자기개방은 더 깊은 신뢰를 낳게 된다(김종운, 2017).

친밀한 단계에서 자기개방은 매우 중요한 요인이다. 자기개방이란 자신의 개인적인 정보를 상대방에게 의도적으로 노출시키는 행위이다(Fisher, 1984). 자기개방은 상호적이어서 한 사람이 자신에 대하여 개방하면 다른 사람들도 자신에 대하여 개방하게 된다. 또한 친밀할수록 자기개방의 수준이 깊어지며, 상대방을 이해하고 공감하는 부분이 많아진다. 이로 인해 상대방에 대한 행동을 예측할 수 있고, 오해하는 일이 줄어들고 서로에게 편안함을 갖게 된다. 다음에 제시한 '조해리의 마음의 창(Johari's window of mind)'을 통해서 자신의 인간관계를 살펴보도록 하자. 조해리의 마음의 창은 말하기(신뢰 · 노출)라는 자기공개와 듣기(존중 · 수용)라는 피드백의 특성으로 통해서 네 가지 영역으로 나누어 볼 수 있다.

(1) 개방형

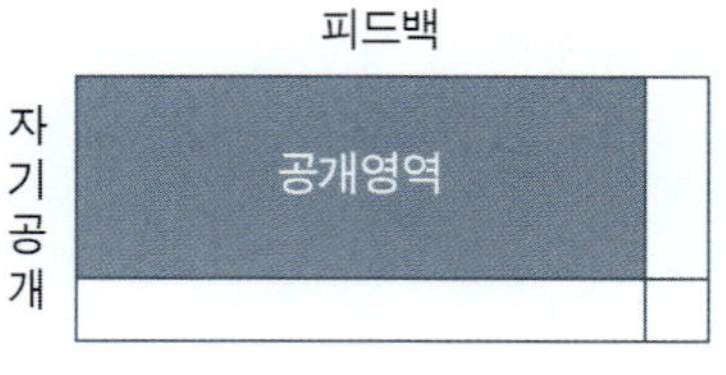

개방형은 나도 알고, 다른 사람에게도 알려진 나의 정보를 말한다. 공개영역의 개방형의 사람들 대부분은 인간관계가 원만한 편이다. 개방형의 사람들은 적절한 자기표현을 잘하며, 다른 사람들의 말도 잘 경청하고 공감하는 편이다. 그러나 지나친 개방형은 다른 사람들에게 말이 많고 가벼운 사람으로 여겨질 수 있다.

(2) 주장형

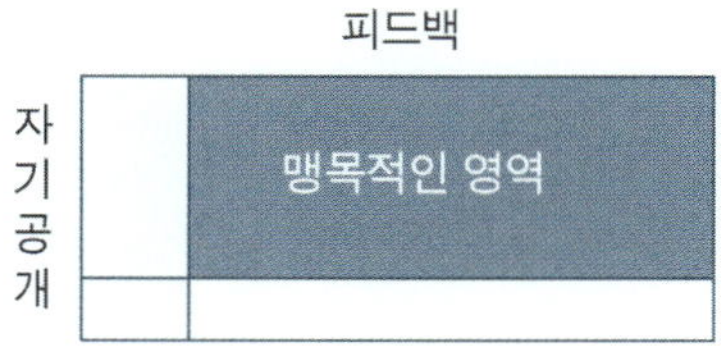

맹목적인 영역은 나는 모르지만 다른 사람들에게는 알려진 나의 정보를 말한다. 맹목적인 영역인 주장형의 사람들은 자기 자신의 감정이나 생각을 잘 표현하는 편이다. 그러나 다른 사람들의 말에 귀를 기울이는 부분이 부족하거나 무관심하여 다른 사람들에게 독선적인 사람으로 비추어 질 수 있다. 주장형 사람들은 다른 사람들에 대한 관심과 배려를 기울이는 노력이 필요하다.

(3) 신중형

숨겨진 영역은 나는 알고 있지만 다른 사람들에게는 알려지지 않는 나의 정보를 말한다. 이 부분은 나만이 알고 있는 약점이나 비밀 같은 것을 말한다. 숨겨진 영역인 신중형의 사람들은 다른 사람들에게 수용적이고 속이 깊은 사람들이다. 그러나 다른 사람들의 이야기를 잘 들어주고 공감해 주는 만큼 자신에 대하여 다른 사람들에게 이야기를 잘 하지 않는 편이다. 현대 사회에서 가장 많이 나타나고 있는 유형으로 관계 형성이 계산적이거나 실리를 추구하는 경향이 많다. 이러한 사람들은 겉으로는 세상과 사람에게 잘 적응하는 것으로 보이나 속으로 외로움과 고독감을 느끼는 경우가 많다.

(4) 고립형

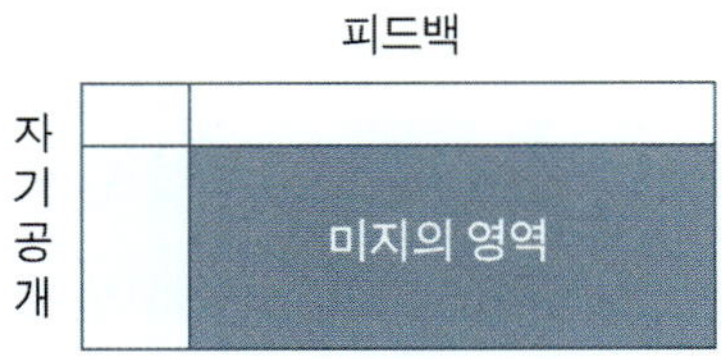

미지의 영역은 나도 모르고 다른 사람들도 모르는 나의 정보이다. 미지의 영역의 고립형의 많은 사람들은 인간관계에 있어 소극적이고 혼자 있는 좋아하는 편이다. 고집이 세거나 자신의 생각과 신념이 지나치게 강한 사람이 있거나 심리적인 고민이 많은 사람들도 많다. 고립형은 인간관계에서 보다 적극적이고 긍정적인 태도로 행동할 필요가 있다.

4) 갈등 단계

누구나 인간관계를 맺다 보면, 여러 가지 문제로 인해 상대방에게 불만을 갖게 되거나 갈등을 경험하게 된다. 이때 상대방에 갖게 되는 불만이나 갈등을 적극적으로 대화하고 이해하고 협상하는 노력을 하여 성공하게 된다면, 친밀한 단계에서 보다 더 깊고 성숙된 관계가 될 것이다. 그러나 여러 가지 노력을 하지 않거나 노력에도 불구하고 실패를 한다면, 서로에게 불만과 갈등을 가지고 있는 채로 피상적인 관계로 유지하거나 관계가 아예 끊어질 수 있게 된다. 따라서 보다 친밀하고 성숙한 관계를 위해서 누구나 인간관계에서 불만과 갈등이 일어날 수 있음을 인정하고, 이를 해결하기 위해서 적극적으로 노력하는 것이 건강한 인간관계로 성장하는 방법이라 할 수 있다.

5) 통합 단계

갈등 단계에서 성공적으로 해결했다면, 성숙된 인간관계가 통합 단계로 들어올 수 있게 된다. 통합 단계에서는 상대방과의 인간관계에 대하여 만족감을 갖고, 서로 간의 인간관계를 더 돈독하게 하기 위하여 둘만의 특정한 행동양식이 발생하게 된다. 또한 서로 간의 사생활에 있어 공유되는 것들이 많아지게 된다. 이러한 서로 간의 사생활 공유는 다른 갈등 단계로 접어들거나 보다 친밀한 관계로 유지할 수 있느냐에 중요한 요인이 된다. 특히 이성관계에서는 서로 간의 친밀한 마음만큼 상대방을 자신의 것으로 소유하고자 하는 부분도 생기게 된다. 또한 통합 단계에 이르게 된 이성관계는 자신들의 관계를 공개하거나 인정받고 싶은 욕구가 생기게 된다.

WORKSHEET

● **조해리의 마음의 창(Johari's window of mind)**

문항	그렇지 않다	그저 그렇다	매우 그렇다
1. 나는 상대방 의견에 공감하면 이를 바로 인정한다.	1 2 3 4	5 6 7 8	9 10
2. 나는 상대방의 잘못을 지적할 필요가 있을 때에는 직접 말한다.	1 2 3 4	5 6 7 8	9 10
3. 나는 상대방으로부터 납득하기 어려운 말을 들을 경우, 상황파악을 위한 질문을 하고 잘 들어본다.	1 2 3 4	5 6 7 8	9 10
4. 나의 의견에 대해 상대방이 어떻게 생각하는지 물어본다.	1 2 3 4	5 6 7 8	9 10
5. 나는 나의 느낌을 상대방에게 솔직하게 표현한다.	1 2 3 4	5 6 7 8	9 10
6. 나는 상대방의 감정을 존중한다.	1 2 3 4	5 6 7 8	9 10
7. 나는 걱정거리가 생길 경우 다른 사람을 찾아가 터놓고 의논한다.	1 2 3 4	5 6 7 8	9 10
8. 나는 혼자 이야기를 계속하여 상대방을 불안하게 하지 않는다.	1 2 3 4	5 6 7 8	9 10
9. 나는 진심으로 상대방의 이야기를 들어준다.	1 2 3 4	5 6 7 8	9 10
10. 나는 누군가가 찾아오면 그의 의견을 듣고, 대화를 독단적으로 끌고 가지 않는다.	1 2 3 4	5 6 7 8	9 10
11. 나는 상대방이 서운한 점을 표현하면 차분하게 그에게 설명한다.	1 2 3 4	5 6 7 8	9 10
12. 나는 상대방의 의견을 잘 받아들인다.	1 2 3 4	5 6 7 8	9 10
13. 나는 달가운 일이 아닐지라도 상대방이 알아야 할 사항이라면 알려준다.	1 2 3 4	5 6 7 8	9 10
14. 상대방의 의견이 나와 다를 경우, 나의 생각을 말하고 함께 검토해본다.	1 2 3 4	5 6 7 8	9 10
15. 나는 말하기 거북한 내용이라도 상대방에게 솔직히 말한다.	1 2 3 4	5 6 7 8	9 10
16. 나는 나의 실수에 대해 상대방에게 변명을 하지 않고 비판에 귀를 기울인다.	1 2 3 4	5 6 7 8	9 10
17. 나는 상대방에게 있는 그대로를 나타내며 가식이 없는 편이다.	1 2 3 4	5 6 7 8	9 10
18. 나는 나의 의견에 찬성하지 않는 사람이라도 그의 의견을 끝까지 듣는다.	1 2 3 4	5 6 7 8	9 10
19. 나는 상대방에게 그의 생각을 편하게 말하도록 권장한다.	1 2 3 4	5 6 7 8	9 10
20. 내가 옳다고 확신하는 것은 상대방을 잘 설득한다.	1 2 3 4	5 6 7 8	9 10

________________학과 ________________________학번 _______________이름

■ 채점

문항 번호	1	2	5	7	11	13	14	15	17	20	총점 (T)
점수											
문항 번호	3	4	6	8	9	10	12	16	18	19	총점 (L)
점수											

문항 1, 2, 5, 7, 11, 13, 14, 15, 17, 20의 점수를 더하여 10으로 나눈 점수는 말하기이고, 문항 3, 4, 6, 8, 9, 10, 12, 16, 18, 19의 점수를 더하여 10으로 나눈 점수는 듣기이다. 말하기에 해당하는 점수를 가로선으로 긋고 듣기에 해당하는 점수를 세로선을 긋는다. 그러면 4분면이 생기고 가장 넓은 영역이 자기 유형이 된다.

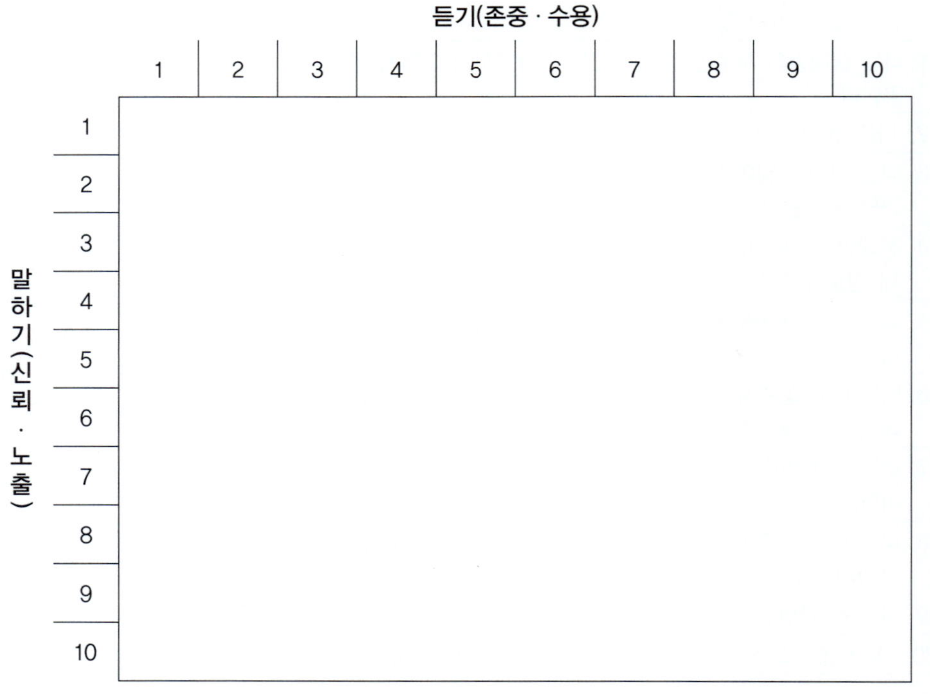

읽어보기

사람들로부터 깊이 사랑받는 이들을 조사해 본 결과,
친구들을 매우 중요하게 생각하고 있다.
또한 아무리 바빠도
친구들과의 인간관계를
보다 튼튼하게 하는 일에 많은 소모를 하고 있었다.

반면에 고독한 사람들을 만나본 결과,
자기에게는 가까운 친구가 없다고
외로움을 호소하지만,
사실상 이들은
친구들을 사귀는 일에 거의 관심이 없었다.

에머슨은
"건강, 재산, 좋은 옷 등등
우리가 가질 수 있는 재산 중에서
가장 값진 재산은 친구이다.
친구들을 충분히 갖추기 위해서 노력하는 사람이
슬기로운 사람이다"라고
말했다.

알란 로이 맥기니스의 [사랑과 우정의 신비] 중에서

4

CHAPTER

회복탄력성 향상

◐ 학습목표 ◑

1. 회복탄력성의 개념을 이해한다.
2. 회복탄력성의 보호요인과 위험요인을 구분한다.
3. 자기인식을 통한 회복탄력성 향상에 대해 학습한다.

네 자신을 알라

그러면,

우주와 신들의 비밀을 여는 열쇠를 갖게 될 것이다.

4 CHAPTER

회복탄력성 향상

1 탄력성

탄력성(Resilience, 彈力性)이란 라틴어 Resiliere에서 유래되었으며 물리학에서 사용되던 용어로 물체가 외부에서 힘을 받았을 때 튕기는 힘이 있는 성질을 말한다.

탄력성하면 떠오르는 것이 있다면?

용수철, 탱탱볼, 고무공, 피부, 라텍스 등 다양하다.

이런 물품들이 공통적으로 연상시키는 것은 바닥에서부터 높이 튀어 오르는 모습, 힘을 주어서 꽉 눌러도 다시 튀어 오르는 모습, 외부의 힘에 의해 형태가 바뀌었다 해도 다시 원래의 모습으로 회복되는 특성, 즉 그것이 바로 탄력성이다.

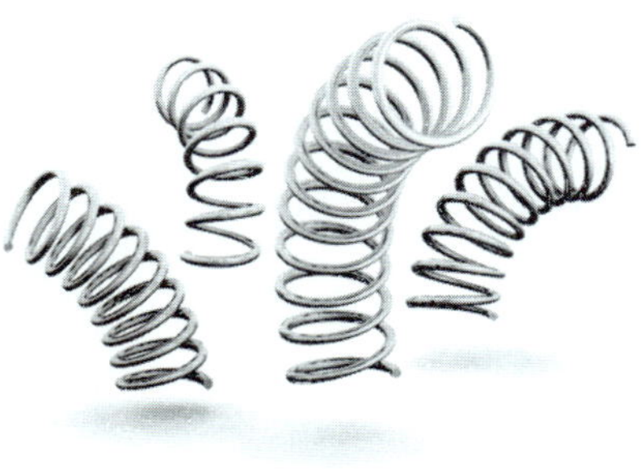

2 회복탄력성

물리적 탄력성을 그대로 심리적 차원에 적용한 것이 회복탄력성이다.

외부의 힘은 곧 스트레스 또는 외상으로 정의하고, 다시 튀어오르는 탄성, 탄력성은 회복력, 복원력으로 정의할 수 있다.

미국심리학회(APA)는 회복탄력성을 다음과 같이 정의하였다.

첫째, 회복탄력성은 현실적인 계획을 세워서 한걸음씩 수행해 나가는 힘이다. 둘째, 회복탄력성은 자신의 강점과 능력에 대한 긍정적이고 낙관적인 태도와 확신이다. 셋째, 회복탄력성은 의사소통과 문제해결의 기술이다. 넷째, 회복탄력성은 감정에 대한 이해와 조절능력이다.

이러한 탄력성 자체를 사람에게 적용해 설명해 보면 자신에게 닥치는 온갖 역경과 어려움을 오히려 도약의 발판으로 삼는 힘, 또는 심리·환경적인 위험요인에 부딪혔을 때 이를 극복하여 성공적으로 적응하고, 나아가 더욱 발전하는 능력을 의미한다고 볼 수 있다.

스트레스라는 강한 훅을 한 대 맞아도 다시 일어서는 능력을 말하며, 좌절 상황에 그대로 주저앉지 않고 다시 일어서는 능력을 말한다. 예를 들어 원하는 학교에 진학을 못하였더라도 새로운 학교에서 새로운 도전을 통하여 성취를 위하여 매진하는 것, 이성과 헤어진 이후 며칠간은 마음 아파 힘들어 하지만 다시 자신의 삶에 최선을 다하는 것을 말한다. 즉, 모든 문제는 해결이 가능하다는 믿음으로 다시 일어서는 능력을 말한다.

21세기에 성공한 사람들이 성취를 위해 가장 필요한 요소로 꼽는 것은 타고난 지적 능력, 배경, 물려받은 재산이 아닌 회복탄력성이다.

목표 달성 과정에서 무수히 부딪히고 넘어지고 좌절할 수는 있지만, 그 충격에 그대로 깨져 버리는 것이 아니라 오히려 스트레스를 반동 삼아 강하게 튀어 오르는 힘, 그것이 바로 회복탄력성인 것이다.

3 회복탄력성의 보호요인과 위험요인

회복탄력성과 관련된 보호요인과 위험요인을 살펴보면 다음과 같다.

1) 보호요인

대학생 시기는 발달과업과 현실적응이라는 이중의 과제로 긴장과 스트레스, 내·외적 갈등을 경험하기 쉬운 시기이다.

보호요인이란 초기에는 정신병리 및 다른 문제로들부터 청소년들을 보호하는 것을 말하였으나, 최근에는 역경에 대항하는 능력으로 위험요인의 영향을 상쇄시킴으로써 적응력을 향상하는 개인적 혹은 환경적 요인 등을 말한다.

보호요인에는 융통성 있는 기질로 밝은 정서와 문제 중심적 대처방식 사용, 양육부모의 높은 지지, 친구의 높은 지지, 사회·경제적 높은 지위, 상담 경험, 형제자매의 존재, 성인 지지자와의 만남 등으로 나타났다.

Emery와 Forehand는 회복탄력성에 영향을 미치는 보호요인들을 개인, 가정 및 사회적 수준 등 세 가지 수준으로 나누었다.

① **개인적 보호요인** : 타고난 활동적인 기질, 성별에 있어서 청소년기 이전까지는 여성이 그리고 그 이후에는 남성이 더 잘 적응하는 사회적 기술, 내적 통제소재, 높은 지능, 자기 효율성, 유머, 타인에 대한 매력, 공감 능력 등

② **가정적 보호요인** : 따뜻하고 지지적인 부모, 부모-자녀관계가 좋을 경우, 부모의 화합 등

③ **사회적 보호요인** : 지지적인 사회관계망, 성공적인 학교 경험 등

2) 위험요인

위험요인은 부적응적 결과의 가능성을 증가시키는 환경 또는 개인의 특성들을 의미하며, 흔히 위험요인은 스트레스라는 용어로 사용되기도 한다. 위험요인의 정의는 생물학적인 특성과 개인적인 특성 모두를 포함하는 개인적인 요인과 부정적인 결과를 끌어낼 개연성을 상승시키는 상황적인 조건들 모두를 포함한다.

선행연구에서는 회복탄력성에 대한 연구에서 위험요인을 〈표 4-1〉과 같이 구분하였다.

〈표 4-1〉 회복탄력성 위험요인

요인		개별요인
개인	기질 및 성격적 특성	스트레스, 우울, 불안, 포기성향, 충동 및 공격성향, 발달 및 의료적 위험, 스마트폰 중독, 비행, 부정적 자아존중감
	인지적 능력	낮은 지능, 신체장애
	사회성	대인관계의 어려움
가정	가정 관계	부모의 비합리적 양육태도, 부부갈등 및 해체, 가정 구조적 결손, 가정폭력, 불화, 학대, 부정적 애착관계, 알코올중독 및 흡연, 문제형 의사소통, 부모의 과잉 · 낮은 기대수준 및 간섭, 불공평 및 편애, 부모의 낮은 교육수준, 가정관계의 어려움, 신체적 문제
	사회 · 경제적 지위	경제적 어려움 및 의료적 위험, 물리적 주거환경
학교	교사 · 학교	교사와의 무관심, 애착관계 실패, 교사의 차별 및 처벌, 학업의 어려움, 학교흥미
	또래경험	학교폭력 피해, 친구와의 애착관계 실패, 친구와의 비행 여부, 전학
사회	사회 · 경제적 지원	위험한 지역 환경, 양육 시설장소 변경
	인적 자원과의 관계	사회적 낙인

4 회복탄력성 하위요인

Reivich와 Shatte의 회복탄력성의 일곱 가지 하위요인은 다음과 같다.

① **감정 조절력:** 감정 조절은 스트레스를 받는 동안 평온을 유지하는 능력이다. 모든 감정을 통제해야 하는 것은 아니지만 감정 조절이 부족한 사람들은 불안, 분노, 슬픔에 사로잡혀 역경에 효과적으로 대처하지 못하기 때문이다. 감정조절능력을 통해서 어떤 문제가 발생하면 부정적인 사고에서 역경을 이겨낼 수 있다는 믿음으로 긴장을 풀 수 있는 효과적인 능력이다.

② **충동 조절력:** 충동조절능력이 낮은 사람은 문제 상황에서 충동적으로 첫 번째 떠오르는 생각을 사실로 받아들이고 행동한다. 충동조절능력이 낮은 사람은 어떤 생각이 떠오르면 즉시 표현했다가 후회하지만 또다시 즉각적으로 표현하는 행동이 반복적으로 일어난다. 이러한 일련의 일들은 회복탄력성을 방해하며 부정적인 결과로 이어지게 된다.

③ **원인 분석력:** 원인 분석력은 문제의 원인을 정확하게 파악하는 능력이다. 이 능력은 스토리텔링 방식으로 사건(accident), 믿음(belief), 결과(consequences)의 'ABC 연결고리'로 볼 수 있다. 유연한 사고를 통해서 문제 상황의 원인을 찾아내어 통제 가능한 요인에 집중하면 역경을 헤쳐 나갈 수 있게 된다. 원인 분석력이 높으면 자신에 대한 죄책감 때문에 타인을 비난하는 행동도 하지 않고 비합리적인 사고에서 벗어나 해결을 위한 동기부여를 할 수 있다.

④ **낙관성:** 낙관성은 미래가 밝다고 여기는 태도를 말한다. 또한 역경을 이겨낼 수 있다고 믿는 태도를 말한다. 여기서 말하는 낙관성은 극단적인 낙관성, 즉 비현실적인 낙관성이 아닌 현실적인 낙관성을 의미한다. 회복력 지수가 높은 사람은 낙관적이며, 낙관성이 높을수록 우울증에 걸릴 가능성이 낮다.

⑤ **공감능력:** 공감은 타인의 심리상태와 정서상태에 대한 신호를 포착하는 능력이다. 비언어적인 요인과 언어적인 요인을 해석하고 타인의 생각이나 감정을

예측하는 것이다. 공감능력이 낮은 사람은 타인의 감성과 욕구를 잘 이해하지 못하고 비효과적인 방법을 반복하게 되어 친밀한 관계를 방해받게 된다. 자신과 관계 있는 사람의 정서상태를 이해하는 공감이 대인관계에서는 중요한 역할을 하게 된다. 또한 공감능력의 향상은 사회적인 불안, 스트레스 감소 및 대인관계 만족과 관련이 높다. 즉 공감능력이 높은 사람의 경우 대인관계에서 불편감이 적고, 공감능력이 낮은 사람의 경우 타인과의 관계에서 적절한 대처를 하지 못하고 혼자 힘들어 하는 경우가 많다.

⑥ **자기효능감:** 자기 효능감은 자기에게 일어난 문제를 효과적으로 잘 해결해 낼 수 있다는 믿음과 확신을 말한다. 자기효능감이 낮은 사람은 자기능력을 의심하고 불안해하며 타인이 제시한 해결방법을 그대로 따르게 된다. 그리고 그 결과에 후회한다.

⑦ **적극적 도전:** 적극적인 도전은 삶의 긍정적인 측면을 향상시켜 주고 더 멀리 도전해 나가는 능력을 말한다. 도전하는 것을 두려워하는 사람들은 향후에 겪게 될 역경을 지나치게 걱정하기 때문에 도전조차 하지 못하게 된다. 도전으로 인한 실패에 집중하느라 포기로 인해 잃게 되는 것을 회피한다. 행동함으로써 실패하는 것보다 행동하지 않아서 성공에 더 가깝다고 생각하기 때문이다. 하지만 산을 오르다 말더라도 그 노하우는 남는 것이다.

5 자기인식

자기인식이란 말 그대로 나에 대해서 아는 것을 뜻한다.

그리스의 신전에는 「네 자신을 알라」라는 글귀가 적혀 있다. 하지만 대부분의 사람들은 이 부분만 아는 경우가 대부분이다. 하지만 이 글의 전체를 보면 「우주와 신들의 비밀을 알고 싶은가? 그러면, 네 자신을 알라. 그러면 우주와 신들의 비밀을 열 수 있는 마법의 열쇠는 바로 당신 안에 있다」라고 적혀 있다. 소크라테스(Socrates)는 우리가 왜 자신을 알아야만 하는지 그 이유까지 친절하게 설명해 주고 있다. 왜 내가 나 자신을 알아야 하는지 그 이유를 알아야 나 자신을 알기 위해 노력을 할지 말지를 결정할 수 있는 것이다.

다가올 어떠한 시련과 고통에도 다시 일어나서 회복되기 위한 첫걸음으로 자기인식을 하는 것이다. 자기인식은 나의 생각과 감정, 행동을 명확히 인식할 뿐 아니라 그것이 갖는 의미를 해석, 설명할 수 있는 능력이다.

자기인식을 위한 방법 중 하나는 심리적 강점을 아는 것이다.

심리적 강점이란 성과와 관련이 있다. 즉, 우리가 목표로 하고 있는 최선의 성과를 얻기 위해 내가 가진 기능들이 최적으로 발휘될 수 있도록 느끼고 생각하고 행동하게끔 하는 심리적 역량을 말한다. 우리가 가장 최선의 성과를 내는 경우는 우리가 가장 좋아하는 것을 할 때이다.

좋아하는 것, 선호하는 것, 나의 시선을 사로잡고 나의 마음을 움직이게 하는 것, 뭔가 우리 속에서 꿈틀거리게 만드는 것, 그것이 바로 우리가 좋아하는 것이고, 그렇게 꿈틀거리게 만드는 힘이 심리적 강점이다.

긍정심리학자 Seligman이 제안한 24가지 강점을 평가하기 위한 척도가 www.authentichappiness.org에 한국어 버전으로 만들어져 있어 누구나 무료로 검사할 수 있다.

다음은 대표적인 심리적 강점에 대한 설명이다.

미덕 / 가치	강 점
지혜와 학식	• **호기심[흥미, 새로움 추구, 경험에 대한 개방성]** : 세상에 대한 관심, 새로운 경험에 대한 열린 마음과 융통성이 전제가 되는 강점이다. 불분명한 것들을 해결하여 호기심을 충족해야 한다. 새로운 것에 대한 적극적인 관심으로 그 범위는 한 가지가 될 수도 있고 광범위할 수도 있다. • **학구열** : 언제나 새로운 지식과 기술을 알고 싶어 하고 배울 기회만 있다면 어디든 적극적으로 나선다. 이때 배우고 싶어 하는 것이 직업적인 수준에서 꼭 필요하기 때문이 아니라 순수한 관심에서 비롯한 것이다. • **판단력[개방 및 비판적 사고]** : 열린 마음으로 자신이 누구인지 다각적으로 생각하고 검토한다. 절대 성급한 판단을 하지 않고 확실한 증거를 기준으로 결정을 내린다. 또한 결단을 바꿀 수 있는 능력도 있다. 자신과 다른 사람들에게 도움이 될 만한 정보를 객관적이고 이성적으로 가릴 줄 아는 능력이다. 자신의 희망이나 욕구를 사실과 혼동하지 않으며 현실을 정확하게 인식하여 논리적 오류를 저지르지 않는다. • **창의성[독창성]** : 새롭고 생산적인 방법을 찾는 데 남다른 능력이 있다. 기존 방식에 만족하지 못하고 늘 참신한 방법을 찾고자 한다. 예술 영역뿐만 아니라 세상 이치에 밝은 실전 지능과 상식 등 다방면에서 발휘된다. • **사회성 지능** : 자신과 다른 사람들에 대한 지식으로 성숙한 사회 활동을 할 때 발휘되는 강점이다. 다른 사람들의 동기와 감정을 빨리 알아채고 그에 맞게 반응할 줄 안다. 사람들의 차이점을 쉽게 식별하고 그에 맞게 행동하는 센스가 있다. • **예견력** : 가장 성숙한 강점이다. 다른 사람에게 현명하고 지혜롭게 조언을 해 줄 수 있다. 자신의 경험을 참고해서 문제를 해결할 수 있고 세상의 이치를 알고 있는 것으로 여겨진다.
용 기	• **호연지기[용기]** : 위협, 도전, 시련에도 물러서지 않고, 주변의 반대가 있을 때에도 무엇이 옳은지 말할 수 있는 용기가 있다. 용감한 사람들이 불안함을 느끼지 않는 것은 아니다. 그러나 도망가지 않고 대범하게 행동한다. 호연지기는 자신의 용감한 행동을 누군가 알아주지 않아도 마다하지 않는 정신적 · 도덕적 용기를 모두 포함하는 개념이다. 정신적 용기는 커다란 시련에도 인간의 존엄성을 잃지 않는 극기와 초연함을 의미한다. • **끈기[인내, 근면, 성실]** : 시작한 일은 끝내고 불평 없이, 기꺼이 책임을 완수한다. 뿐만 아니라 더 나은 결실을 얻기 위해 노력한다. 장애물이 있더라도 행동을 계속하며, 임무를 완수하는 데서 큰 기쁨을 느낀다. • **정직[진실성]** : 정직한 사람은 진실하게 말하고 참되게 행한다. 진솔하고 가식을 부리지 않는 신실한 사람이다. 말로든 행동으로든 자신의 의도와 목적을 자기 자신은 물론 다른 사람들에게 진지하게 알린다. 그리고 자시의 감정과 행동에 대해 책임을 진다.
사랑과 인간애	• **친절[관용, 배려, 돌봄, 연민, 이타적 사랑, 다정함]** : 자기의 이익만을 쫓지 않고 다른 사람들에게 선행을 베푸는 일을 즐겨한다. 다른 사람의 존재를 인정하고 나 아닌 타인의 최대 관심사를 잣대로 상대방과 관계를 맺는다. 배려와 동정심을 가지고 있으며 다른 사람들에게 책임감을 느낀다.

	• **사랑** : 다른 사람들과의 밀접한 관계를 소중히 여기고 사람들을 사랑할 능력과 사랑 받을 줄 아는 능력이 모두 있다. 이때 말하는 사랑은 이성관계에서의 로맨스보다 넓은 의미이며, 인간애를 보여준다.
정의감	• **시민정신[사회적 책임감, 충실성, 팀워크]** : 집단/조직이나 팀의 일원으로서 열심히 일하며, 집단에 충실하고 집단의 성공을 위해 자기 몫을 다하려고 한다. 조직의 정체성과 자신의 정체성이 대부분 일치하며 설령 개인의 목적과 다를지라도 조직의 목적과 목표를 중요하게 여긴다. • **공정성** : 개인감정에 따라 타인에 대한 결정을 편파적으로 하지 않는다. 공평과 정의의 개념에 따라 모든 사람을 동일하게 대한다. 가치 있는 도덕률에 따라 행동하고 자신의 문제처럼 다른 사람의 복지에 대해 생각한다. • **지도력[리더십]** : 단체를 조직하고 관리하는 능력이 남다르다. 조직의 임무를 효율적으로 수행하도록 이끌어주고 구성원들이 원만한 관계를 유지하도록 지도한다. 또한 '누구에게도 원한을 품지 않고 모든 사람들에게 관대하며, 옳은 일은 단호하게 추진하는' 인도주의 정신을 겸비하고 있다.
절제력	• **자기 통제력[자기조절]** : 적절한 시기가 올 때까지 자신의 욕망, 욕구, 충동을 자제할 수 있다. 기다려야 한다는 사실을 아는 것만이 아니라 이를 행동으로 옮긴다. 기분 나쁜 일이 있더라도 자신의 감정을 다스려 평온한 상태로 만들 수 있으며 힘든 상황에서도 쾌활함을 유지할 수 있다. • **신중함** : 신중하게 선택하고 지나친 모형을 하지 않으며, 후회할 만한 언행을 삼간다. 모든 사항들을 충분히 검토한 뒤에야 비로소 행동으로 옮긴다. 멀리 보고 깊이 생각하며, 성공을 위해 눈앞의 이익을 쫓지 않는다. • **겸손** : 자신이 성취한 것에 허세를 부리지 않으며, 자신을 특별한 사람이라고 생각하지 않는다. 그저 자신이 맡은 일을 훌륭히 완수하는 데 힘쓴다. 자신을 낮출 줄 알며 자만하지 않는다. 겸손은 보여주기 위한 행동이 아니다.
초월성	• **감상력[경외감, 감탄, 고상함]** : 자연에서부터 예술, 수학, 과학, 일상의 경험까지 삶의 다양한 영역에서 아름다움, 탁월함, 뛰어난 기술을 인식하고 감상한다. 모든 분야의 미, 빼어난 작품과 기교를 감상할 줄 안다. 경외감과 경이로움을 느끼기조차 한다. 운동선수의 탁월한 기능이나 인간미가 넘치는 아름다운 행동을 목격할 때면 그 고결함에 깊이 감동한다. • **감사** : 좋은 일에 대해 늘 기쁘게 생각하며 절대 당연한 것으로 받아들이지 않는다. 그래서 항상 고마움을 전할 시간을 마련한다. 감사는 하나의 정서로서, 경이로움과 고마움을 느끼며 삶 자체를 감상하는 마음 상태이다. • **희망[낙관성, 미래 지향성]** : 최선을 예상하고 그것을 성취하기 위해 노력한다. 미래에 대한 긍정적인 자세를 드러내 주는 강점이다. 열심히 노력하면 좋은 일들이 꼭 일어날 것을 기대하고 미래를 설계하는 한편, 현재 자신이 있는 곳에서 즐겁게 생활하고 목표를 향해 힘차게 나아간다. • **영성[종교적임, 신앙심, 목적의식]** : 인생의 목적과 의미에 관한 일관된 믿음을 가지고 있다. 그래서 더 큰 계획에 자신의 쓰임새가 있을 것이라고 생각하며 행동하고, 그 과정에서 편안함을 얻는다. 종교 생활을 하는가의 여부와 상관없이, 자신이 더 큰 무언가에 속해 있다고 생각하고, 삶의 의미를 추구하려는 믿음을 가지고 있다.

	• **용서** : 자신에게 잘못한 사람을 용서하고 항상 잘못을 만회할 기회를 준다. 가련하고 불쌍히 여겨 기회를 주고 복수하지 않는다. 용서는 상처 입은 개인의 내면에서 일어나는 유익한 변화가 표출되는 것이다. 가해자에 대한 기본적인 태도가 훨씬 긍정적으로 바뀌어 앙심을 품거나 가해자를 피하지 않고 너그러운 마음으로 친절하게 대하기도 한다. • **유머[명랑함]** : 명랑한 사람으로 잘 웃고 다른 사람들에게도 웃음을 선사한다. 또한 삶을 긍정적으로 보는 경향이 크다. • **열정[열의, 활력, 활기, 에너지]** : 신명이 많아 활기가 넘치고 정열적이다. 자신이 하는 일에 몸과 마음을 다 바치고 새날에 할 일을 고대하며 아침에 눈을 뜬다. 열정적으로 일에 뛰어들고, 그럴 때 기운이 샘솟는다. 모험 같은 삶을 살고자 한다.

회복탄력성이 높은 사람은 불안에 취약하지 않을 뿐만 아니라 세계에 대해 긍정적으로 동참하고 확실히 긍정적인 정서를 보이며, 우울에도 취약하지 않고 부모나 타인에게 자신의 관심사를 적극적으로 표현한다. 자신들의 욕구에 맞도록 환경을 변화시키기도 하고, 문제에 대처하고 해결하기 위한 적극적인 접근을 취함으로써 스트레스 작용을 완충시킬 수 있는 다양한 환경의 자원을 활용한다. 반면 회복탄력성이 낮을수록 스트레스 상황을 지각하기 쉽고 적응을 하는 데 유연성이 부족하므로 스트레스 상황에서 환경적 요구에 응하지 못하여 스트레스에 민감하게 반응하고, 대처에 곤란을 겪게 되는 것이다.

WORKSHEET 1

● 회복탄력성 척도(YKRQ-27)

아래 내용을 읽어보시고 자신을 가장 잘 나타내는 숫자에 체크하여 주십시오.

문항	절대 그렇지 않다	그렇지 않다	보통이다	그렇다	항상 그렇다
1. 문제가 생기면 여러 가지 가능한 해결 방안에 대해 먼저 생각한 후에 해결하려고 노력한다.	①	②	③	④	⑤
2. 어려운 일이 생기면 그 원인이 무엇인지 신중하게 생각한 후에 해결하려고 노력한다.	①	②	③	④	⑤
3. 나는 대부분의 상황에서 문제의 원인을 잘 알고 있다고 믿는다.	①	②	③	④	⑤
4. 나는 어려운 일이 닥쳤을 때 감정을 통제할 수 있다.	①	②	③	④	⑤
5. 내가 무슨 생각을 하면 그 생각이 내 기분에 어떤 영향을 미칠지 잘 알아챈다.	①	②	③	④	⑤
6. 이슈가 되는 문제를 가족이나 친구들과 토론할 때 감정을 잘 통제할 수 있다.	①	②	③	④	⑤
7. 당장 해야 할 일이 있으면 나는 어떠한 유혹이나 방해도 잘 이겨낼 수 있다.	①	②	③	④	⑤
8. 아무리 당황스럽고 어려운 상황이 닥쳐도 나는 내가 어떤 생각을 하고 있는지 스스로 잘 안다.	①	②	③	④	⑤
9. 일이 생각대로 잘 안 풀리면 쉽게 포기하는 편이다.	①	②	③	④	⑤
10. 나는 감사해야 할 것이 별로 없다.	①	②	③	④	⑤
11. 내가 고맙게 여기는 것을 모두 적는다면 아주 긴 목록이 될 것이다.	①	②	③	④	⑤
12. 세상을 둘러봐도 내가 고마워 할 것이 별로 없다.	①	②	③	④	⑤
13. 내 인생의 여러 가지 조건들은 만족스럽다.	①	②	③	④	⑤
14. 나는 내 삶에 만족한다.	①	②	③	④	⑤
15. 나는 내 삶에서 중요하다고 생각한 것들은 다 갖고 있다.	①	②	③	④	⑤
16. 열심히 일하면 언제나 보람이 있으리라 생각한다.	①	②	③	④	⑤
17. 맞든 아니든, '아무리 어려운 문제라도 나는 해결할 수 있다'고 믿는 것이 좋다고 생각한다.	①	②	③	④	⑤
18. 어려운 상황이 닥쳐도 나는 모든 일이 다 잘 해결될 거라고 확신한다.	①	②	③	④	⑤

______________학과 ____________________학번 ____________이름

문항	절대 그렇지 않다	그렇지 않다	보통이다	그렇다	항상 그렇다
19. 나와 정기적으로 만나는 사람들은 대부분 나를 싫어하게 된다.	①	②	③	④	⑤
20. 서로 마음을 터놓고 얘기할 수 있는 친구가 거의 없다.	①	②	③	④	⑤
21. 서로 도움을 주고받는 친구가 별로 없는 편이다.	①	②	③	④	⑤
22. 나는 재치 있는 농담을 잘 한다.	①	②	③	④	⑤
23. 나는 내가 표현하고자 하는 바에 대한 적절한 문장이나 단어를 잘 찾아낸다.	①	②	③	④	⑤
24. 나는 대화 상대에 따라 대화를 잘 이끌어 갈 수 있다.	①	②	③	④	⑤
25. 사람들의 얼굴 표정을 보면 어떤 감정인지 알 수 있다.	①	②	③	④	⑤
26. 슬퍼하거나 화를 내거나 당황하는 사람을 보면 그들이 어떤 생각을 하는지 잘 알 수 있다.	①	②	③	④	⑤
27. 친구가 화를 낼 경우 나는 그 이유를 왜 잘 아는 편이다.	①	②	③	④	⑤

- **판정방법:**

요인	문항번호	점수
자기조절능력	1, 2, 3, 4, 5, 6, 7, 8, 9*	
긍정성	10*, 11, 12*, 13, 14, 15, 16, 17, 18	
대인관계능력	19*, 20*, 21*, 22, 23, 24, 25, 26, 27	
합계		

*표는 역채점 문항

1. 합계 점수가 자신의 회복탄력성(RQ)이다.
2. 만점은 135점이며 평균 수준은 89점 40%
3. 100점 이상이면 상위 20%
4. 106점 이상이면 상위 10%로 높은 회복탄력지수를 나타낸다.
5. 79점 이하는 하위 30%로 노력이 요구된다.

WORKSHEET 2

내 기억 속의 나에게 격려하기

기억나는 한 장면을 떠올려 보세요. 내 인생에서 가장 기억에 남는 한 사람의 타인과 어떤 일이 있었나요?
그때 나의 감정은 어땠나요?
그 상황을 나는 어떻게 대처했나요?
그 대처의 결과는 어땠나요?
결과가 만족스럽지 않았다면 왜 그렇게 되었다고 생각하나요?

______________학과 ______________________학번 ____________이름

WORKSHEET 3

타인을 통하여 나 격려하기

타인으로부터 들었던 격려는 무엇이 있나요? 그때 나는 그 사람을 어떻게 생각했나요?
타인으로부터 들었던 고통스러웠던 말은 무엇이 있나요? 그때 나는 그 사람을 어떻게 생각했나요?
내가 타인에게 격려를 했던 경험은 어떤 것이며, 후에 그 사람은 나를 어떻게 대했나요?
그런 그 사람을 보고 느낀 점은 무엇인가요?
내가 타인에게 꼭 하고 싶은 격려가 있다면 무엇인가요?
내가 타인에게 꼭 받고 싶은 격려가 있다면 무엇인가요?

_______________학과 _______________________학번 ______________이름

읽어보기

닭이 되어버린 독수리

어느날 오솔길을 따라 걸어가던 인디언 청년 한 명이 둥우리에서 떨어진 독수리 알을 하나 발견합니다. 알을 되돌려 놓기에 둥우리는 너무나 높았습니다. 인디언 청년은 알을 가까운 닭 우리에 놓습니다. 곧 알은 부화됩니다.

어린 독수리는 병아리들 틈에서 자라게 됩니다. 그리고 닭들이 하는 행동을 그대로 따라 합니다. 그리고 생각합니다. '난 닭이야'라고.

닭은 아주 짧은 거리만 날 수 있었습니다. 독수리 역시 짧은 거리만 날았습니다. 닭이라고 생각한 독수리는 딱 그만큼만 날 수 있을 거라고 생각했으니까요. 할 수 있다고 생각한 만큼만 독수리는 할 수 있었습니다. 그러던 어느날 하늘을 높이 나는 새를 봅니다. 감명을 받은 독수리가 옆에 닭에게 묻습니다. "저 새는 뭐야?" "저건 새들의 왕인 독수리지. 독수리는 하늘의 동물이고 우리는 땅을 디디고 살아야 하는 닭이야"

* * * * *

닭이 되어 버린 독수리가 살던 그 집에 어느 날 집 주인 친구가 방문합니다. 닭들과 먹이를 쪼아 먹고 있는 독수리를 발견한 친구가 이렇게 묻습니다.

"저것은 독수리가 아닌가?"

그러자 집주인은 답을 합니다.

"그렇기는 하네만, 이제는 지가 닭인줄 알고 살고 있지."

그러자 그 친구는 이렇게 말합니다.

"독수리는 독수리라네. 하늘을 날아야 하는 생물이지."

그리곤, 독수리를 절벽 끝으로 데리고 가 하늘을 향해 힘껏 날려 보냅니다. 그러면서 독수리에게 이렇게 외칩니다.

"넌 독수리야. 날아."

하늘로 던져진 독수리는 절벽 아래로 끝없이 떨어지는 듯하더니, 어느 순간 균형을 잡으며 창공을 향해 힘차게 날아오르고 있었습니다.

독수리가 날게 된 이유를 무엇일까?

날 수 있도록 돼 있는 독수리의 본능도 중요하고, 그런 독수리의 본능을 일깨워준 지도자로서 집주인 친구도 중요하다. 그런데 독수리가 하늘을 향해 날아오를 수 있었던 또 하나의 중요한 요소는 절벽이었던 것이다.

누군가에게 위기며 스트레스가 되는 상황이 오히려 나를 뛰어넘을 수 있는 강한 동기, 도전으로 인식할 수 있는 것 이것이 바로 회복탄력성이다.

5

CHAPTER

사랑의 유형

◐ 학습목표 ◑

1. Sternberg의 사랑의 삼각이론을 이해한다.
2. Lee의 사랑의 유형을 구분한다.

한 테이블에 앉은 A 커플은 100일을 맞아 무엇을 선물할지 이야기하고 있다. 이들은 캠퍼스 커플로 동아리에서 만났고, 지난 100일 동안 영화 같은 데이트를 해 왔다. 그리고 지금 그들은 한 없이 행복해 하며 즐겁게 100일 이벤트를 기획하려고 한다.

그런데 옆자리에서는 B 커플의 남자친구가 여자친구의 불평을 듣고 있다. 여자친구는 요즘 들어 영화를 보고, 저녁을 먹고, 커피마시는 것밖에 한 것이 없다고 했다. 또 항상 쇼핑하고 여행을 가자는데 그럴 여유가 없고 피곤하다는 남자친구는 그냥 편하게 만나자고 한다. 이들의 이야기는 벌써 몇 주째 평행선이다.

하지만 그런 모습을 보고 있는 알바생은 다 부럽다. 오늘따라 비오는 창가를 보다 헤어진 연인이 생각났기 때문이다. 참 서로 사랑했는데…….
사랑이란 무엇이기에…….
이들 각자의 사랑은 같은 것일까? 다른 것일까?

5
CHAPTER

사랑의 유형

1 사랑

표준국어대사전에서는 '사랑'이라는 정의를 첫째 '어떤 사람이나 존재를 몹시 아끼고 귀중히 여기는 마음, 또는 그런 일', 둘째 '어떤 사물이나 대상을 아끼고 소중히 여기거나 즐기는 마음, 또는 그런 일', 셋째 '남을 이해하고 돕는 마음, 또는 그런 일', 넷째 '남녀 간에 그리워하거나 좋아하는 마음, 또는 그런 일', 다섯째 '성적인 매력에 이끌리는 마음, 또는 그런 일', 여섯째 '열렬히 좋아하는 대상'으로 나와 있다.

한자사전에 수록된 사랑을 의미하는 단어는 총 11자(愛; 사랑 애, 慈; 사랑 자, 炁; 사랑 애, 寵; 사랑할 총, 嬖; 사랑할 폐, 憓; 사랑할 혜, 啊; 사랑할 아, 寵; 사랑할 총, 恀; 사랑할 지, 嬜; 사랑할 흠, 憸; 사랑할 엽)이다. 영어 'LOVE', 일본어 'あい', 독일어 'Liebe', 프랑스어 'amour, affection', 러시아어 'любовь', 베트남어 'tình yêu', 페르시아어 'محبّت' 이외에도 사랑은 모든 언어로 나와 있다.

손하트, 윙크, 뽀뽀, 포옹 등과 같은 비언어적인 표현으로도 우리는 사랑을 타인에게 전달할 수 있다.

이렇게 다양한 방법으로 모든 나라, 모든 인종의 삶에 나타난다는 것은 사랑이 모든 인류에게 일반적이면서도 소중하고 중요한 요소이기 때문이다.

2 Sternberg의 사랑의 삼각이론

1) 사랑의 3요소

Sternberg는 사랑의 3요소를 중심으로 사랑의 현상을 설명하였다. 그리고 사랑의 개념을 과학적인 방법으로 연구하여 보다 종합적으로 설명할 수 있는 구조적 모델을 보여줌으로써 감정과 행동을 같이 설명하였다. 그는 사랑의 3요소(친밀감, 열정, 헌신)를 [그림 5-1]과 같이 제시하였다.

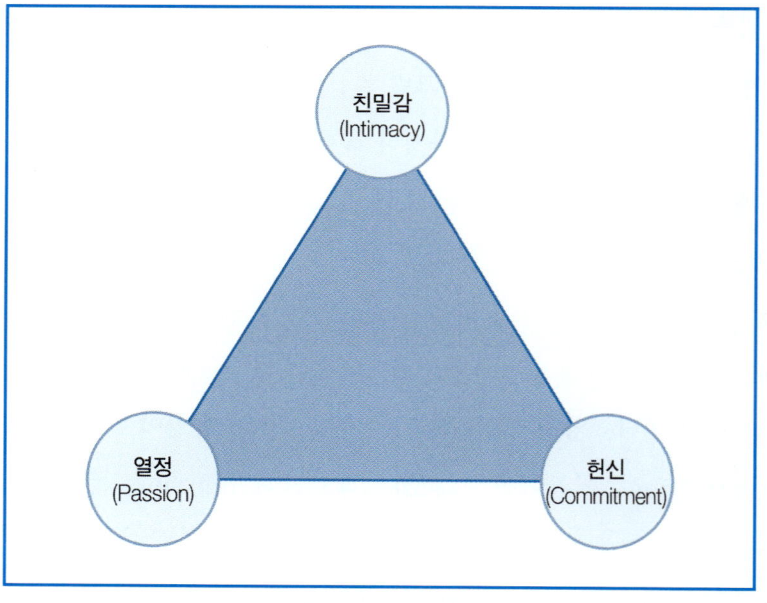

[그림 5-1] 사랑의 3요소

2) 사랑의 구성요소

(1) 친밀감(Intimacy)

친밀감은 사랑하는 관계에서 나타나는 가깝고 서로 연결되어 있고 결합되어 있다는 느낌을 일컫는데, 여기에는 사랑하는 사이에서 경험하는 따뜻함과 같은 느낌이 포함되어 있다. Sternberg와 그의 제자 Grajek은 가까운 관계에서의 친밀감을 나타내는 징표 10가지를 다음과 같이 정의하였다.

① 사랑하는 이가 잘 살기를 바라는, 즉 사랑하는 이의 복지를 증진시키기를 열망한다.
② 사랑하는 이와 함께 행복을 경험한다.
③ 사랑하는 이에 대해 존경심을 가진다.
④ 필요할 때 상대에게 기댈 수 있다.
⑤ 서로 이해한다.
⑥ 상대와 자신 및 자신의 소유를 나눌 수 있다.
⑦ 상대로부터 정서적 지지를 받는다.
⑧ 상대에게 정서적 지지를 해 준다.
⑨ 상대와 친밀한 의사소통을 한다.
⑩ 자신의 삶에서 사랑하는 사람을 중요하게 여긴다.

Sternberg는 친밀감은 다른 두 가지 사랑의 요소(열정, 헌신)와는 달리 부모나 형제자매, 친구 등 다른 친밀한 관계에서도 나타나는 요소라고 하였다.

(2) 열정(Passion)

열정은 낭만, 신체적 매력, 성적인 몰입 등으로 이끄는 사랑하는 관계에서 있을 수 있는 일들을 생기게 하는 욕망을 말한다. 열정의 주요부분은 성적(性的)욕구가 대부분을 차지하기도 하지만, 다른 욕구들, 즉 자아존중감, 타인과의 친애욕구, 타인에 대한 지배욕구, 타인에 대한 복종욕구, 자아실현 등 열정을 나타내게 하는 중요한 역할을 한다. 이처럼 열정은 생리적·심리적으로 영향을 받는다.

(3) 헌신(Commitment)

헌신은 단기적·장기적 두 가지 측면으로 구성되어 있다. 단기적 측면으로는 누구를 사랑하겠다는 결심이며, 장기적 측면으로는 그 사랑을 지속시키겠다는 책임감을 의미한다. 그러나 이 두 가지 측면이 항상 같이 동반되는 것은 아니다. 사랑하려는 결심을 했다고 해서 그 사랑을 지속하겠다는 결심을 의미하는 것은 아니기 때문이다. 때로는 사랑하겠다는 결심이 사랑을 지속시키겠다는 헌신을 수반하지 않을 때도 있다.

3) 사랑 구성요소의 변화

Sternberg의 사랑의 세 가지 구성요소인 친밀감, 열정, 헌신은 각각 시간이 지남에 따라 변화한다. 이 세 가지 요소의 비율은 수시로 변화하는데, 그래서 사랑이 변하는 것이다.

친밀감은 두 사람 사이가 가까워짐에 따라 처음에는 증가하다가 감소하게 된다. 친밀감을 뚜렷하게 느끼지 못하게 되는 때는 대체로 두 가지 현상이 있을 수 있다. 첫째, 친밀한 관계가 시들어져가는 경우이다. 둘째, 친밀감이 잠재적인 형태로 계속 살아 있는 경우인데, 이 경우는 서로의 관계가 계속 깊어지고 있어서 서로 의존하고 있다는 사실을 의식하지 못할 정도로 순탄한 상태가 된 것을 말한다. 예를 들어 오래된 연인들처럼 교제기간이 길어질수록 이런 현상이 나타날 가능성이 높다.

열정은 빠르게 증가한 후에 습관화가 이루어져 줄어들게 된다. 그러나 그 후 점차 회복된다.

헌신은 서서히 증가하는 양상을 보이다가 점점 빠르게 증가하면서 끝에는 일반적으로 감소한다. 두 사람이 처음 만났을 때부터 서로가 점차 가까워지게 됨으로써 헌신과 교제기간이 정비례로 커진다. 그러나 관계가 장기적으로 발전하게 됨에 따라 헌신이 점차 가속화되며 그와 같은 상태가 계속 될 때 헌신은 대개 한계점에 도달한다.

4) Sternberg의 사랑의 유형

Sternberg는 통합적인 사랑의 3요소를 제시하였다. 그래서 사랑의 3요소의 균형과 크기에 따라 조합이 이루어지고 이렇게 조합된 사랑의 유형이 관계의 질을 설명한다고 하였다.

사랑의 3가지 요소를 조합하면 좋아함(Liking), 도취된 사랑(Infatuated love), 공허한 사랑(Empty love), 낭만적 사랑(Romantic love), 우애적 사랑(Companionate love), 얼빠진 사랑(Fatuous love), 성숙한 사랑(Consummate love) 그리고 3가지 요소가 모두 부재된 사랑이 아닌 것(Non-love)까지 8가지 유형으로 구분된다.

〈표 5-1〉 사랑의 요소를 조합하여 나타낸 사랑의 유형

사랑의 유형	친밀감 (Intimacy)	열정 (Passion)	헌신 (Commitment)
좋아함(Liking)	○	×	×
도취된 사랑(Infatuated love)	×	○	×
공허한 사랑(Empty love)	×	×	○
낭만적 사랑(Romantic love)	○	○	×
우애적 사랑(Companionate love)	○	×	○
얼빠진 사랑(Fatuous love)	×	○	○
성숙한 사랑, 완전한 사랑(Consummate love)	○	○	○
사랑이 아닌 것(Non-love)	×	×	×

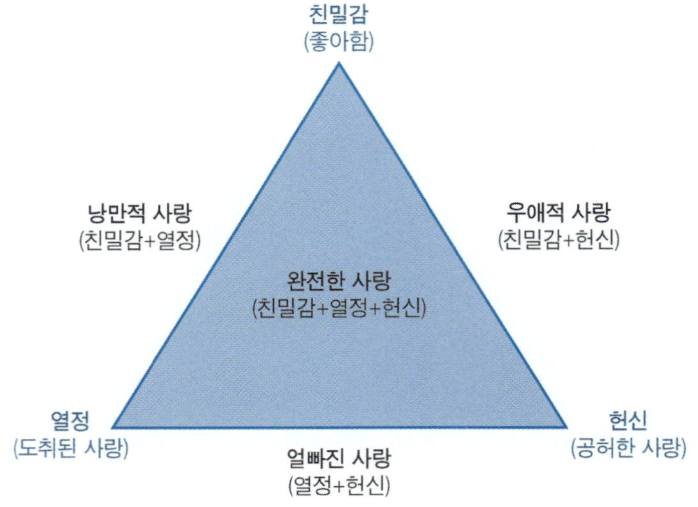

출처 : Aron, A., Aron, E. N., & Smollan, D. (1992). Inclusion of other in the Self Scale and the structure of interpersonal closeness, Journal of Personality and Social Psychology, 63, 596-612. American Psychological Association. Adapted with permission.

[그림 5-2] 사랑의 유형

(1) 좋아함(Liking)

열정과 헌신의 요소가 결여된 채 친밀감만이 경험될 때 나타난다. 여기서 좋아함이란 친구들 관계에서 경험하는 우정과 유사한 종류의 감정에 가깝다.

좋아함은 강한 열정을 일으키거나 장기적인 헌신 없이도 상대에게 친밀감과 따뜻함을 느끼게 된다.

(2) 도취된 사랑(Infatuated love)

도취된 사랑은 첫눈에 빠진 사랑 혹은 상대를 있는 그대로가 아니라 이상화 시켜 망상으로 치우치는 사랑이다. 친밀감이나 헌신의 요소가 결여된 열정적 흥분만으로 이루어진 사랑이다. 도취된 사랑은 보통 눈에 띄게 나타났다가 금방 사라지는 것으로 보이기도 한다. 그것은 즉흥적으로 생겼다가 상황이 바뀌면 갑자지 사라져 버릴 수 있다. 또 정신적·육체적인 흥분이 상당한 정도로 나타나는 특징이 있다.

도취된 사랑에는 몇몇 문제가 있다. 첫째, 도취된 사람은 있는 그대로의 상대를 보기보다는 이상화된 상대의 모습을 그린다는 것이다. 둘째, 도취된 사랑은 홀린 듯 한 상태가 된다는 것이다. 사랑에 잡아먹히고 소모되어서 다른 일에 투자해야 할 힘과 동기들을 잃게 된다. 셋째, 도취된 사랑은 보통 비대칭적 관계로 사랑에 빠져 상대를 이상화시켜 생각하기 때문에 스트레스에 더 빠지기 쉽다.

(3) 공허한 사랑(Empty love)

공허한 사랑은 친밀감과 열정이 결여된 채 그 사랑을 지키겠다는 헌신만 있다. 몇 년 동안 상대방에게 감정적 몰입이나 육체적 매력을 전혀 느끼지 못하는 정체된 관계에서 나타나는 종류의 사랑이다. 공허한 사랑은 대체로 오래된 관계가 끝날 때쯤 나타나지만 사회적인 상황에 따라 시작의 의미가 될 수 있다.

관계에서 헌신만 있고 열정이나 친밀감이 사라졌을 때, 다른 요소를 회복시키는 일은 어렵다. 그런 비대칭적인 관계에서는 상대에게 몰입하지 않는 사람이 더 몰입한 상대에게 감정적으로 빚지고 있다는 죄책감이 더해져 특히 어려워진다.

(4) 낭만적 사랑(Romantic love)

낭만적 사랑은 육체적 매력이 불러일으킨 열정이 첨가된 좋아하는 감정이다. 서로에게 육체적·감정적으로 밀착되어 있다는 것이다. 낭만적 사랑을 하는 이들은 이 사랑이 영원하다고 생각지 않는다. 즉, 낭만적 사랑을 하지만 지속적인 만남에 대해 고려하려 하지 않는다. 로미오와 줄리엣처럼 고전문학 작품 속에서 나타나는 낭만적인 사랑과 거의 비슷한 사랑을 한다.

(5) 우애적 사랑(Companionate love)

오랜 우정 같은 결혼에서 발견되는 사랑으로 열정의 원천인 육체적 매력이 사라진 사랑이다. 사실 대부분의 낭만적 사랑은 차츰 우애적 사랑으로 변해가면서 남게 된다. 즉, 열정은 없어지면서 친밀감은 남아 있는 것이다. 이 사랑에 만족을 느끼는 정도에 있어서는 커플마다, 개인마다 차이가 있다. 어떤 사람은 더 이상의 낭만적 사랑을 원하지 않고 노력도 하지 않을 것이다. 또 어떤 사람은 자기 인생에서 그런 낭만적 로맨스가 계속 유지되지 않으면 행복하지 않을 수도 있다.

(6) 얼빠진 사랑(Fatuous love)

얼빠진 사랑은 친밀감이 결여된 사랑으로 열정에 근거해서 헌신이 이루어진 사랑이다. 때로는 할리우드 영화나 공개구혼 프로그램 등에서 접하게 되는 종류의 사랑이다.

이 사랑은 대체로 빠르게 일어나기 때문에 오래 지속적일 수가 없다. 이것은 서로의 관계가 발전하는 데 필요한 친밀감의 요소가 결여되어 있다.

얼빠진 사랑은 우울에 민감하다. 열정이 식어갈 때 남아 있는 것은 헌신뿐이지만, 이 헌신은 장기간에 걸쳐 성숙되고 심화된 것이 아니라 어리고 얕은 수준이다. 그렇기 때문에 열정에 기초를 둔 관계에서 열정이 사라진다면 실망할 수밖에 없다.

(7) 완전한 사랑, 성숙한 사랑(Consummate love)

완전한 사랑은 성숙한 사랑이라고도 하는데 이 사랑의 유형에는 사랑의 3요소가 모두 결합되어 있다. 이 사랑은 우리들이 추구하는 이상적인 사랑이다.

특히 낭만적 관계에 있는 사람들이 도달하려고 노력하는 사랑이다. 이런 성숙하고 완벽한 사랑은 얻고 유지시키기는 어렵다. 이는 우리가 여러 면에서 노력을 해야 한다는 점에서 알 수 있다.

(8) 사랑이 아닌 것(Non-love)

이것은 사랑의 3요소가 모두 결여된 것으로 주로 우리가 경험하는 다수의 대인 관계에서 나타난다. 그 관계는 사랑도, 우정도 심각한 방식으로 지속되지 않는 단편적인 것이다.

5) Sternberg의 사랑 유형 조화도

개인은 경험된 친밀감, 열정, 헌신 수준의 결과로 자신의 '사랑 삼각형'을 갖게 된다.

Sternberg의 사랑의 3요소는 서로의 결합으로 사랑의 삼각형을 형성하게 된다. 사랑의 삼각형은 사랑의 강도와 균형에 따라서 기하학적 모양으로 변하며 시간에 따라 달라진다. 즉, 사랑의 삼각형은 요소들 간의 상호작용을 한다.

기본적으로 어떤 사람이 상대에 대해 느끼는 사랑의 강도가 클수록 상대를 향한 그 사람의 사랑의 삼각형 면적은 커진다. 사랑의 3요소가 더 클수록 사랑의 삼각형의 중심으로부터 꼭짓점이 더 멀리 위치하게 된다는 설명이다. 즉, 사랑의 크기는 이 3요소(친밀감, 열정, 헌신)로 결정되며, 사랑의 유형도 이 3요소의 상대적 크고 작음에 따라 달라진다.

관계에서의 사랑의 균형은 삼각형의 모양을 결정한다. 앞서 말한 세 가지 요소(친밀감, 열정, 헌신)가 완전히 균형 잡힌 관계는 정삼각형으로 표시된다.

반대로, 사랑의 3요소 간의 불균형적인 관계는 가장 큰 구성요소의 방향으로 치우치는 형태의 삼각형이 된다. 그래서 친밀감 요소가 강조되는 관계는 위로 길쭉한 형태의 삼각형이고, 열정 요소가 강조되는 관계는 왼쪽으로 길쭉한 형태의 삼각형이 된다. 그리고 헌신 요소가 강조되는 관계는 오른쪽 하단이 길쭉한 삼각형으로 나타난다.

3 Lee의 사랑의 유형

Lee는 사랑을 다양한 색깔에 비유하였다. 그는 사랑을 기본색과 이차색이라는 틀을 통해 사랑의 유형을 분류하였다. 그는 사랑의 기본색을 에로스(Eros; 열정적 사랑), 루두스(Ludus; 유희적 사랑), 스토르게(Storge; 우애적 사랑)의 세 가지로 구분하고 각각의 조합에 따른 이차색으로 프래그마(Plasma; 실용적 사랑), 매니아(Mania; 소유적 사랑), 아가페(Agape; 헌신적 사랑) 세 가지로 구분하여 총 여섯 가지의 사랑유형을 제시하였다.

1) 에로스(Eros)

에로스는 첫눈에 반하는 낭만적 사랑일 뿐만 아니라, 신체적 매력에 강하게 이끌리는 열정적 사랑으로 강한 정서적 감정을 수반하는 사랑이다. 에로스 유형의 사람들은 자신이 이상적으로 생각하는 상대에 대해 분명히 알고 있어서 이상형에 가까운 상대를 만나게 되면 강한 자극을 받게 된다. 이들은 신체적인 매력에 잘 이끌리고, 사랑의 속도가 빠르고 강력하며, 말이나 행동을 통해 사랑을 잘 표현하는 특징이 있다. 이 유형의 사람들은 전형적으로 자신의 어린 시절이 행복했다고 생각하는 경향이 있다.

2) 루두스(Ludus)

루두스는 유희적 사랑으로 한 대상과의 지속적인 관계나 헌신을 거부하고, 사랑을 즐기기 위한 일종의 게임 또는 놀이라고 생각한다. 이들은 정서적 몰입이 적은 사랑을 하며, 언제든지 한 대상에서 다른 대상으로 떠날 준비가 되어 있다. 동시에 여러 명의 대상과 만나기도 하고, 상대가 질투하는 것을 싫어하며 파트너가 자신에게 지나치게 밀착되는 것을 막기 위해 자주 만나는 것을 피하기도 한다. 이들에게 성(Sex)은 사랑을 표현하는 의미가 아니라 단순히 재미를 위한 것이며, 결혼과 같은 미래의 계획을 기대하기는 힘들다. 이 유형의 사람들은 대체로 어린 시절이 그저 평범했다고 생각하지만 성인이 되어서는 종종 좌절을 경험한 사람들이 많다.

3) 스토르게(Storge)

스토르게는 우애적 사랑으로 시간이 흐르면서 서서히 무르익는 사랑을 의미한다. 에로스와는 달리 신체적인 이상형이 없어 의도적으로 상대를 고르고 첫눈에 반하기보다는 시간이 흐르면서 우연히 사랑하게 되는, 지속적인 정에 근거한 사랑을 추구한다. 이들은 파트너에 대한 지나친 감정 표현을 꺼려하여 "사랑해"와 같은 언어적 표현은 어색해하고, 공유할 수 있는 관심사에 대해 얘기하기를 더 좋아한다. 이 유형의 사람들은 서로 협조하고 보충하며 만족하여 관계가 장기간 안정적이라는 특징이 있고 대체적으로 안정적이고 우호적인 공동체 안에서 성장했을 가능성이 높다.

4) 프래그마(Plasma)

프래그마는 스토르게와 루두스가 결합한 논리적이고 실용적인 사랑이다. 스토르게의 특징으로 인해 자기와 서로 어울리는 배경과 관심사를 지닌 상대를 선호하지만 그렇지 못했을 경우 루두스적인 특징을 활용해 적절한 대상을 찾기 시작한다. 즉 상대가 자신의 기준에 적합한지를 의식적으로 판단하고 고려하여 적절한 상대를 추구하지만, 이는 분별력 있게 스토르게식 사랑의 대상을 찾는 것이지, 황홀한 로맨스나 가슴 설레는 연애를 추구하는 것은 아니다. 그렇기 때문에 이들은 상대방이 어떤 사람인지 알 수 있는 상황, 이를테면 자신이 속해 있는 공동체 내에서 파트너를 찾고 상대를 제대로 알기 전까지는 헌신이나 미래 같은 말에 대해 말하기를 꺼려한다. 프래그마 유형의 사람들은 대체적으로 어린 시절과 현재의 삶이 거의 비슷하다고 생각하며, 자신이 노력만 하면 목적을 달성하고 성공도 할 수 있다고 생각하는 경향이 있다.

5) 매니아(Mania)

매니아는 두 가지 기본적인 사랑인 에로스와 루두스의 결합으로 인해 나타나는 소유적 사랑으로 극도의 의존성과 강한 질투가 특징이다. 매니아 유형의 사람들은 사랑받고 있다는 확인이 항상 필요하고, 항상 상대로부터 더 많은 애정과 헌신을 요구한다. 이들은 에로스적인 특징으로 인해 강렬하면서도 육체적인 자극을 필요로 하는 관계를 원하지만, 거의 자기중심적으로 사람들을 가려내고, 이상형을 찾아내는 능력이 부족하다. 또한 루두스적인 특징으로 인해 자신이 사랑받는 것보다 더 많이 사랑하지 않도록 관계를 조정하기도 하지만 상대로부터 항상 너무 많은 사랑을 필요로 하기 때문에 관계에 냉정하게 처신할 수 없다. 이 유형의 사람들은 사랑의 자극과 모험을 경험하고 싶어 하는 경향이 있고, 자신의 어린 시절을 불행했다고 생각하기도 하며, 성인이 되어서도 대개는 외로워하고 종종 자신의 일에 만족하지 못하기도 한다.

6) 아가페(Agape)

아가페는 에로스와 스토르게가 결합해 아무 조건 없이 좋아하고, 돌봐주며, 용서하고, 베풀어 주는 이타적 사랑이다. 의무적이며 베푼다는 의미에서 스토르게식 사랑요소를 포함하고 있지만, 특정한 사람을 대상으로 하기보다는 일반적인 방식을 취한다. 이 유형의 사람들은 사랑하는 대상에게 관심과 보살핌을 베풀어야 할 의무를 강하게 느끼며, 파트너는 그러한 배려를 필요로 하는 사람이어야 한다. 이들은 파트너와의 관계에서 상대를 단지 보살핌을 필요로 하는 수많은 사람 중의 한 명으로 생각하기 때문에 그 상대에게 자신의 시간과 정열의 아주 적은 몫을 할애한다. 이들은 파트너가 자신보다 다른 누군가와 함께 있는 것이 더 낫고 행복하다고 생각되면 파트너를 위해 기꺼이 그 관계를 포기할 수도 있다.

사람들은 대개 한 가지 유형의 사랑을 선호하지만 그것을 표현하는 데 있어서는 한 가지 이상의 유형이 나타난다. 또한 각 사랑유형의 특성을 살펴보면서 주의해야 할 점은 사람들이 단 한 가지의 유형에만 제한되어 있지는 않으며, 특정한 사랑유형에서도 개인사에 따라 결코 완전히 일치하는 특징을 보이지는 않는다는 것이다. 더불어 Lee는 사랑유형이 평생을 통해 변할 수 있다고 하였다.

사랑은 변하는 것이다.

WORKSHEET 1

나의 사랑은 어떤 모양일까?

아래의 문장들은 현재 당신이 좋아하거나 사귀고 있는 이성친구에 대한 당신의 심리상태를 기술한 것입니다. ○○는 이성친구의 이름을 뜻합니다. 각 문장을 읽고 ○○에 대한 당신의 상태를 잘 나타내는 정도라고 생각되는 적절한 숫자에 ○ 표해 주십시오.

문항	전혀 아니다	약간 그렇다	웬만큼 그렇다	상당히 그렇다	매우 그렇다
1. 나는 ○○의 행복을 위해서 적극적으로 지원한다.	1	2	3	4	5
2. 나는 ○○와(과)따뜻한 관계를 맺고 있다.	1	2	3	4	5
3. 나는 힘들 때 ○○에게 의지할 수 있다.	1	2	3	4	5
4. ○○은(는) 힘들 때 나에게 의지할 수 있다.	1	2	3	4	5
5. 나는 ○○와(과) 나의 모든 것을 공유할 의향이 있다.	1	2	3	4	5
6. 나는 ○○로부터 상당한 정서적 지지를 받고 있다.	1	2	3	4	5
7. 나는 ○○에게 상당한 정서적 지지를 주고 있다.	1	2	3	4	5
8. 나는 ○○와(과) 말이 잘 통한다.	1	2	3	4	5
9. 나는 내 인생에서 ○○을(를) 매우 중요시한다.	1	2	3	4	5
10. 나는 ○○와(과) 친밀감을 느낀다.	1	2	3	4	5
11. 나는 ○○와(과) 편안한 관계를 느끼고 있다.	1	2	3	4	5
12. 나는 ○○을(를) 정말 이해하고 있다고 느낀다.	1	2	3	4	5
13. 나는 ○○이(가) 나를 정말 이해하고 있다고 느낀다.	1	2	3	4	5
14. 나는 내가 ○○을(를) 정말 신뢰한다고 느낀다.	1	2	3	4	5
15. 나에 관한 매우 개인적인 정보를 ○○와(과) 공유하고 있다.	1	2	3	4	5
16. ○○을(를) 보기만 해도 나는 흥분된다.	1	2	3	4	5
17. 나는 낮에도 ○○에 대해서 생각하는 나 자신을 자주 발견한다.	1	2	3	4	5
18. ○○와(과) 나의 관계는 정말 낭만적이다.	1	2	3	4	5
19. 나는 ○○이(가) 매우 매력적이라고 느낀다.	1	2	3	4	5
20. 나는 ○○을(를) 이상화하고 있다.	1	2	3	4	5
21. 나는 ○○처럼 나를 행복하게 만들 수 있는 사람을 상상할 수 없다.	1	2	3	4	5
22. 나는 다른 어떤 사람보다도 ○○와(과) 함께 있고 싶다.	1	2	3	4	5

_______________학과 ________________________학번 _______________이름

23. ○○와(과)의 관계보다 더 중요한 것은 이 세상에 없다.	1	2	3	4	5
24. 나는 ○○와(과) 신체적으로 접촉하는 것을 특히 좋아한다.	1	2	3	4	5
25. ○○와(과)의 관계에는 '마술적'인 점이 있다.	1	2	3	4	5
26. 나는 ○○을(를) 찬미한다.	1	2	3	4	5
27. 나는 ○○없는 인생을 생각할 수 없다.	1	2	3	4	5
28. ○○와(과) 나의 관계는 열정적이다.	1	2	3	4	5
29. 낭만적인 영화나 책을 볼 때면 ○○을(를) 생각하게 된다.	1	2	3	4	5
30. 나는 ○○에 대해서 공상을 하곤 한다.	1	2	3	4	5
31. 내가 ○○에 대해서 염려하고 있다는 것을 알고 있다.	1	2	3	4	5
32. 나는 ○○와(과)의 관계를 지속시키기 위해 최선을 다하고 있다.	1	2	3	4	5
33. 다른 사람이 우리 사이에 끼어들지 않도록 나는 ○○에 대해 헌신할 것이다.	1	2	3	4	5
34. 나는 ○○와(과)의 관계가 흔들리지 않을 것이라는 점에 대해 자신감을 가지고 있다.	1	2	3	4	5
35. 나는 어떤 난관에도 불구하고 ○○에게 헌신할 것이다.	1	2	3	4	5
36. ○○에 대한 나의 사랑은 남은 인생 동안 계속되리라고 예상한다.	1	2	3	4	5
37. 나는 ○○을(를) 위해서 항상 강한 책임감을 느낄 것이다.	1	2	3	4	5
38. ○○에 대한 나의 사랑은 확고한 것이다.	1	2	3	4	5
39. 나는 ○○와(과)의 관계가 끝나는 것을 상상할 수 없다.	1	2	3	4	5
40. 나는 ○○에 대한 나의 사랑을 확신한다.	1	2	3	4	5
41. 나는 ○○와(과)의 관계가 영원히 지속될 것이라고 생각한다.	1	2	3	4	5
42. 나는 ○○와(과) 사귀는 것을 잘한 결정이라고 생각한다.	1	2	3	4	5
43. 나는 ○○에 대한 책임의식을 느낀다.	1	2	3	4	5
44. 나는 ○○와(과)의 관계를 계속 유지할 작정이다.	1	2	3	4	5
45. 설혹 ○○와(과) 갈등이 생긴다 해도, 나는 여전히 우리 관계를 유지할 것이다.	1	2	3	4	5

■ **채점 및 해석**

– 1번에서 15번까지의 점수를 합산한다. 이 점수가 당신의 친밀감 점수이다.

– 16번에서 30번까지의 점수를 합산하면 당신의 열정 점수이다.

– 31번에서 45번까지의 점수를 합산한 것은 당신의 헌신 점수이다.

※ 나의 사랑의 삼각형을 그려보고 친구들과 비교해 봅시다.

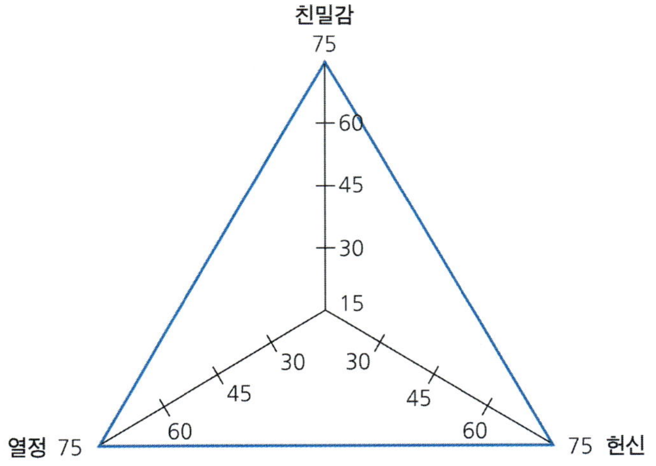

WORKSHEET 2

● 내가 한 사랑은?

아래 빈 칸에 본인이 경험하여 본 사랑이 있다면, 적어 보십시오.
그리고 그 때의 감정과, 지금의 감정을 써 보십시오.

유형	내 용	감 정
에로스 (eros; 열정적 사랑)		
루두스 (ludus; 유희적 사랑)		
스토르게 (storge; 우애적 사랑)		
프래그마 (plasma; 실용적 사랑)		
매니아 (mania; 소유적 사랑)		
아가페 (agape; 헌신적 사랑)		

________________학과 ________________________학번 ______________이름

읽어보기

사랑이란.....?

- 가장 끔찍한 빈곤은 외로움과 사랑받지 못한다는 느낌이다. - 마더 테레사
- 더 많이 사랑하는 것 외에 다른 사랑의 치료약은 없다. - 헨리 데이비드 소로우
- 사랑받고 싶다면 사랑하라. 그리고 사랑스럽게 행동하라. - 벤자민 프랭클린
- 사랑에 빠진 남자는 현명하고 더욱 현명해지며 사랑 받는 대상을 바라 볼 때마다 새롭게 보게 되고 그의 눈과 마음은 그 사랑의 대상이 지닌 미덕을 이끌어 낸다. - 랄프 왈도 에머슨
- 사랑에는 늘 어느 정도 광기가 있다. 그러나 광기에도 늘 어느 정도 이성이 있다. - 니체
- 사랑은 눈으로 보지 않고 마음으로 보는 것 - 윌리엄 세익스피어
- 사랑은 아름다운 여자를 만나서부터 그녀가 꼴뚜기처럼 생겼음을 발견하기까지의 즐거운 시간이다. - 존 배리모어
- 사랑은 우리들을 행복하게 하기 위해서 존재하는 것이 아니라, 우리들이 고뇌와 인내에서 얼마만큼 견딜 수 있는가를 보기 위해서 존재한다. - 헤르만 헤세
- 사랑은 자신 이외에 다른 것도 존재한다는 사실을 어렵사리 깨닫는 것이다. - 아이리스 머독
- 사랑의 첫 번째 의무는 상대방에 귀 기울이는 것이다. - 폴 틸리히
- 사랑이란 서로 마주보는 것이 아니라 둘이서 같은 방향을 보는 것이라고 인생은 우리에게 가르쳐 주었다. - 생텍쥐 페리

- 사랑이란... 하나를 주고 하나를 바라는 것이 아니다. 둘을 주고 하나를 바라는 것도 아니다. 아홉을 주고도 미처 주지 못한 하나를 안타까워하는 것이다. – 브라운
- 사랑하는 것은 천국을 살짝 엿보는 것이다. – 카렌 선드
- 사랑하는 사람에게 할 수 있는 가장 나쁜 일은 그들이 할 수 있고 해야 할 일을 대신 해 주는 것이다. – 에브러험 링컨
- 서로에게 모든 것을 줄 때 평등한 거래가 된다. 각자가 모든 것을 얻게 된다. – 로이스 맥마스터 부욜
- 선물로 친구를 사지마라. 선물을 주지 않으면 그 친구의 사랑도 끝날 것이다. – 토마스 풀러
- 세상에는 빵 한 조각 때문에 죽어가는 사람도 많지만 작은 사랑도 받지 못해서 죽어가는 사람은 더 많다. – 마더 테레사
- 우정이 바탕이 되지 않는 사랑은 모래 위에 지은 집과 같다. – 엘라 휠러 윌콕스
- 원하는 것이 없는 사랑. 이것이 우리 영혼의 가장 높고 가장 바람직한 경지이다. – 헤르만 헤세
- 정열적인 사랑은 빨리 달아오른 만큼 빨리 식는다. 은은한 정은 그보다는 천천히 생기며 헌식적인 마음은 그보다도 더디다. – 로버트 스턴버그
- 키스해 주는 어머니도 꾸중하는 어머니도 사랑하기는 마찬가지다. – 펄 벅

Memo

6

CHAPTER

이성과의 인간관계

◐ 학습목표 ◑

1. 이성관계에서 호감과 매력의 요인을 이해한다.
2. 이성 간의 대화방식을 이해한다.
3. 사랑의 다섯 가지 언어를 이해한다.
4. 사과의 다섯 가지 언어를 이해한다.

▌사 례▐

A양은 최근 남자친구와 헤어졌다. 그 이유는 A양은 하루에 몇 차례씩 SNS나 전화를 통해 연락하는 것을 좋아하는데 남자친구는 잦은 연락을 좋아할 때도 있지만 시험기간이나 친구를 만나고 있을 때에는 연락이 오는 것을 싫어하고 짜증을 내는 경우도 있었기 때문에 이러한 성격차이로 인해 헤어지게 된 것이다.

이렇듯이 많은 사람들이 성격차이로 인해 이성교제를 끝내기도 하고 성격이 다르기 때문에 서로의 부족한 부분을 서로 보완해서 너무 관계가 좋다고 하는 사람들도 있다. 앞서 A양의 경우 표면적으로는 성격차이라고 하지만 내적으로는 자신에게 잦은 연락을 하는 것을 자신을 향한 관심이나 사랑의 표현으로 생각하기 때문에 연락을 하는 횟수가 중요했을 것이다. 사람들은 타인에게 매력을 느끼는 점이 다양하다. A양처럼 관심을 가져주는 사람에게 매력을 느끼는 사람도 있고 외모, 목소리, 예의바른 모습 등 다양한 면들을 통해 매력을 가지게 된다.

그렇다면 당신이 이성에게 매력을 느끼게 되는 점은 무엇인지 생각해 보자!

6 CHAPTER

이성과의 인간관계

1 이성관계

호감, 사랑, 성적 욕구와 같은 다양한 인지와 감정이 복잡하게 얽혀 있는 영역이 타인과의 상호작용 영역이다. 특히 이성관계는 호감에서 시작해서 매력을 느끼는 과정으로 이루어진다.

1) 호감과 매력

우리가 특정한 사람에게 매력을 느끼게 될지 아닐지를 결정하는 데 영향을 주는 요인들은 매우 많다. 그중 대인매력을 결정하는 몇 가지 결정적인 요인에는 신체적 매력, 근접성, 친숙성, 유사성, 감정전이 등이 있다. 하지만, 이러한 요인들이 꼭 장기적인 관계를 유지시켜주는 충분조건은 되지 못하는 것을 기억해야 한다.

(1) 신체적 매력

외모는 성품이나 성격과는 다르게 우리가 통제하기 힘든 요인 중 하나이다. 간혹 신체적 매력이 중요하지 않다고 하는 사람들도 있다. 하지만 후광효과처럼 잘생긴 사람이 성격이 좋고 그 외의 조건들도 좋을 것이라고 생각하는 심리학적 이론이 있을 정도로 외적인 신체적 매력은 중요하게 여겨지고 있다. 신체적 매력을 중요시 하는 이유는 다른 사람들이 신체적으로 매력 있는 사람과 함께 있는 것을 볼 때 그 사람의 사회적 위치와 자기존중감이 올라간다는 것이 그 이유이다. 매력 없는 연인이나 친구와 함께 있는 사람보다 매력 있는 연인이나 친구와 함께 있는 사람을 더 호의적으로 평가한다(Sheposh, Deming & Young, 1977; Landy, David, Sigall & Harold, 1974). 다행스러운 것은 지속적인 관계를 맺을 상대를 선택할 때는 신체적 매력의 중요도가 감소한다는 연구결과들이 있다는 것이다(Stroebe, Insko, Thompson & Layton, 1971). 즉, 일반적으로 연애를 할 때와 달리 결혼을 하기 위해 상대방을 선택할 때는 신체적 매력이 가장 중요하지 않다.

(2) 근접성

근접성이란 서로 가까운 곳에 살거나 학교에서 같은 반에 있는 사람들끼리 더 친밀하게 되어 친구나 결혼에 이르러 부부가 될 가능성이 높다는 것이다. 이러한 근접성에 대한 것을 밝히기 위한 한 실험에서 실험참가자가 실험실에서 참가자들을 친절하게 대하거나, 불친절하게 대하는 실험을 하였다. 친절한 실험도우미가 있는 경우, 실험도우미가 참가자에게 더 가까이 앉을수록 실험참가자는 실험도우미를 더 좋아하였다. 이와 반대로 실험도우미가 불친절한 경우에는 실험도우미가 참가자에게 더 가까이 앉을수록 더 싫어하였다(Schiffenbauer & Schiavo, 1976). 이 실험으로 볼 때, 근접성만으로도 타인에 대한 반응이 더 강화되어 친절이나 불친절한 태도를 상대방이 더 크게 느끼는 것을 알 수 있다. 처음 누군가를 만났을 때는 대부분 별다른 감정을 느끼지 않는 중립적인 감정을 느끼게 된다. 하지만 중립적인 감정은 부정적이기보다는 긍정적인 면이 더 많다고 볼 수 있기에 근접성이 유지된다면 그 만남의 결과는 우정과 그 이상인 사랑의 관계가 될 수 있다.

(3) 친숙성

근접성이 호감을 일으키는 주요한 이유 중 하나는 근접성이 바로 친숙성을 증가시키기 때문이다. 친숙성 그 자체가 호감을 증가시키는 것이다. 호감을 증가시키는 친숙성은 매우 일반적으로 경험할 수 있다. 이러한 것이 단순노출효과라고 부르는 현상이다. 단순노출효과의 예를 들면, 길에서 자주 들었던 음악을 더 좋아하게 되거나 이전에 자주 봤던 사람을 처음 보는 사람보다 더 친숙하게 느끼는 것들이다. 결혼을 한 사람들이 배우자로 자신의 이성부모와 닮은 사람을 찾게 되는 것도 결국에는 자신의 이성부모에게서 느끼는 친숙함을 이성에게도 느꼈기 때문이다. 한 실험에서는 여학생 본인, 동성친구, 애인에게 여학생의 사진을 보여주었다. 사진의 종류는 '거울에 비친 얼굴사진', '원래 자신의 얼굴사진'으로 두 가지 사진을 보여주었다. 그 결과 여대생의 68%가 '거울에 비친 자신의 얼굴사진'을 선호하였고, 32%만이 '본래 자신의 얼굴사진'을 선호하였다. 친구들과 애인들의 경우 39%만이 '거울에 비친 여학생 얼굴사진'을 골랐고, 61%가 '본래 여학생의 얼굴사진'을 선호하였다. 자신이 평소 보는 친숙한 사진을 선호한다는 결과가 나타났다 (Mita, Dermer & Knight, 1977). 이러한 친숙성의 요인이 있기 때문에 단순노출효과를 보고자 많은 회사가 다양한 광고를 통해 친숙성을 높이기 위해 많은 비용을 감수하는 것이다.

(4) 유사성

연애하는 사람들에게 물어보면, 우리는 취미도 같고 식성도 같고 너무 비슷한 것이 많아서 의외로 싸우는 경우가 많지 않다고 한다. 반면, 어떤 커플들은 서로 비슷한 것이 하나도 없는데 그런 것들이 서로 보완이 되어 함께 있으면 하나가 되는 느낌이 들고 완전체가 되는 것 같다고 이야기한다. 이 두 가지 가운데 어떤 것이 더 맞는 말인지 구별하기 힘들다. 하지만 결혼한 부부를 연구한 결과를 보면 오랫동안 지속하는 대인관계에서 신체적 매력이 아닌 유사성이 매우 중요한 요인으로 나타났다(Caspi & Herbener, 1990). 즉 성격이 유사한 배우자들일수록 친구관계, 외식생활, 지역사회활동, 직업상의 회식과 같은 일상생활이 비슷하고 유사한 배우자들과의 갈등이 적어 더 친밀하고 결혼생활이 만족도가 더 높게 나타났다.

유사성이 호감을 유발하는 이유는 자신의 의견이나 생각을 존중하고 인정해 주는 것을 좋아하기 때문이다. 그래서 자신의 자기존중감을 높여주는 사람과 함께 있는 것을 즐긴다. 유사한 종교를 가진 사람들끼리 또는 보수적인지 개방적인지에 따른 유사한 가정환경을 가진 사람들끼리, 정치적인 성향이 맞는 사람들끼리, 취미생활이 맞는 사람들끼리 서로 공감하고 생각을 지지해 주기 때문에 만나는 것을 선호하게 된다.

(5) 감정전이

감정전이는 어떤 대상에 대한 감정이 그와 관련된 것에까지 옮겨지는 현상으로, 자신에게 중요한 사람에 대한 감정이 다른 사람에게 전이되는 것을 말한다. 이에 과거에 알던 사람에게 긍정적인 감정을 가지고 있으면 새롭게 만나는 사람이 과거 사람과 닮았거나 유사한 행동을 하게 될 때 새로운 사람을 긍정적으로 인식하게 된다. 예를 들어, 과거에 잘생긴 남자친구가 양다리를 걸쳐서 상처를 받았던 여학생은 소개팅에서 새로 만난 남자가 잘생겼을 경우 과거 남자친구의 감정이 전이되어 새로 만난 남자도 양다리를 걸칠 것으로 느끼게 된다. 이렇게 감정전이가 일어나게 하는 요인들은 지극히 개인적인 것들로 타인이 이해하지 못하는 습관이나 행동, 외모, 말투 등이 영향을 준다. 하지만 확실한 것은 과거의 경험이 영향을 주기 때문에 편견으로 작용할 수 있다. 새로운 사람을 만날 경우 과거에 매이지 말고 만나야 한다는 것을 기억해야 한다. 반대로 새로 만난 사람이 당신이 과거의 누군가와 닮았다고 말하는 경우 조심스러워해야 하는 것과 같다.

2 이성 간의 대화방식

대화의 목적은 바로 자신의 생각을 타인에게 전달하는 데 있다. 하지만 서로 사랑하는 이성관계에서도 대화방식의 차이로 인해 다툼이 일어나는 경우가 많다. 즉, 남성과 여성은 서로 하나의 언어를 사용하는 것처럼 보이지만 실제로는 전혀 다른 언어를 사용하면서 지내고 남성과 여성은 서로 이야기할 때 중요하게 생각하는 영역에 차이가 있다. 이러한 차이가 바로 이성 간의 관계가 멀어지게 하는 주요한 원인이 되기에 남녀의 대화방식을 이해하는 것이 친밀한 이성교제를 하는 데 많은 도움이 된다.

1) 여성의 대화방식

(1) 과정 중심의 대화

여성들은 대부분 어떤 사건에 대한 이야기를 할 때 논리성을 따르는 결과를 이야기하기보다는 그 과정에서 경험하게 되는 것을 이야기하는 경우가 많다. 그래서 기승전결에 의한 대화보다는 소소한 내용들을 주고받게 되고 그 결과 대화하는 데 많은 시간을 필요로 하게 된다. 그로 인해 남성들은 이러한 소소한 대화를 시간 낭비라고 생각하는 경향이 있다.

(2) 정서 중심의 대화

여성들은 어떤 사건과 관련하여 이야기를 하면서 자신의 감정을 나누고 지지받기를 원한다. 이 때문에 남성들과의 대화에서 간혹 자신의 힘든 부분을 이야기하면 남성들이 문제해결식의 접근을 하여 오히려 여성과의 대화를 망치는 경우가 있다. 예를 들면, 여성이 회사에서 상사나 학교에서 교수님으로 인해 있었던 어려움을 이야기하면 남성들이 "그 상사 내가 혼내줄까?", "그 교수님한테 내가 뭐라고 이야기할까?"라는 식의 문제해결을 위한 대화를 하는 것을 여성들은 싫어한다. 그 이유는 남성이 실제로 해결할 수 없는 해결방안을 제시하기도 하고 여성이 자신의 힘든 부분에 대해서 공감해 주지 않기 때문에 오히려 문제해결식의 해법을 제시하는 남성이 화를 돋우게 되기 때문이다.

(3) 경청 중심의 대화

여성들이 대화를 하는 경우 수다라고 표현할 정도로 많은 이야기를 오랜 시간 동안 하는 경우가 자주 있다. 남성들은 이야기의 내용이 길어지면 지루해하는 반면, 여성들의 경우에는 상대방의 이야기를 잘 들어주는 방식의 대화를 하게 된다. 즉 이야기를 하는 동안 "그렇구나"라는 식으로 맞장구를 치거나, "그래서?"라는 식으로 더 이야기를 해 주기를 요청하여 이야기하는 사람을 존중하며 경청하고 있다는 표현을 하게 된다. 이로 인해 여성들은 소소한 이야기일지라도 더 마음속 깊이 있는 이야기를 하게 되고 결과적으로 오랜 시간 이야기를 하며 서로에 대해 자세하게 알아가게 된다.

(4) 삶 중심의 대화내용

여성들의 대화내용은 자신이 사용하는 화장품이나 옷 브랜드에 대해 이야기하는 것을 좋아한다. 또한, 하루 동안 있었던 삶을 사소한 부분까지 나누면서 자신의 삶을 함께 공유하는 것을 즐거워한다. 더불어 사소한 이야기를 잘 들어주는 사람이 자신에게 많은 관심과 애정이 있다고 생각한다.

2) 남성의 대화방식

(1) 문제해결 중심의 대화

남성들의 대화방식에서 가장 중요한 특징은 어떤 사건에 대해서 해결하고자 하는 문제해결 중심의 대화를 주로 한다. 그 과정에서 경험하는 심리적인 고통이나 불편함보다는 문제를 해결할 수 있는 방안이나 대처방법에 대한 내용을 주로 이야기한다. 반면, 여성들은 정서적인 대화를 중요시하기에 남성들의 문제해결 중심의 대화를 무미건조하고 상대방을 공감하지 못하는 대화방식으로 생각하여 부정적으로 보는 경향이 많다.

(2) 과시적이고 설교 중심의 대화

남성들은 대화를 하는 과정에서 자신이 알고 있는 지식이나 정보들을 이야기하면서 체면이나 자존심을 세우고자 한다. 또한, 지식이나 정보전달을 위한 대화를 하기 위해 강의나 설교식의 대화방식을 취하고 이로 인해 남성들은 인정욕구를 채우려고 한다. 하지만 남성끼리 대화하는 경우 상대방의 설교를 들으면서 자신이 상대방에 비해 무지한 것처럼 느끼고 자존감이 손상되는 것으로 인식하여 서로 자신이 알고 있는 지식이나 정보를 공격적으로 혹은 웅변하듯 이야기하기도 한다. 남성이 과시적이고 설교적인 대화를 하는 경우, 상대방이 새로운 정보를 알게 되어 고맙다는 반응을 하면 이야기하는 남성은 체면과 자존심이 고취되는 경험을 하게 되고 공격적인 태도에서 온화한 태도로 바뀌어 대화하는 분위기가 부드러워지기도 한다.

(3) 논리적인 대화

남성들은 문제해결 중심의 대화를 즐기기에 논리적인 대화를 주로 한다. 이에 대화내용도 짧아져서 간결하고 돌려 이야기하기보다는 직설적으로 이야기하는 경향이 강하다. 이 과정에서 정서 중심의 대화를 하는 여성은 자신의 마음을 잘 알아주지 않는다며 상처를 받기도 한다. 이성과의 대화 시에는 남성들이 직설적으로 이야기하기보다는 예를 들면서 말하거나 상대방의 상황에서는 어떨 것 같은지 상대방을 배려하는 대화가 필요하다. 또한 결과 중심적인 대화보다는 과정에서 경험하는 어려움들을 생각하는 태도도 요구된다.

(4) 화제 중심의 대화내용

여성들은 삶을 살면서 경험하는 사소한 것들이 대화내용의 화제가 되는 반면 남성들은 삶이 아닌 스포츠, 새로 출시된 스마트폰, 인터넷 기사처럼 자신과 특별하게 관련이 없는 관심분야에 대한 내용을 대화의 주제로 삼는다. 그렇기에 이성관계에서 남성이 여성을 얼마나 깊게 생각하는지의 척도 중 하나로 남성이 자신의 집안문제를 여성에게 이야기하는 것을 기준으로 삼기도 한다. 이처럼 자신의 문제들을 잘 나누지 않는 것이 남성의 특성이다. 남성들은 웬만큼 친해지지 않으면 자신의 내면에 있는 고통이나 어려움을 이야기하지 않기에 서로 대화를 위해서는 공통 관심사나 화제가 필요하다.

3) 남녀 간의 효과적인 대화방법

남녀의 대화방식의 차이로 인해 남성과 여성은 서로 자신만의 방식으로 대화를 하면 좋은 관계를 유지하기에 어려움이 있다. 남녀가 효과적이고 긍정적인 관계를 위한 대화를 하려면 다음과 같은 것들에 유념해야 한다.

(1) 명확하게 자기 의사를 표현할 것

자신의 마음을 돌려서 표현하거나 겉으로 말하지도 않았으면서 속마음을 당연히 알아줄 것이라는 생각을 해서는 안 된다. 자신이 원하는 것, 자신의 마음, 자신이 좋아하는 것들을 명확하고 정확하게 말해야 한다. 마치 식당에서 음식을 주문할 때 고기의 굽기 정도, 사이드 메뉴 등을 이야기하듯 세부적인 것까지 설명하면서 이야기해야 한다. 상대방은 독심술을 하는 사람이 아니라는 것을 명심해야 한다. 즉, 남녀 간에 "그걸 꼭 말로 해야 알아?"라는 말은 절대로 해서는 안 될 말이다.

(2) 경청하는 태도로 인내하며 들어줄 것

요즘 우리나라 사람들은 타인이 하는 이야기를 끝까지 듣지 않고 자신의 의견을 이야기하는 경향이 있다. 연인 간에 이러한 방식의 대화를 하게 되면, 사랑하는 연인의 마음을 영원히 알 수가 없다. 상대방의 마음을 알기 위해서는 다른 특별한 방법이 없다. 상대가 하는 이야기에 귀를 기울여 경청하는 태도로 지루하더라도 인내하면서 상대방이 어떤 말을 하며 이야기하는 과정에서 분위기가 어떤지 유심히 살펴봐야 한다.

(3) 가르치려는 태도로 설교하듯이 이야기하지 말 것

세상에서 가장 소중한 조언이나 충고도 이야기하는 과정에서 가르치려는 태도로 말하거나 설교하는 식으로 이야기하면 듣고 싶은 사람은 단 한 명도 없을 것이다. 이야기를 할 때에는 지시하는 말투나 언성을 높여 강압적인 분위기에서 이야기하지 말아야 한다. 대신 부드러운 말투로 따뜻하고 온화한 미소를 지으며 이야기하는 것이 중요하다.

(4) 대화 도중에 다른 행동을 하지 말 것

많은 사람들이 말을 듣고 있는 것처럼 하지만 다른 행동을 하는 경우가 많다. "듣고 있으니까 말해"라고 하지만 눈은 스마트폰을 보면서 톡을 하거나 게임을 하고 있으면 과연 상대방의 이야기를 잘 듣고 있는 것일까? 자신이 이야기를 할 때 상대방이 어떤 행동을 하는 것이 싫은지를 생각해보면 자신도 타인이 이야기할 때 그와 같은 행동을 해서는 안 된다. 최소한 대화 중에는 말하는 사람의 눈을 보면서 집중하고 경청하고 있다는 것을 상대방이 느끼도록 해야 한다.

3 사랑의 언어로 대화하기

1) 사랑의 언어

많은 사람들이 궁금해 하는 것 가운데 사랑의 유효기간이 있다. 이러한 궁금증을 해결하기 위해 Dorothy Tennov(1998)는 신혼부부가 달콤한 사랑에 취하는 유효기간이 어느 정도인지 연구하였다. 연구결과 신혼부부들의 로맨틱한 사랑에 빠져 있는 기간이 평균 2년으로 나타났다. 2년의 시간이 지나면 상대방의 결점이 보이기 시작하고 짜증을 내기 시작하여 유효기간이 끝나는 것을 알 수 있었다. 우리의 가장 기본적인 감정의 욕구인 본능으로 사랑하는 것이 아니라 이성과 선택에서 나온 사랑을 주고받는 것이 진정으로 사랑을 주고받는 것이다. 이러한 노력으로 상대방이 사랑을 느끼는 방식으로 사랑을 주어야 한다. 예를 들어, 어린아이는 지폐로 용돈을 주는 것보다는 동전을 줄 때 더 좋아하기도 한다. 또한 사막에 있는 사람에게는 사막모래 위를 달릴 수 없는 비싼 자동차를 선물하기보다는 작은 물 한 병을 선물하는 것을 더 기뻐할 수도 있다.

Gary Chapman(2003)은 이러한 사랑의 언어를 다섯 가지로 이야기하였다. 다섯 가지 사랑의 언어는 '인정하는 말', '함께하는 시간', '선물', '봉사', '스킨십'으로 각각의 유형에 따라 사랑받는 방법과 사랑을 표현하는 방법에 차이가 있다. 일반적으로 자신이 사랑의 언어를 알아보기 위해서는 다음과 같은 것을 통해 알아볼 수도 있다. 첫째, 상대방이 당신에게 깊은 상처를 주는 것은 무엇인가? 그와 정반대로 그것이 바로 당신의 사랑의 언어일 수 있다. 둘째, 당신이 상대방에게 가장 많이 요구하는 것이 무엇인가? 그것이 바로 당신이 사랑을 가장 많이 느끼는 것일 수 있다. 셋째, 당신은 상대방에게 어떻게 사랑을 표현하는가? 그것이 바로 당신이 사랑을 느끼는 것일 수 있다.

2) 다섯 가지 사랑의 언어

(1) 인정하는 말

사랑을 감정적으로 표현하는 하나의 방법은 세워 주는 말을 하는 것으로 칭찬의 말이나 감사의 표현을 통해 사랑을 전달하는 방법이다. 예를 들면, "오늘 레포트 작성하는 데 많은 도움이 되었어", "팀 프로젝트에서 넌 중요한 사람이야", "그 옷 당신에게 참 잘 어울리네요", "당신이 하는 요리는 정말 맛이 있어", "요리만큼은 당신이 최고야", "오늘 하루도 아이 보느라 정말 고생했어. 항상 고마워하고 있어" 등을 통해 인정하는 말을 할 수 있다.

말로 칭찬하는 것은 잔소리하는 것보다 훨씬 낫다. 말로 칭찬하는 것은 당신이 상대방을 인정한다는 표현의 한 가지 방법이 될 수 있다. 더 효과적인 인정하는 말은 바로 상대방이 불안해하는 영역에서 잠재되어 있는 능력에 대해 당신이 격려의 말을 하는 것이다. 예를 들면, 요리를 잘 못할까봐 불안해하는 상대방에게는 요리에 대한 격려의 말을 한다. 시험에 자신이 없어 하는 경우 시험보다는 당신 자체의 중요함에 대해서 격려하는 인정의 말을 할 수 있다. 심부름을 잘하지 않는 사람은 심리적으로 어떤 일을 하고서 그 일에 대한 부정적인 평가를 받는 것을 두려워하기 때문이다. 그러므로 작은 심부름을 했을 때 격려를 하면 더 큰 심부름 또는 시키지 않은 일도 스스로 하게 된다. 당신의 상대방은 아직 계발되지 않고 잠자고 있는 잠재력이 있을 것이다. 그 잠재력은 당신이 격려해 주기를 기다리고 있다.

격려를 하기 위해 필요한 것은 다음과 같다. 상대방의 마음을 알아주는 '공감능력', 상대방이 무엇을 중요하게 여기는지 '상대방의 관점에서 세상 바라보기', 부드럽게 이야기하는 '온유한 말투', 사랑은 명령보다는 부탁의 말, '겸손한 말'을 한다. 부탁은 상대방의 소중함과 능력을 인정하는 것이다. 부탁은 선택할 여지도 준다. 상대방의 입장이 되어 그의 관점에서 사건을 살펴본 다음 그가 왜 그렇게 이해하는지에 대한 당신의 생각을 아주 부드럽고 친절하게 표현하면 된다. 만일 당신이 잘못했다면 기꺼이 잘못을 고백하고 용서를 구해야 한다. 그렇지 않고 상대방이 당신의 동기를 전혀 다르게 이해한다면 온유하게 그 동기를 설명하는 것이 중요하다.

(2) 함께하는 시간

함께하는 시간은 물리적인 공간에 함께 있는 것이 아니라 상대방에서 온전히 관심을 집중시키는 것을 의미한다. 예를 들면, 연인이 영화관에서 영화를 보는 것은 함께 시간을 보내는 것이 아니다. 함께 시간을 보낸다는 것은 연인에게 집중하고 관심을 기울이고 있어야 하는 것이다. 이를 위해서 상대방과 함께하는 시간으로 보내고자 하는 것들을 목록으로 적어보라. 주말 산행, 점심식사 약속, 학교에서 있었던 일에 대한 대화, 함께하는 게임, 산책을 하면서 대화하는 것이 함께하는 시간에 포함된다. 어찌 보면 함께하는 시간에 진정한 대화를 통해 인정하는 말을 말하는 것이 중요하지만 진정한 대화는 듣는 것도 중요하다. 특히, 남성들이 기억할 것은 여성은 고민을 이야기할 때 해결방법을 듣기 원하는 것이 아니라 들어주고 관심을 보이고 그녀가 받는 스트레스와 상처들을 이해해 주기를 바란다. 이것이 공감이다. 공감하기 위해서는 잘 듣는 것이 말하는 것보다 더욱 중요하다.

먼저 잘 듣는 방법을 살펴보면 다음과 같다. 이야기할 때 시선을 상대방에게 고정한다. 상대방의 말을 들으면서 동시에 다른 일을 하지 않는다(예: 스마트폰을 하면서 이야기하지 말 것). 당장 이야기를 들을 수 없는 상황이라면 "십분 만 시간을 주면 일을 마치고 당신의 말을 차분히 들을게"라는 식으로 말한다. 상대방의 감정에 주의를 기울인다. 제스처를 주의 깊게 살펴본다. 때때로 입으로 하는 말과 표현이 다를 때가 있고 진짜 무엇을 생각하는지 확인하기 위해 물어볼 수도 있다. 상대방의 말을 가로막지 않는다.

말하는 방법으로는 자신의 감정을 잘 알고 말해야 한다. 자신의 감정을 모르면 엉뚱한 이야기를 하거나 자신의 진짜 마음을 표현하지 못하는 경우가 많아진다. 자신의 감정을 표현하지 않고 담아두기보다는 표현하는 것이 좋다.

(3) 선물

어떤 사람에게는 눈으로 볼 수 있는 사랑의 상징이 더 중요하다. 예를 들면, '반지에 의미를 부여하고 잘 끼고 다닌다', '애인이 나를 생각하며 업무 중에 학을 접어서 주었다', '당신이 저녁준비에 힘들까 봐 퇴근하며 피자를 살까하는 데 어때?'와 같은 경우가 있다. 가장 중요한 것은 가격이 비싸고 겉보기 좋은 것이 아니라 '사랑이 깃들면 무엇이든 선물이 된다'는 것이다. 만약 돈에 대해 인색한 사람이라면 돈을 써서 사랑표현을 하는 것에 거부적인 생각이 들 것이다. 하지만 상대방의 사랑의 언어가 선물하기라면 상대방의 사랑탱크를 채우기 위해 선물을 사는 것이 가장 좋은 효과적인 방법이라는 것을 기억해야 한다. 그리고 의외로 상대방의 부모님 중 한 분이 사망했을 경우처럼 마음이 힘들 때 함께하는 것이 선물이 될 수도 있다. 상대방이 내일 혹은 오늘 오후에 "당신이 나와 함께 있으면 좋겠어요"라고 말한다면 그 요구를 진지하게 받아들여야 한다.

(4) 봉사

봉사란 상대방이 원하는 것을 해 주는 것이다. 상대방을 도와줌으로써 기쁘게 하고 상대방을 위해 무엇인가를 함으로써 사랑을 표현하는 방법이다. 각자 자신의 부모가 생활한 방식대로 지내면서 상대방에게 자기 부모의 방식대로 해 주기를 기대하며 바란다. 즉, 자신의 이성부모의 행동을 상대방에게 기대하게 된다. 하지만 상대방은 전혀 다른 문화 속에서 자란 것으로 생각하고 지금의 상대방이 사랑받는다고 느낄 수 있는 사랑의 행위를 통해 사랑표현을 해야 한다. 예를 들면 가방 들어주기, 식당에서 숟가락 챙겨주기, 설거지, 신발정리, 퇴근 후 아기 기저귀 갈기, 더울 때 겉옷 받아주기 등이 있다.

(5) 스킨십

스킨십은 사랑을 전달하는 강력한 도구다. 보통 스킨십이라고 하면 성적인 신체접촉을 생각하는 경우가 많지만 대부분 스킨십의 사랑의 언어는 그렇지 않은 경우가 더 많다. 예를 들면, 머리를 쓰다듬어 주거나, 손을 잡아 주거나, 키스를 하거나, 포옹하는 것 등 상대방이 원하는 스킨십의 방법으로 사랑을 전달하는 수단이다.

모든 신체접촉이 다 같이 좋은 것은 아니다. 상대방의 마음을 모르고 자기 마음대로 아무 곳이나 신체접촉을 하려고 한다면 오히려 역효과가 날 수도 있다. 상대방이 좋아하는 접촉에 관해서는 상대방이 가장 좋은 안내자이기에 물어보는 것이 좋다. 상대방의 제1의 사랑언어가 스킨십이라면 스킨십과 관련된 글을 읽고 함께 이야기하는 것도 사랑전달의 수단이다. 또한, 따로 시간을 들이지 않고 TV를 보면서도 상대방의 머리를 쓸어주며 사랑을 표현할 수 있다. 거리를 오가면서 손을 잡는 가벼운 접촉으로도 사랑을 표현할 수도 있다. 상대방이 감정적으로 힘들 때 위로의 말보다 안아주는 것이 더 효과적일 수도 있다.

4 효과적인 사과하기

1) 사과의 언어

요즘 사회에서는 실수를 해도 사과를 하기보다는 '방귀 뀐 놈이 성낸다'는 말처럼 오히려 상대방에게 화를 내고 자신에게 사과하라고 요구한다. 이러한 경우 오히려 상대방의 화를 더 크게 불러일으키고 상황은 더 악화되거나 심한 경우 인간관계가 단절되기도 한다.

여러분은 과거의 사건을 떠올리면서 "내가 그 때 사과만 했다면 지금 많은 것들이 달라져 있을 텐데", "아직도 그 사람과 잘 지내고 있을 텐데"라면서 사과를 하지 않아서 아쉬움과 후회를 하고 있다면, 적응적이고 건강하게 사과하는 방법을 통해 앞으로의 삶을 더 행복하게 만들 수 있을 것이다.

하지만, 사과를 했다고 모든 관계가 회복되고 문제가 해결되지는 않는다. 오히려 사과를 했음에도 상대방이 더 화를 내는 경우도 있다. 이런 당황스런 상황은 왜 일어나는 걸까? 그 이유는 사람마다 사과를 받을 때 원하는 부분이 다르기 때문이다. 어떤 사람은 "미안해"라는 말을 꼭 듣기를 원하고 어떤 사람은 그 사건으로 인한 자신의 피해를 보상받기 원하기도 한다. 이처럼 자신이 원하는 방식으로 사과를 받지 않으면 상대방이 진정으로 사과하지 않는다고 생각할 수도 있다.

Gary Chapman과 Jannifer Thomas(2007)는 연구를 통해 사과에 5가지 기본 요소(5가지 사과의 언어)들이 있다는 결론에 도달했다. 그 중 대부분의 사람들은 한두 가지 사과를 언어로 표현할 때 다른 방식으로 사과하는 것에 비해 더 진실한 마음으로 사과하는 것으로 느끼게 만든다. 진실한 사과를 하기 위해서 5가지 사과의 언어를 모두 사용할 필요는 없지만, 사과가 받아들여지게 하기 위해서는 피해자에게 당신의 진실성을 전해주는 언어를 사용할 필요가 있다. 그러면 상대방은 당신의 사과를 진실한 것으로 여겨 받아들일 가능성이 많다.

Gary Chapman과 Jannifer Thomas(2007)의 다섯 가지 사과의 언어는 '유감표명', '책임인정', '보상', '진실한 뉘우침', '용서 요청'으로 아래에 각각의 유형에 따라 사과받는 방법을 기술하였다.

2) 다섯 가지 사과의 언어

(1) 유감표명

유감표명이란 대개 '미안해'라는 말로 표현된다. 이것은 사과의 감정적 측면으로 피해자에게 깊은 상처를 준데 대한 죄책감과 고통을 표현하는 말이다. "미안해요"라는 말이 없는 사과를 어떤 사람들에게는 사과하는 것으로 느껴지지 않을 수도 있다. 누군가에게 사과를 받았는데 "미안해요"라는 말이 없어서 사과받은 것 같이 느껴지지 않는다면 유감표명을 사과의 언어를 사용하는 사람일 수도 있다.

사과는 구체적일 때 더 효과적이다. 우리가 구체적으로 사과할 때, 상대방에게 얼마나 큰 상처를 입혔는지 진심으로 깨닫고 있음을 전해주어야 한다. 구체성은 우리의 행위에 그리고 그 행위가 상대방에게 어떤 영향을 미쳤는지에 초점을 맞추어야 한다.

사과는 상세할수록 더 좋다. 상세한 설명은 그 상황을 그리고 당신이 상대방을 얼마나 불편하게 했는지를 깊이 이해하고 있음을 나타낸다.

진실한 사과를 그 자체로 끝나야 한다. '하지만...'이라는 말이 뒤따라서는 안된다는 뜻이다.

사과는 가식적이지 않아야 한다. 뉘우침은 자신의 행동에 초점을 맞추며, 그 행동이 상대방에게 해를 끼쳤음을 공감하는 일에 초점을 맞춘다. 단지 상대방의 추궁을 제지할 목적으로 "미안해"라고 말하는 것도 불성실한 사과다.

■ 유감을 표현하는 말

- "내가 당신에게 깊은 상처를 준 것을 알아요. 그래서 몹시 고통스럽습니다. 그런 짓을 해서 정말 미안해요."
- "내가 당신을 실망시켜서 정말 기분이 좋지 않아요. 내가 생각이 더 깊었어야 했어요. 당신을 고통스럽게 해서 미안해요."
- "내가 신중하게 생각하지 못한 것이 분명해요. 당신에게 상처를 줄 의도는 결코 없었지만, 내 말이 지나쳤다는 걸 지금 알겠어요. 내가 둔감해서 미안해요."
- "당신의 신뢰를 저버린 데 대해 미안해요. 내가 우리의 관계에 장애물을 만들었어요. 난 그걸 제거하고 싶어요. 내가 사과한 후에도, 당신이 나를 다시 신뢰하게 되기까지는 어느 정도 시간이 걸릴 수 있다고 생각해요."
- "우리가 귀하에게 약속했던 서비스를 제공하지 못했습니다. 우리 회사의 명백한 잘못에 대해 진심으로 사과드립니다."

(2) 책임 인정

"내가 잘못했어"라고 말하는 것이 왜 그렇게 힘들까? 종종 우리가 자신의 잘못을 시인하길 꺼려하는 이유는 '자존심'과 결부되어 있기 때문이다. 잘못을 시인하는 건 나약한 모습이라고 생각하는 것이다. "바보들이나 잘못을 인정하지, 똑똑한 사람이라면 자신의 정당함을 입증할 수 있을 거야".

이런 정당화의 씨앗은 종종 어릴 적에 심겨진다. 어린아이가 저지른 잘못에 비해 과도한 벌이나 수치를 당한 경우에 자존감이 약화되어, 무의식적으로 그 아이는 그릇된 행동과 자존감 저하를 감정적으로 연결시키게 된다. 따라서 잘못을 시인하는 것은 자신이 '나쁜'사람이 되는 것을 뜻하는 것이다. 이런 감정 패턴을 지닌 채 성장하는 아이는 성인이 되어서도 잘못을 인정하기 힘들어 한다. 왜냐하면 그것은 자신의 자존심에 타격을 가하는 일이기 때문이다.

성인으로서 우리가 이 부정적인 감정 패턴을 이해하면서도 거기에 매이지 않을 수 있다는 건 좋은 일이다. 이 세상에 완벽한 사람은 없다. 성숙한 성인은 어릴 적의 해로운 패턴을 타파하고 자신의 잘못에 대한 책임을 인정하는 법을 배운다. 그러나 미성숙한 성인은 자신의 나쁜 행동을 줄곧 합리화한다.

그러한 합리화는 종종 다른 사람들을 비난하는 형태를 띤다. 우리는 자신의 행동이나 말이 최선이지는 않지만 다른 사람의 무책임한 행위에 의해 야기된 거라고 말할 수도 있다. 그래서 다른 사람들을 비난하며, "내가 잘못했어"라고 시인하기 힘들어 한다. 그런 비난 역시 미성숙의 표시다. 아이들은 자신의 부정적인 행동에 대해 본성적으로 남을 비난한다. 성숙한 성인들은 자신의 행동에 대해 책임을 지는 반면에 미성숙한 성인들은 유치한 생각에서 벗어나지 못하고 자신의 잘못에 대해 다른 사람들을 비난하는 경향이 있다. 자신의 행동에 대한 책임을 받아들이려면 우선 "내가 잘못했어"라고 기꺼이 시인할 줄 알아야 한다.

어떤 사람들은 자신의 그릇된 행동에 대한 책임을 인정하는 사과의 언어를 듣는 것이 사과에 있어 가장 중요한 부분이다. 그것은 그들에게 사과의 진실성을 확신시켜준다. 당신은 이런 사람들에게 사과의 진실성을 전하고 싶다면 다음과 같은 표현을 사용해야 한다.

■ **책임을 인정하는 말**

- "내 행동이 잘못되었다는 걸 알아요. 변명하고 싶지 않아요. 솔직히 내 행동이 이기적이고 잘못되었어요."
- "내가 큰 잘못을 저질렀어요. 당시에는 내가 하는 일에 대해 깊이 생각하지 못했어요. 하지만 돌아보면 그게 문제였다는 생각이 들어요. 행동하기 전에 생각부터 했더라면 좋았을텐데. 내가 한 일은 옳지 않아요."
- "내가 당신에게 말하는 방식이 잘못된 거였어요. 거칠고 진실하지 못한 모습이었죠."
- "이전에 이야기했던 잘못을 내가 또 반복했어요. 나는 정말 엉망이에요. 내 잘못인 걸 알아요."

(3) 보상

어떤 이들은 보상을 주요 사과의 언어로 여긴다. 그들은 "내가 당신을 그런 식으로 대한 건 옳지 않아요"라는 말 다음에 "내가 여전히 당신을 사랑하고 있음을 보여주려면 어떻게 해야 할까?"라는 말이 뒤따라야 한다. 이 같은 보상 노력이 없다면, 그들은 사과의 진실성에 대해 의문을 가질 것이다. 다시 말해 "미안해요. 내가 잘못했어요"라는 말을 들어도 여전히 사랑받고 있지 못한다고 느낀다는 것이다. 다음에 있는 말들은 보상 노력을 진실한 사과의 증거로 보는 사람들이 하는 말이다.

- "나는 뉘우침뿐만 아니라 손상된 부분을 바로 잡으려는 진실한 노력도 기대해요."
- "나는 잘못된 부분을 고치려는 그의 노력을 기대해요."
- "나는 그의 보상을 원해요. 단지 미안하다고 말한다고 해서 문제가 해결되는 건 아니죠."

이처럼 주요한 사과의 언어로 보상을 가지고 있는 사람들은 보상을 통해 여전히 사랑받고 있다는 것을 느끼기 원한다. 그렇기에 이 책의 앞에 나와있는 "5가지 사랑의 언어"로 보상받기를 원한다. 보상을 받고자 하는 사람들이 가지고 있는 "사랑의 언어"가 무엇인지 알고 있다면 그 "사랑의 언어"로 보상하는 것이 효과적인 보상 방법이 된다.

■ **보상을 위한 말**

- "내가 저지른 일을 만회하기 위해 무슨 일을 하는 게 좋을까요?"
- "내가 당신에게 깊은 상처를 주었어요. 그 빚을 갚기 위해 무언가 하고 싶은데, 어떻게 해야 할지 알려주세요?"
- "내가 '미안해요'라고 말하는 것만으로는 충분하지 않다고 봐요. 내가 행한 일을 만회하고 싶어요. 어떻게 하는 게 좋을까요?"
- "당신의 명예를 실추시켜서 죄송해요. 그 일에 대해 공개적으로 사과해도 될까요?"
- "내가 이 약속을 여러 차례 어겼어요. 이번에는 내 각오를 글로 써서 남길까요?"

(4) 진실한 뉘우침

뉘우침이라는 단어는 '돌이킴' 또는 '마음을 바꿈'을 뜻한다. 뉘우침은 "미안해요. 내가 잘못했어요. 어떻게 하면 내가 보상할 수 있겠어요?"라고 말하는 것 이상이다. "이런 짓을 다시는 하지 않도록 노력할게요"라고 말하는 것이다. 진실한 뉘우침이 없다면, 다른 사과의 언어들이 무용지물이 될 수 있다.

올바른 뉘우침의 사과를 하기 위해서는 변화의지를 표현하고, 변화계획을 세우고, 변화계획을 실천해야 가능하다. 즉, 변화의지가 확실함을 상대방에게 명확하게 표현해야 한다. 하지만, 변화에 대한 의지만 있고 그에 대한 계획이 없다면 변화의지가 현실적으로 효과를 보기에는 어려움이 있다.

대부분의 사람들이 변화의지를 보이지만 이후에 변화를 보이지 않는 이유는 단순히 상황회피식의 변화의지를 표명하거나 구체적인 변화계획이 없기 때문이다. 그렇기에 상대방에게 진정한 사과를 하기 위해서는 상황회피식으로 이야기하는 것이 아님을 명확하게 하기 위해서라도 변화에 대한 계획을 알려줘야 한다.

그 다음으로는 더욱 사과에 대한 신뢰감을 주기 위해서 변화계획을 실천해야 한다. 대부분의 사람들은 사과 후에 곧바로 완벽해지는 걸 기대하지 않는다. 다만 그들의 노력을 보고 싶어 할 뿐이다. 어떤 사람이 실패 후에 곧바로 포기하고 더 이상의 변화 노력도 없이 예전의 행동으로 돌아간다면, 사과 자체가 무성의한 것으로 간주된다. 사과하는 사람이 그 순간에는 진실하게 보일 수 있겠지만, 뉘우침을 통해 끝까지 노력하는 모습을 보이지 못한다면 그 사과가 무의미해진다. 뉘우침을 주요 사과의 언어로 여기는 사람에게는 특히 그렇다. 따라서 이런 사람에게는 당신의 변화의지를 피력하고 구체적인 계획을 제안하는 것이 사과에 있어 매우 중요한 부분이다. 변화계획을 세우도록 도와달라고 피해자에게 부탁하는 것은 뉘우침을 보여주는 가장 효과적인 방법일 것이다.

■ 진실한 뉘우침을 위한 말

- "내 행동이 당신을 매우 고통스럽게 했다는 걸 알아요. 다시는 그런 것을 하고 싶지 않아요. 내 행동을 변화시킬 수 있는 방법을 알려주면 명심할게요."
- "내가 하는 행동이 유익하지 않다는 걸 알아요. 당신에게 더 좋아지게 하려면 내가 무엇을 바꿔야 할까요? 말씀해 주시면 다시 그러지 않도록 주의할게요."
- "내가 같은 실수를 반복해서 당신의 마음을 불편하게 했어요. 당신의 신뢰를 회복하려면 내가 어떻게 해야 할까요?"
- "이것은 오랫동안 굳어진 패턴이에요. 나는 변하고 싶지만 힘들다는 걸 알아요. 내가 도중에 실패해서 당신에게 다시 상처를 줄 수도 있어요. 나의 변화 노력을 지속할 수 있는 방법을 찾아내도록 도와주고 격려해 주신다면 정말 감사하겠습니다."

(5) 용서 요청

어떤 사람들은 "미안하다"며 자신의 잘못을 인정하는 것만으로는 사과하는 것으로 받아들이지 않는 경우가 있다. 그런 사람들 중에는 "잘못을 한 상대방이 자신에게 용서를 구해야 한다"고 말한다.

그렇다면 왜 용서를 구해야 하는가? 첫째, 용서를 구하는 것은 어떤 사람들에게는 관계회복을 원한다는 마음의 표현이다. 둘째, 용서를 구하는 것은 당신이 잘못을 깨달았음을 보여주기 때문이다. 셋째, 용서를 구한다는 것은 앞으로의 관계를 기꺼이 피해자의 손에 맡기는 것을 나타낸다. 용서는 피해를 당한 사람의 선택에 달린 것이다. 앞으로의 관계도 그 결정에 달려있다.

용서를 요청하는 것이 힘든 사람들에게는 다음과 같은 특징들이 있다. 첫째, 지배적인 성격이 강한 사람들이다. 이들은 자신이 어떤 상황을 주도하지 못할 때 매우 불안해 한다. 용서를 구하는 것은 통제를 포기하고 앞으로의 관계를 상대방에게 맡기는 것을 의미한다. 용서를 구하기 힘든 두 번째 이유는 거절을 두려워하는 사람들이다. 거부당하는 것을 좋아하는 사람은 아무도 없지만, 어떤 사람들은 거부당하는 것을 견딜 수 없어 한다. 그런 사람들에게 용서요청은 너무나 힘든 일이다. 그들은 용서가 다른 사람의 손에 달려 있음을 그리고 다른 사람이 용서하지 않는다면 그들은 거절당할 것을 알고 있기 때문이다. 용서를 구하지 못하는 사람들의 세 번째 이유는 실패의 두려움이다. 잘못을 시인하는 것이 곧 자신의 실패를 인정하는 것으로 생각한다. 그들이 가장 두려워하는 것이 실패의 두려움인데, 인간관계에서의 잘못을 시인하는 것은 실패를 인정하는 것이 되기 때문이다.

이 외에도, 용서요청에서 중요한 것은 용서를 요구하는 것이 아닌 용서를 요청한다는 것이다. 그렇기에 용서를 요청할 때에는 자신이 큰 부탁을 하고 있음을 먼저 알아야 한다. 상처를 입은 사람에게 있어 용서는 값비싼 것이다. 용서할 때 그들은 자신의 상처와 분노를, 당혹감과 수치심을 억눌러야 한다. 거부와 배신을 당했다는 감정을 억제해야 한다. 때로 그들은 당신의 과실에 따른 고통스런 결과를 참으며 살아야 한다. 용서는 값비싼 것이므로 피해자가 곧바로 용서할 거라고 기대하지 말아야 한다. 피해자는 용서하기까지 피해를 당한 시간만큼 시간이 필요하다. 그 시간에는 상대방이 진정으로 자신의 잘못을 뉘우치고 변화하는 모습을 보이기까지의 시간도 포함되어 있다. 피해를 준 사람의 진실성을 확신해야 하기 위해서도 용서하기까지는 시간이 걸린다.

■ 용서를 구하는 말

- "당신에게 그렇게 말해서 미안해요. 험하게 소리를 질렀어요. 당신은 그런 말을 들을 이유가 없었어요. 순전히 내 잘못이에요. 나를 용서해 주시겠어요?"
- "내가 한 일이 당신에게 깊은 상처를 주었어요. 다시는 나와 얘기하고 싶지 않겠지만, 나는 진심으로 사과합니다. 나를 용서해 주시기 바랍니다."
- "상처를 입힐 의도는 없었지만 그러고 말았군요. 이제야 그 점을 깨달았어요. 비록 내가 장난으로 한 행동이지만 그건 잘못된 게 분명해요. 다시는 그러지 않도록 노력할게요. 부디 나를 용서해 주길 바랍니다."

3) 나의 사과의 언어를 찾는 방법

(1) 내가 기대하는 상대방의 행동이나 말은 무엇인가?

자신에게 '내가 상대방을 진정으로 용서할 수 있기 위해서 그에게 기대하는 행동이나 말은 무엇인가?'라고 질문해 본다. 이 물음에 대한 대답 속에는 여러 가지 사과의 언어들이 담겨 있다. 그렇다면 그 가운데 상대방이 실수를 만회하기 위해 할 수 있는 여러 가지 중 한 가지만 할 수 있다면 어떤 것을 선택할지 생각해야 한다.

(2) 이 상황에서 가장 깊은 상처를 주는 것은 무엇인가?

사과의 언어를 찾아내는 두 번째 방법은 '이 상황에서 가장 깊은 상처를 주는 것은 무엇인가?'라는 물음에 대답하는 것이다. 특히 가해자가 아직 사과하지 않았거나 당신에게 만족스러울 정도의 사과를 하지 않았다면, 이 질문이 도움이 된다.

(3) 내가 사과할 때 가장 중요하게 여기는 언어는 무엇인가?

사과의 언어를 찾아내는 데 도움이 되는 세 번째 질문은 '내가 다른 사람들에게 사과할 때, 어떤 언어를 사용하는가?'이다. 이 질문은 다른 사람들에게 말하는 자신의 사과의 언어가 아마 당신이 가장 듣고 싶어하는 사과의 언어일 확률이 높기 때문이다.

WORKSHEET 1

사랑의 언어 검사

당신은 자신의 사랑의 언어를 이미 알고 있다고 생각할 수도 있고 전혀 모른다고 생각할 수도 있습니다. 이 검사는 당신의 사랑의 언어를 알기 위한 것입니다.

이 설문지는 총 30개의 문항으로 구성되어 있습니다. 각 쌍의 진술문 중에서 당신이 바라는 것을 잘 나타내는 것을 하나만 선택해야 합니다. 두 문장을 읽은 후에 선택한 문장의 오른쪽에 있는 글자에 동그라미를 치십시오. 선택하기가 어려울 수도 있습니다. 그래도 정확한 결과를 얻기 위해서는 반드시 하나를 선택해야 합니다.

전체를 읽고 응답하는 데 15~30분 정도 걸릴 것입니다. 마음이 편안한 상태에서 시작하십시오. 서두르지 마십시오. 선택을 마친 후에는 처음으로 돌아가서 A, B, C, D, E가 각각 몇 개씩인지 계산하여 설문 끝에 있는 표에 기록합니다.

문항	내 용	
1	나는 상대방이 사랑의 편지를 주면 마음이 흐뭇해진다. 나는 상대방이 포옹해 주는 것이 좋다.	A E
2	나는 상대방과 단둘이 있는 것이 좋다. 나는 상대방이 나의 일을 도와줄 때 사랑을 느낀다.	B D
3	나는 상대방이 특별한 선물을 줄 때 기분이 좋다. 나는 상대방과 함께 여행하는 것이 좋다.	C B
4	나는 상대방이 빨래를 해줄 때 사랑을 느낀다. 나는 상대방이 나에게 스킨십할 때 기분이 좋다.	D E
5	나는 상대방이 팔로 나를 안을 때 사랑을 느낀다. 나는 상대방의 깜짝 선물을 통해 사랑을 확인한다.	E C
6	나는 상대방과 함께라면 어디를 가든 좋다. 나는 상대방의 손을 잡는 것이 좋다.	B E
7	나는 상대방이 주는 선물을 소중히 여긴다. 나는 상대방으로부터 사랑한다는 말을 듣는 것이 좋다.	C A

_______________학과 ______________________학번 _____________이름

8	나는 상대방이 내 가까이 앉는 것이 좋다. 나는 상대방이 나를 예쁘다고 하는 말이 기분 좋다.	E A
9	나는 상대방과 같이 있는 시간이 즐겁다. 나는 작더라도 상대방이 주는 선물이 좋다.	B C
10	나는 상대방이 나를 자랑스럽게 여긴다고 할 때 사랑을 느낀다. 나는 상대방이 나를 위해 설거지해 줄 때 사랑을 느낀다.	A D
11	나는 상대방과 함께하는 일이면 뭐든지 좋다. 나는 상대방이 나를 지지하는 말을 하면 기분이 좋다.	B A
12	나는 상대방이 작은 것이라도 말보다는 행동으로 해 주는 것이 더 좋다. 나는 상대방과 포옹하기를 좋아한다.	D E
13	상대방의 칭찬이 나에게는 아주 중요하다. 상대방에게서 내가 좋아하는 선물을 받는 것이 아주 중요하다.	A C
14	나는 상대방 곁에 있는 것만으로 기분이 좋다. 나는 상대방이 나를 마사지해 주는 것이 좋다.	B E
15	내가 한 일을 상대방이 인정하면 힘이 난다. 상대방 자신은 좋아하지 않는 일을 나를 위해 하는 것은 의미가 크다.	A D
16	나는 상대방의 키스가 싫은 적이 없다. 내가 좋아하는 일에 상대방이 관심을 가지면 기분이 좋다.	E B
17	상대방이 내가 하는 일을 돕는 것이 중요하다. 상대방이 준 선물을 받아 볼 때 기분이 좋다.	D C
18	상대방이 나의 외모를 칭찬하면 기분이 좋다. 상대방이 내 생각을 귀 기울여 듣고 비판하지 않는 것이 좋다.	A B
19	상대방이 가까이 있으면 꼭 만지고 싶다. 가끔씩 상대방이 내 심부름을 해 주는 것이 고맙다.	E D
20	상대방이 나를 도와주는 것은 모두 상을 받아야 마땅하다. 상대방이 얼마나 생각 깊은 선물을 하는지 가끔씩 놀란다.	D C
21	나는 상대방이 나에게 전적으로 집중해 주는 것이 고맙다. 나는 상대방이 집안 청소를 해 주는 것을 좋아한다.	B D
22	나는 상대방이 줄 생일 선물이 기대된다. 내가 소중하다는 상대방의 말은 늘 들어도 지겹지 않다.	C A

23	상대방은 내게 선물로 자신의 사랑을 보여준다.	C
	상대방은 집에서 나의 일을 도움으로 사랑을 표현한다.	D
24	상대방은 내 말을 끊지 않는데 나는 그것이 좋다.	B
	나는 상대방의 선물이 싫증나지 않는다.	C
25	내가 피곤한 것을 알고 도와주겠다고 하는 상대방이 고맙다.	D
	어디를 가든 상대방과 함께하면 나는 좋다.	B
26	나는 상대방이 나를 껴안아 주는 것을 좋아한다.	E
	나는 상대방의 깜짝 선물을 좋아한다.	C
27	상대방의 격려하는 말을 들으면 힘이 난다.	A
	상대방과 함께 영화 보는 것이 나는 좋다.	B
28	상대방이 주는 선물보다 더 좋은 선물은 없다.	C
	상대방이 내게서 손을 떼지 않는 것이 좋다.	E
29	상대방이 바쁜데도 나를 돕는 것이 내게는 큰 의미가 있다.	D
	상대방이 나에게 감사하다고 말하면 나는 기분이 아주 좋다.	A
30	상대방과 잠시 떨어져 있다가 다시 만나 포옹/키스하는 것이 좋다.	E
	상대방이 내가 그리웠다고 말을 하면 기분이 좋다.	A

■ **응답표**

A _________개 (   )

B _________개 (   )

C _________개 (   )

D _________개 (   )

E _________개 (   )

↑ 검사설문에서 A, B, C, D, E 각각의 개수를 기록합니다.

A : 인정하는 말, B : 함께하는 시간, C : 선물하기, D : 봉사하기, E : 스킨십

나의 제1의 사랑의 언어 【   】 (가장 높은 점수)

나의 제2의 사랑의 언어 【   】 (두 번째 점수)

WORKSHEET 2

● 사과의 언어 찾아보기

'유감표명', '책임인정', '보상', '진실한 뉘우침', '용서 요청'의 5가지 사과의 언어 가운데 자신의 사과의 언어를 찾아보려고 합니다.
아래 표에 최근 어떤 일로 인해 상대방에게 사과받고 싶었던 사건을 2가지를 쓰세요. 이후 각 상황에 따라 다음 3가지 질문에 답을 해보세요. 그리고 자신의 답변이 교재에 있는 5가지 사과의 언어 중 어떤 것에 해당되는지 확인하여 자신의 사과의 언어를 적어 보세요.

사과받고 싶은 상황	질문	답변
	상대방이 사과할 때 내가 기대하는 상대방의 행동이나 말은 무엇인가?	
	이 상황에서 가장 깊은 상처를 주는 것은 무엇인가?	
	내가 사과할 때 가장 중요하게 여기는 것은 무엇인가?	
	상대방이 사과할 때 내가 기대하는 상대방의 행동이나 말은 무엇인가?	
	이 상황에서 가장 깊은 상처를 주는 것은 무엇인가?	
	내가 사과할 때 가장 중요하게 여기는 것은 무엇인가?	

나의 사과의 언어는 ______________________________이다.

____________________학과 ______________________________학번 __________________이름

7
CHAPTER

성평등과 인간관계

◐ 학습목표 ◑

1. 성역할에 대해 이해한다.
2. 성역할 고정관념에 따른 인간관계를 이해한다.
3. 성차별의 종류와 내용에 대해서 이해한다.
4. 성평등과 다양한 성 정체성에 대한 개념을 이해한다.

▌사 례▐

세계경제포럼(WEF)이 발표한 '세계 성격차지수 보고서(The Global Gender Gap Report)'에서 한국의 성격차지수(GGI)가 0.68점으로 146개국 가운데 99위를 기록했다. 97위는 카메룬이었고 98위는 캄보디아로 이들 나라와 한국의 성격차의 수준이 비슷하다는 의미이다. 반면, 유엔개발계획(UNDP)이 발표한 성불평등지수(Gender Inequality Index, GII)에서 한국은 0.067점으로 191개국 중 15위를 차지했다.

한국의 성평등 수준을 나타내는 지표가 이같이 상반되게 나타나는 이유는 평가방식의 차이 때문이다. 하지만, 실제 우리나라의 성평등 수준은 상반된 지표가 발표된 것처럼 일부 교육환경처럼 성평등을 잘 이루고 있는 부분도 있지만, 직장 내 임금수준 등 성평등이 적절하게 이루어지지 않은 부분도 있다.

이외에도, 성불평등지수(Gender Inequality Index, GII)에서 1위를 한 덴마크가 0.013점(점수가 0이면 완전한 평등), 2위인 노르웨이도 0.016점으로 완전한 성평등을 이룬 국가는 지구 상에 단 한 국가도 없다는 점도 의미하는 바가 크다.

여러분은 삶 속에서 어떤 성차별을 경험하였고, 우리나라에서 어떤 부분의 성평등이 더 이루어져야 한다고 생각하나요? 또한, 진정한 성평등을 이루기 위한 방법에는 어떤 것들이 있을까요?

7
CHAPTER

성평등과 인간관계

1 성평등

1) 성역할

(1) 성역할이란?

성역할이란 남성과 여성이 각자의 성에 따른 기대에 맞춰 행동하는 것을 말한다. 성(性)이란 생물학적인 성(Sex)과 사회문화적인 성(Gender)으로 구분해서 말하기도 한다. 생물학적인 성은 말 그대로 태어날 때 가지고 태어나는 성기로 인해 구분되는 것이다. 사회문화적 성이란 생물학적인 성과 별개가 아니며 생물학적인 성에 기반하여 형성된다. 생물학적인 성에 따라 각 사회에서 기대하는 행동이나 역할이 다르기 때문이다. 이러한 성역할을 습득하게 되는 과정에 대한 설명은 다음과 같다.

① 성 집중화 가설

사회가 청소년들에게 전통적인 남성과 여성의 성역할에 동조하도록 사회화 압력을 증가시킨다(Lynch, 1991). 예를 들면, 학교에서 남학생에게 바라는 행동과 여학생에게 바라는 태도에 차이가 있기에 남학생과 여학생에게 다른 행동을 하도록 교육한다. 이러한 이론에 따르면 우리나라에서는 "여자는 조신해야 해"라는 말을 통해 여성에게 요구하는 행동이 따로 있다. 이러한 성 집중화 가설로 인해 각자에 맞는 성역할에 동조하게 함으로써 남성과 여성의 심리적 · 행동적 차이가 크게 나타나게 된다.

② 학습이론

Margaret Mead(1963)는 뉴기니아에 사는 세 부족에서 나타나는 성역할을 연구하였다. 그 결과 독특한 특성이 나타났다. 아가페쉬족은 남녀 모두 협동적이고 전통적인 여성적 특성을 주로 가지고 있었고, 먼더거머족은 남성과 여성이 동일하게 공격적이고 적극적이며 서로 간에 비협조적이고 비양육적인 태도를 보였다. 마지막으로 참불리족은 일반적인 사회에서 보이는 것과 반대로 여성은 남성적 특징을, 남성은 여성적 특징을 보였다. 이로 인해 남녀에 따른 성역할은 태어나면서부터 생물학적인 성으로 결정되는 것이 아닌 각 사회에서 어떤 성역할을 학습시키느냐에 따라 달라진다는 것을 주장하였다.

③ 상호작용이론

상호작용이론에서는 태어날 때부터 가지게 되는 유전적인 특성과 환경의 상호작용으로 인해 결정된다고 하였다. 인간의 성역할은 태아의 염색체, 호르몬의 분비, 호르몬에 노출 등의 생물학적 요인이 많은 영향을 주지만, 인간의 성 정체성이 생물학적으로만 결정된다고 하기에는 근거가 부족하다. 더불어 가족, 또래 등의 영향에 의해서 성역할이 형성된다고 하는 학습적인 요인들을 무시할 수 없다. 이에 성역할은 유전과 환경의 상호작용에 의해 결정된다고 보는 것이다.

(2) 성역할에 대한 고정관념과 인간관계

① 남성에 대한 성역할 고정관념과 인간관계

가. 사내대장부 콤플렉스

다른 남자보다 더 뛰어난 남자가 되어야 한다는 강박적인 관념을 가지고 있다. 이러한 생각으로 인해 자신이 원하는 삶보다는 성공적인 삶을 살기 위해 노력하여 잘 되면 우월감을 잘못되면 열등감을 가지며 살게 된다.

나. 온달 콤플렉스

사내대장부의 모습과 반대되는 것으로 아내나 처가의 재력이나 뒷배경을 등에 업고 출세하려는 남성들이다. 이러한 남성들은 자기주도적인 삶을 개척하고 노력하기보다는 마치 불로소득을 얻고자 하는 마음으로 타인을 이용하는 삶을 살게 된다.

다. 성 콤플렉스

여성은 성에 대해 소극적이고 순종적이어야 한다고 하는 반면, 남성은 성에 대한 주도권을 가져야 한다는 개념이다. 더불어 성행위에서도 상대방을 만족시키지 못하면 진정한 남성이 아닌 것처럼 인식하여 성기의 크기에 집착하기도 한다.

라. 외모 콤플렉스

남성은 사회적인 능력뿐만 아니라 외모도 꽃미남 아이돌처럼 생겨야 한다는 조건이 요즘 사회에서는 추가되고 있다. 이에 화장을 하는 남성들도 많아지고 피부미용에 관심을 많이 가지며 사회적인 외적능력을 만족시키려고 노력한다.

마. 장남 콤플렉스

가부장적인 가족 제도에서 장남은 태어나면서 이미 집안의 후계자이자 예비 가장으로서의 노릇을 해야 한다. 이로 인해 자신의 욕구보다는 가족이 기대하는 역할을 하도록 강요받는다.

바. 만능인 콤플렉스

직장에서, 가정에서, 술자리에서 심지어 취미활동까지 어느 자리에서든 자신의 능력을 한껏 발휘하여 원숙하고 유능한 인물로 보여지기를 원하고 이를 통해 성공하고자 한다.

② 여성에 대한 성역할 고정관념과 인간관계

가. 착한 여자/백설공주 콤플렉스

언제나 순종적이고 착하다는 주위의 평판을 듣기 위해 자신의 내면과 갈등하는 심리상태를 가지고 있다. 주로 순종적인 여성상에 자신을 맞추기 위해 내적 욕구들을 무시하여 타인에게 거절을 하지 못하기도 한다. 이러한 생각으로 인해 의사소통 시에는 자기주장을 하지 못하고 자신의 의견을 명확하게 밝히지 못하기도 한다.

나. 신데렐라 콤플렉스

좋은 남자를 만나서 신분상승을 꿈꾸는 것을 말한다. 남성의 온달 콤플렉스와 반대되는 것으로 여성이 스스로 성공적인 삶을 살기 위해 노력하기보다는 남성의 사회적 지위나 재력에 편승해서 살기 바라는 것이다. 반대적인 개념으로는 좋은 남자를 만나야만 여성으로서의 본 모습을 찾을 수 있다는 생각으로 여성에게 어머니와 아내라는 이름의 사회적 역할을 가지고 살도록 한다. 이에 홀로 자립하여 살아가려는 비혼 여성, 이혼녀 등을 비정상적이라고 규정하는 개념이다. 이러한 여성은 전문직종이나 고학력을 위한 노력을 하지 않고 단지 남성에게 복속되어 지내는 삶을 지내게 된다.

다. 성 콤플렉스

정숙하고 교양 있는 여자는 성적 쾌락을 즐겨서는 안 된다. 여성의 성은 출산수단으로만 생각하는 사회적 통념을 가지도록 하여 여성은 자신의 성욕을 드러내면 천박한 여성인 것처럼 만들어 버린다. 이로 인해 여성들은 자신의 성적 자기결정권과 선택권을 제한한다.

라. 지적 콤플렉스

지적 능력을 발휘할 기회가 제한됨으로써 자신의 지적 능력을 적재적소에 발휘하기 어렵게 하여 사회활동에 소극적으로 만든다. 이러한 여성들은 직장 내에서 자신감을 가지지 못하고 어떤 업무가 주어져도 자신은 능력이 없어 할 수 없다고 스스로 자신에 대한 부정적인 상을 형성하기도 한다.

마. 외모 콤플렉스

"여자나이 삼십이면 눈먼 새도 돌아보지 않고, 여자나이 사십이면 장승도 돌아보지 않는다"라며 여성의 가치를 외모와 젊음에 있다는 생각한다. 외모가 자신의 생애에 중대한 영향을 미친다고 생각하여 부정적인 자기상, 신체상으로 이어질 가능성이 높다.

"예쁘면 다 용서된다"는 외모 지상주의적 생각으로 인해 많은 젊은 여성이 화장을 하지 않으면 마스크를 쓰는 등 자존감이 낮아지기도 하고 성형을 하기 위해 아르바이트를 하는 경우도 있다.

바. 맏딸 콤플렉스

가부장적 제도와 유교적 전통 속에서 장남과는 달리 '살림 밑천' 이라는 소리를 들으며, 장남 역할과 딸로서의 두 가지 역할을 하도록 강요한다. 이로 인해 첫째 딸은 가정을 위해 희생해야 한다고 배워 자신만의 자유로운 삶을 영위하지 못하고 희생을 강요받게 된다. 가정 내에서의 금전적인 문제 등으로 인해 자신의 꿈을 이루어가기보다는 금전적인 도움을 주기 위해 대학진학이나 전공을 선택하는 데 있어 우선순위를 달리 하기도 한다.

사. 슈퍼우먼 콤플렉스

자신이 가지고 있는 능력에 관계없이 직장인, 주부, 어머니, 아내, 며느리라는 서로 상충되는 역할을 완벽하게 해야 한다는 압박감을 느끼게 된다. 당연히 모든 역할을 다 해내기란 불가능하지만, 오히려 여러 역할을 해내지 못하면 불안, 죄책감 등 다양한 심리적인 불편감을 경험하기도 한다.

(3) 성역할에 따른 차별

성역할에 따라 받는 성차별도 최근에는 점차 구분되지 않는 경향이 많지만, 여전히 사회적으로 성차별을 받고 있는 경우가 많다. 하지만, 정작 본인이 성차별을 받고 있다는 인식을 하지 못하는 경우가 있기에 다음에 나오는 내용을 보면서 본인이 그간 성차별을 받지는 않았는지, 혹은 성차별적인 생각과 언행을 하지는 않았는지 확인해 보았으면 한다.

① 여성이 주로 받는 성차별

가. 임금 격차

여성들이 남성과 같은 일을 하는 경우에도 평균적으로 더 낮은 임금을 받고 있다. 한국에서 여성과 남성의 임금차이는 세계 성격차지수 보고서(The Global Gender Gap Report)에서도 매번 낮은 순위를 받게 하는 이유 중 하나이다.

임금 격차가 나타는 이유 중 하나는 상징적 가치 평가의 영향이다. 이는 '군인', '중장비 운전', '격투기 선수', '헬스 트레이너' 등 일부 직업은 남성적인 가치나 성역할을 대표하는 것처럼 표현한다. 여성성이 강조되는 직업은 보호, 간호, 교육과 같은 영역으로 그들의 전문성을 인정하기보다는 당연히 여성으로서 가지고 있고 해야 하는 특성인 것처럼 가치평가하여 적은 급여를 받게 되는 경우가 있다.

나. 직장 내 승진 기회 제한

많은 회사들의 사내 이사는 대부분이 남성이며, 간혹 사내 이사인 여성들은 CEO의 자녀인 경우가 많다. 이처럼 여성들은 능력이 뛰어나고 업무성과가 좋아도 고위직으로 승진하는 기회가 적다.

임금격차와 승진의 문제에 대해서 일부 고용주들은 다음과 같이 이야기한다. "여성들에게 일을 가르쳐서 더 높은 직급으로 승진을 시키거나 임금을 많이 주면 얼마가지 않아 퇴사한다"는 말이다. 이러한 부정적인 인식은 많은 여성들이 출산과 육아로 인한 퇴사가 많기 때문이다. 현재 한국의 출산율이 낮아 인구소멸, 국가소멸에 대한 위기를 이야기하면서 출산으로 인한 경력단절을 차별하는 것에는 앞뒤가 맞지 않는 부분이 있다. 오히려 출산과 육아로 인해 휴직을 한 여성의 경우 우선 채용을 하거나 경력으로 인정하여 더 높은 급여를 주는 것이 맞지 않을지 생각해 볼 필요가 있다.

다. 가정의 가사노동과 육아부담

여성들은 가사노동과 육아에서 남성보다 더 많은 책임을 지고 있다. 이로 인해 가정에서는 가사도우미와 엄마로 직장에서는 커리어우먼으로 생활을 해야 하는 수퍼우먼 콤플렉스로 많은 스트레스와 심리적인 고통을 받고 있다.

요즘에는 많은 부분을 식기세척기, 로봇청소기, 건조기 등 전자제품의 도움을 받고 있다. 하지만, 가사를 돕는 전자제품들을 통칭하는 말로 '3대 이모님'이라고 부른다. 이 명칭만 봐도 가사노동의 주체가 여성이라는 사회적인 인식을 알 수 있게 해준다.

육아에서도 직장생활 중 아이가 아프거나 아이에게 문제가 생겨 학교에 가야 하는 경우 대부분 남성보다는 여성들이 월차를 내거나 회사에서 눈치를 보면서 양해를 구하고 갑작스런 퇴근을 한다. 여성들의 승진 기회 제한도 육아를 위해 회사를 사직하기에 경력이 단절되는 경우가 많다. 이처럼 자녀양육에는 당연히 여성이 주체가 되어야 하고 여성이 부재할 경우 큰 문제가 생긴다고 이야기하는 사람들도 있다. 아이는 엄마에게서만 영향을 받고 성장하는 것이 아니라 아빠에게도 영향을 받고 성장하는 존재이다. 그렇기에 엄마의 역할과 아빠의 역할이 모두 필요함에도 아빠들은 자신의 부재로 인한 아이의 성장에는 별다른 어려움이 없거나,돈을 잘 벌어 생활비만 잘 주면 문제될 것이 없다고 생각하는 몰지각하고 무책임한 모습을 보이기도 한다.

라. 성적 괴롭힘과 성차별적 표현

성적 괴롭힘은 성적인 행동이나 언어를 통해 다른 사람을 괴롭히는 것으로 여성들은 공공장소에서부터 직장, 학교, 가정 등 다양한 곳에서 이를 경험할 수 있다. 성적 괴롭힘에는 성적인 언어, 신체 노출, 몸을 만지거나 성적 행동을 강요하는 행위, 성적인 욕설과 음담패설, 성적인 조롱과 비하 등이 있다. 하지만, 어떤 경우 회사나 그 업계의 관행이나 문화라는 식으로 성적 괴롭힘에 둔감하거나 당연하다는 태도를 보이기도 한다.

여성들은 다양한 매체에서 성적 대상화, 성 상품화로 인한 성적 괴롭힘과 성차별적 표현을 받게 된다. 여성들은 다양한 매체인 영화, 드라마, 광고, 음악, 인터넷, 소셜 미디어 등에서 다양한 형태로 이러한 내용을 접하게 된다. 성적 대상화는 여성들을 단순히 성적인 객체로 표현하거나 성적 욕망을 충족시키는 도구로만 다루는 것을 말한다. 매체에서는 여성들이 자주 성적으로 도발적인 복장을 하거나 선정적인 포즈를 취하며, 그들의 외모와 성적 매력을 강조한다. 이러한 표현은 여성들을 성적인 욕망의 대상으로 보여지고, 그들의 가치를 외모와 성적 매력에 한정시키기도 한다. 더 나아가 여성들을 상품으로 취급하고, 그들의 몸을 상업적인 용도로 이용하는 성 상품화도 많다. 여성들의 노출된 신체나 성적인 이미지를 상품이나 광고의 주요 요소로 사용되며, 상품의 소비를 유도하는 수단으로 강조된다. 이러한 성적 대상화와 성 상품화를 통해 여성들에 대한 성차별을 강화시키고, 정체성, 자기 존중, 자아상에 부정적인 영향을 미치게 된다. 또한, 여성들은 자신의 몸이나 외모에 대한 불안과 압박을 느끼게 되고, 이로 인해 과도한 다이어트로 인한 섭식장애, 성형시술에 집착하는 성형중독과 같은 문제를 경험하는 등 자신의 가치를 성적 매력으로만 평가받는 것처럼 느끼기도 한다.

② 남성이 주로 받는 성차별

가. 가부장적 역할 기대

남성들은 가족 내에서 가부장적 역할을 맡아야 한다는 기대를 받는다. 가부장적 역할 기대는 남성에 대해 특정한 역할과 기대를 부여하는 것이다. 이는 많은 사회문화 속에서 나타나는 현상으로 대개 가족 및 가정 내에서 더욱 강조되며, 남성이 가족의 주요 경제적 근원이고 가족 구성원들에게 책임을 다하고 가족을 보호해야 하는 역할을 수행해야 한다는 것을 의미한다.

가부장적 역할 기대의 기원은 역사적으로 사회적, 경제적으로 남성이 여성보다 힘과 권력을 가지고 있었던 구조적 요소들의 영향이다. 남성이 전통적으로 더 강하고 경제활동을 해왔기에 가족의 주요한 경제적 지원자로서의 역할을 맡아왔고 이러한 것들로 인해 가족의 대표로서 가부장적 역할 기대가 발생하게 된 것이다.

나. 감정표현 제한

남성들은 감정표현에 대해 제한받는 경우가 많다. 마음이 힘든 상황에서 감정을 드러내거나 눈물을 보이는 등의 정서적인 행동을 하게 되면 '나약한' 혹은 '남성적이지 못하다'는 평가를 받게 된다. 이처럼 전통적으로, 남성들은 강하고 냉정한 이미지를 유지해야 한다는 사회적 압력에 직면해왔다. 많은 남성들은 자신의 감정을 표현하거나 표출하는 데 어려움을 겪기도 한다. 이러한 성차별적 기대는 "남자는 강하고 냉정해야 한다"는 것을 강조하여, 남성들은 더 전통적인 남성상을 가지려고 노력하게 된다. 그리고 그들이 생각하는 이상적인 남성상은 자신의 감정을 숨기거나 억누르는 것과 관련이 있다. 특히 슬픔, 불안, 두려움 등은 나약한 정서로 보기에 이러한 정서는 표현하지 못하도록 자제하고 강인해 보이는 정서만 표출을 하려하게 된다.

하지만, 남성들이 감정을 숨기거나 억누르는 것으로 인해 스트레스 및 관련 장애, 우울증, 불안장애, 알콜중독, 담배중독 등의 정신적 문제로 이어질 수 있다. 또한, 남성들은 자신의 감정을 표현하는 방법에 미숙하거나 취약하여 타인과의 관계에서 정서적인 연결을 형성하는 깊이 있는 대인관계를 하는데 어려움을 겪기도 한다.

혹시라도 자신이 생활 중에 "남자가 뭘 울고 그래!", "남자가 눈물을 보이면 안된다"는 말을 하고 있다면 남성에 대한 성차별적 생각을 가지고 있고 남성에 대해 성차별을 하고 있는 것이다.

다. 성적 괴롭힘과 성희롱

남성들도 성적 괴롭힘과 성희롱을 당할 수 있다. 하지만, 이에 대한 인식이 부족하여 성피해를 당하고 있는지도 모르고, 성피해로 인한 고통에 대해 도움 요청하지 못하며 혼자 해결하려고 하거나, 오히려 자신에게 문제가 있어 별것 아닌 것에 민감하게 반응한다고 자책하기도 한다.

남성들이 주로 경험하는 성적 괴롭힘과 성희롱은 잘못된 남성상으로 인해 나타나는 경우가 많다. 잘못된 남성상에는 남성들은 성적인 농담, 음담패설, 성적인 수치심을 유발하는 신체적 접촉에 무감각하거나 오히려 좋아할 것이라고 착각하는 것을 말한다. 남성들도 여성과 마찬가지로 성적인 농담, 음담패설, 성적인 신체적 접촉을 원하지 않을 수 있고, 오히려 불쾌하고 고통일 수 있다.

직장, 학교 등 대인관계를 하는 상황에서 어떤 사람들도 피해자나 가해자가 될 수 있기에 성적인 농담, 성적인 악담, 불필요한 신체 접촉 그리고 타인의 신체를 평가하는 언행을 하지 않아야 한다. 이러한 문제가 직장에서 업무효율을, 학교에서 학업을 방해하는 요인이 되기도 한다.

온라인에서도 성적 괴롭힘 및 성희롱을 경험할 수 있다. 인터넷이나 소셜 미디어에서는 익명성으로 인해 더욱 쉽게 더욱 심하게 부적절한 언행을 하게 된다. 이에 성적인 혐오나 모욕적인 언어, 음란물 공유 등을 쉽게 경험할 수 있어 더욱 주의가 필요하고 온라인 에티켓을 지키도록 노력해야 한다.

이러한 성적 괴롭힘과 성희롱보다 어찌보면 남성들에게 더 큰 고통과 심리적 어려움을 경험하게 만드는 것은 남성들이 이러한 경험을 숨기거나 무시하도록 압력을 받아 성피해를 받으면서도 신고를 하거나 도움을 청하지 못하는 것이다. 성피해를 당했다고 나약한 사람도 아니고 남성으로 대접받지 못하는 사회에서 변하고 있기에 남성도 피해를 당하면 신고를 하고 도움을 청해야 한다는 점을 꼭 기억했으면 한다.

라. 제한된 남성의 정체성

이제는 생물학적인 성을 떠나 자신이 무엇을 좋아하고, 어떤 것을 하고자 하는지 인정받고 존중받는 사회가 되었다. 하지만, 여전히 남성들은 이러한 관점에서 배제되는 경우가 있다.

남성들은 남성이라는 이유로 자신의 정체성을 제한하고 다양성을 억압하기도 한다. 남성이 취할 수 있는 다양한 역할과 표현을 제한함으로써, 남성들은 자유롭게 자신을 표현하거나 다양한 길을 선택하기 어려울 수도 있다. 남성들은 다양한 역할을 수행할 수 있음에도 불구하고 '강한', '남자다움' 등의 사회적으로 만들어 놓은 정체성에 얽매이는 경우가 많다. 더 이상 생물학적 성에 매이지 말고 자신이 어떤 사람인지 탐색하여 자신만의 욕구와 원함을 이루어가는 삶을 살길 바란다.

2) 성역할 발달과정

(1) 가정에서의 성역할 발달

가정에서는 아이들이 태어나는 순간부터 아들은 장군감인 씩씩한 아들, 딸은 공주 같은 예쁜 딸이라고 부른다. 선물을 줄 때에도 남자아이에게는 파란색 옷, 여자아이에게는 분홍색 옷을 선물한다. 장난감도 남자아이에게는 총, 칼, 로봇인 반면, 여자아이에게는 인형, 소꿉놀이 세트를 선물하거나 가지고 놀도록 유도한다.

Rubin과 연구진(1974)은 한 연구에서 출산 후 24시간이 경과하지 않은 초산 부모들을 면담하였다. 그들의 자녀인 아들과 딸 모두 체중, 키 등의 신체조건은 유사하였지만 딸을 가진 부모들은 아들보다 더 부드럽고 더 예쁘장하고 더 작고 부주의하다고 말하였다. 아들을 가진 부모들은 딸보다 더 단단하고 더 크고 더 민첩하다고 하였다. 오래전 연구이지만 여전히 이러한 부모들의 태도가 유지되고 있다.

부모들이 자녀를 돌보는 동안에도 남아와 여아의 양육방식에 차이가 나타난다. 여자아이에게는 더 많이 안아주고 더 많이 대화하여 의존적이고 정서적인 유대를 발달하도록 유도하는 반면, 남자아이에게는 독립심을 강조하고 대화보다는 활동적인 상호작용을 더 많이 한다.

부모들이 집안 일을 시킬 때에도 남자아이들에는 주로 힘을 요하는 집안일을 시키지만, 여자아이들에는 동생을 돌보거나 설거지와 같은 가사노동 관련 일을 시킨다.

(2) 학교에서의 성역할 발달

학교에서는 교과서의 영향도 받게 된다. 교과서에 등장하는 역사적 인물이나 위인들이 남성 위주로 되어 있다. 또한, 위인의 경우 여성보다는 남성의 내용이 많고 사진도 남성 위인들이 주로 실려 있다.

학교에서 선생님의 가치관이나, 성향, 성에 관련된 행동을 학생들이 직접 경험하면서 성역할에 대한 영향을 많이 받는다. 예를 들면 여학생보다 남학생에게 발표기회를 더 많이 주거나, 여학생은 의존적인 행동을 할 때 남학생은 독립적인 행동을 할 때 관심을 받는 경우가 있다. 이외에도 여학생이 축구를 하는 경우와 남학생이 축구를 하는 경우에 선생님의 반응도 발달 과정에 있는 학생들의 성역할 발달과 성에 대한 가치관을 가지는 데 많은 영향을 준다.

(3) 사회문화에서의 성역할 발달

사회문화 속에서는 주로 대중문화에 의한 영향을 받게 된다. 드라마와 영화에서 보면 능력 있는 재벌가의 아들이 가난하지만 착하고 예쁜 여성을 만나서 사랑을 하는 신데렐라 드라마가 많이 있다. 또한 남성이 중요한 결정을 하는 등장인물인 반면, 여성은 남성을 도와주는 조력자의 역할을 하는 경우도 많고 여성을 성적인 대상으로만 미화하는 경우도 있다.

학교 앞 문방구에서 파는 문구용품에 다음과 같은 글이 적혀 있었다. 남학생용 학용품에 '열공해서 성공하면 여자들이 매달린다', 여학생용 학용품에는 '대학가서 미팅할래? 공장가서 미싱할래?', '기다려요 오빠'. 이러한 글만 봐도 남성과 여성에 대한 사회적 시각이 어떤지 느낄 수 있다. 이외에도, 어떤 학교 교실에는 이런 글이 급훈으로 적혀 있었다고 한다. '열심히 공부하면 배우자 얼굴이 바뀐다', '30분 더 공부하면 미래의 배우자 얼굴이 바뀐다'.

2 성평등의 역사

1) 원시시대

보통 우리나라는 오래전부터 남성의 권위가 더 높았던 것으로 알고 있지만 이렇게 된 시기는 조선 후기 때부터로 오히려 남성과 여성이 성평등을 이루는 역사가 더 길다. 원시시대에는 여성이 제사를 주관하고 신화 속에 산신, 풍신, 태양신도 여성으로 그려지는 등 여성에 대한 불평등보다는 여성에 대한 존중의 의미가 더 많았던 것으로 보인다. 더불어 당시에는 모계사회로 인해 사회적으로도 여성의 입지가 오히려 더 높았다는 주장도 있다.

2) 삼국시대, 고려시대

삼국시대부터 고려시대까지는 모계중심사회로 여성의 지위가 대체로 높았다. 특히 고려가요의 대부분이 사랑을 주제로 하고 있으며, 고려가요 중 〈쌍화점〉의 경우 여성의 자유로운 성을 노래하고 있을 정도이다. 이처럼 자유로운 연애를 할 수 있었고, 부모의 허락만 있으면 결혼이 가능하였다. 결혼제도는 일부일처제이지만 남성이 여성의 집으로 장가를 가는 처가살이가 일반화되어 있었다. 조선시대와 달리 남편과 사별한 경우 언제든지 재혼할 수 있었을 정도로 여성들은 자유로웠다. 이혼이나 사별을 한 경우에는 남편의 집에 사는 것이 아니라 친정집으로 돌아갈 수 있으며, 재산상으로도 아들과 딸이 거의 같은 지위였기에 남성 호주가 사망한 경우 여성이 호주가 되기도 하였다. 아들이 없는 경우 딸이 제사를 지내고, 부모의 유산은 남녀 차별 없이 고루 분배받는 등 남녀평등이 잘 이루어진 시대였다. 하지만 고려시대의 여성은 정치사회적 활동은 할 수 없었다.

3) 조선시대

조선시대의 성평등은 조선 초기와 조선 후기로 나눌 만큼 초기와 후기의 남녀 사회적 지위는 판이 하게 다르다.

(1) 조선시대 초기

조선 초기까지는 고려시대 때의 불교사상 등의 영향으로 인해 남녀가 대체로 평등한 사회였다. 고려시대처럼 결혼 후 남자가 여자 집에서 일정 기간 동안 생활하는 풍습이 있었다. 또한 여성도 자녀 균등상속을 통해 부모의 재산을 아들과 동일하게 물려받는 등 경제권을 보장 받는 시대였다. 하지만 조선 중기에 유교사상으로 남아선호사상, 남존여비사상 등이 자리 잡게 되어 여성의 사회적 지위가 낮아지고 남성에게 종속되는 사회문화적 환경 속에서 지내게 되었다.

(2) 조선시대 후기(17세기 후반)

유학의 영향으로 장남 우대, 남녀 차별 경향이 강화되었다. 고려시대와 달리 재산 상속에서도 남녀의 차별이 생기고 장자에게 많은 재산을 상속하였다. 사회활동에도 제약이 있어 조선시대 부녀자들이 외출할 때 내외용(內外用)으로 머리부터 몸을 가리는 장옷을 사용한 것만 봐도 알 수 있다. 사회적 지위뿐만 아니라 가정 내에서도 남존여비에 입각하여 여성을 열등한 예속적 존재로 여기게 되었다. 이에 혼인 후 남편과 사별하게 되는 경우 여성은 시집을 가면 출가외인이라 하여 남편이 죽은 뒤에는 정절을 해야 하며 재혼할 수 없었다. 열녀문, 은장도를 비롯해 정절을 중요하게 여기게 되었고, 이혼은 생각지도 못하는 문화가 되었다. 오히려 칠거지악(七去之惡)이라는 것을 내세워 결혼한 여성들을 남성의 집안에서 좌지우지하는 상황이 되었다. 칠거지악은 『공자가어(孔子家語)』에 처음으로 언급되었는데 남편이 일방적으로 아내와 이혼할 수 있는 사유, 즉 '아내를 내쫓을 수 있는 일곱 가지 잘못'을 말한다. 남편의 일방적인 의사표시로 이혼이 됨에 따라 가정 내에서도 여성의 지위가 낮아지고 남성 중심의 사회가 된 것을 단적으로 알 수 있다. 칠거지악에서 일곱 가지 내용은 시부모를 잘 모시지 못할 때, 아들을 낳지 못할 때, 행실이 바르지 않을 때, 질투할 때, 나쁜 병이 있을 때, 말이 너무 많을 때, 도둑질을 할 때이다. 이외에도 남녀칠세부동석(男女七歲不同席)이라는 말이 있다. 이 말은 남자아이와 여자아이는 7세가 되면 자리를 같이하지 않는다는 말이다. 이 말은 유교의 가르침인 『예기(禮記)』에 나오는 말로 중요한 것은 자리를 함께하지 않는 것이 아니라 이후 10세가 되면 남자아이는 집 밖으로 나가 스승을 모시고 학문을 정진하는 것이고, 여자아이는 집 밖으로 나가지 못하고 가사 일을 배우게 된다는 것이다. 이러한 관점에서 볼 때, 민속놀이인 널뛰기와 그네놀이가 당시 외출이 자유롭지 않은 여성들이 담 밖 풍경과 거리의 남자들을 볼 수 있는 기회라는 설이 신빙성이 있어 보인다.

4) 일제강점기

일제강점기에는 여학교가 설립되어 여성에게 교육에 대한 기회를 늘려야 한다고 생각하였다. 하지만 1900년대에 설립된 여학교의 교육목표는 '현모양처'로 오늘날의 신데렐라 콤플렉스를 만들며 생리적·심리적 성차를 강조하여 기대되는 역할이 다르다는 역할 고정관념을 심어주게 되었다. 즉, 당시의 교육은 남편을 잘 내조하고 아이들을 더 총명하게 길러야 한다는 생각으로 여성 교육의 필요성을 강화했던 것이다.

5) 현대

여러 가지 가치관이 혼재되어 있으며, 성평등 의식이 점차 확대되고 있다. 결혼 비용에 대한 부담, 자녀 출산 수가 저조해지면서 점차 여아선호사상이 확산되었다. 하지만, 여전히 가사 및 육아는 여성에게 더 많은 책임을 요구하여 여성에게 슈퍼우먼 콤플렉스를 만들어내고 있다. 여성의 평등권을 주장하는 페미니즘적 움직임에 반해 남성이 역차별을 받고 있다며 여성을 비하하는 움직임도 나타나고 있다(예: 김치녀, 된장녀 등).

최근에는 생물학적 성으로 역할을 기대하거나 역할에 대한 고정관념을 가지지 않으려는 태도가 많아지고 있다. 심지어 어떤 심리검사에서는 과거 남성성과 여성성을 측정하던 척도를 흥미척도로 재개발하기도 하였다. 이처럼 남과 여에 대한 관점에서 생물학적인 성을 기반하지 않고 그냥 한 사람으로서의 모습을 바라봐주고 그 사람이 좋아하는 것, 그 사람이 하고 싶어 하는 것 등 존재 자체를 존중하려는 경향이 많아졌다.

대표적인 성평등을 알아볼 수 있는 세계적인 지표를 살펴보면, 세계경제포럼(WEF)이 매년 발표하는 '세계 성격차 보고서(Global Gender Gap Report)'에서 한국은 146개국 가운데 98위를 기록하였다. 반면, 유엔개발계획(UNDP)이 전 세계 191개국을 대상으로 조사한 성불평등지수(Gender Inequality Index)에서는 15위로 나타났다. 이러한 지표만으로 보면 우리나라의 성평등이 어느 수준인지는 혼란스럽다. 이는 세계경제포럼의 성격차 지수(GGGR)는 상대평가의 개념으로 남녀 간의 차이를 보여주는 반면, 유엔개발계획의 성불평등지수(GII)는 절대평가의 개념으로 여성의 삶의 질과 인권을 다루고 있기 때문이다. 하지만 두 지표를 통해 나타난 한국의 성평등을 종합적으로 볼 때, 남성과 여성에게 교육의 기회가 균등하여 함께 교육을 받으며 자라는 등 삶이 보장되는 면이 있지만, 남녀 간의 임금차이와 정치적인 영향력 등을 고려해 본다면 여전히 불평등하다는 것을 말하고 있다.

3 성 정체성과 성평등

1) LGBT와 성 정체성

LGBT는 성소수자 중 레즈비언(Lesbian), 게이(Gay), 양성애자(Bisexual), 트랜스젠더(Transgender)를 합쳐서 부르는 단어이다(위키백과).

(1) 레즈비언(Lesbian)

레즈비언은 여성 동성애자, 여성에게 성적 매력이나 연애 감정을 느끼는 여성을 주로 의미한다. 성적 지향과 관계없이 성 정체성 또는 성적 행위를 나타낼 때도 쓰인다. 짧게 줄여서 레즈(Les)라고도 부른다.

(2) 게이(Gay)

게이는 동성애자를 지칭하는 단어이며 일반적으로는 남성 동성애자를 의미한다. 또한 본래는 쾌활하다, 즐겁다라는 의미를 지닌 단어이나 1960년대 후반에 미국의 동성애자 사회에서 자신들의 정체성을 긍정하기 위해 사용하면서 널리 퍼졌다. 본래는 남성, 여성 동성애자 모두를 지칭하는 단어였으나 현재는 주로 남성 동성애자를 지칭하는 단어가 되었다.

(3) 양성애자(Bisexual)

양성애(兩性愛)는 남성과 여성을 향한 정서적이고 성적인 끌림을 뜻한다. 이 용어는 인간의 끌림의 맥락에서 남자와 여자를 향한 정서적 또는 성적 감정을 가리키기 위해 주로 사용된다.

(4) 트랜스젠더(Transgender)

트랜스젠더는 사회문화적 성과 생물학적 성이 일치하지 않는 사람을 가리킨다. 이들 중 자신의 육체적 성별의 반대 성별 집단의 일원이 되기를 갈망하는 이들을 성전환자(트랜스섹슈얼)라고 하지만, 모든 트랜스젠더가 성전환자인 것은 아니다. 트랜스젠더들의 성 정체성은 성적 지향을 암시하거나 규정짓지 않는다. 트랜스젠더는 이성애, 동성애, 양성애, 범성애, 다성애, 무성애자일 수 있다.

2) LGBT와 성평등

LGBT와 같은 성소수자들은 양성평등이라는 말 자체를 불평등으로 생각한다. 그 이유는 양성평등이라는 말 안에는 이미 성을 남성과 여성 두 가지만으로 제한하고 있기 때문이다. 그래서 그들은 양성평등이라는 말 대신 성평등이라는 말을 사용해야 한다고 주장한다. 이러한 의견에 대해 우리나라 여성가족부에서는 2018년부터 2022년까지 5년간 시행할 2차 양성평등기본계획에서 '성평등'과 '양성평등'이라는 용어를 혼용한다는 입장을 발표하기도 했었다.

성평등(性平等, Gender equality)은 모든 사람들이 정치 · 경제 · 사회 · 문화적으로 평등한 대우를 받아야 하고 성별에 근거하여 차별 대우를 받으면 안 된다는 관점이다. 이는 민주적인 활동과 같은 노동에 같은 급여를 보장하는 것과 함께, 법과 사회적 상황에서 평등을 창조하고자 하는 UN 세계인권선언의 목표 중 하나이다(위키백과).

몇몇 성소수자들의 경우 자신들의 성적 지향과 가치관을 사회적으로 개방하여 밝히고 있다. 성소수자들을 대표하는 연예인들이 개방적인 성소수자들의 문화 정착에 기여한 부분이 있다. 하지만 여전히 대부분의 성소수자들은 자신의 성에 대해 밝히지 못하고 숨기며 살아가고 있다. 이로 인해 타인과의 상호작용에서 공적인 인간관계는 형성할 수 있으나 개인적인 인간관계를 형성하고 유지하기에는 어려움을 겪고 있다. 단적으로 회사에서 표면적인 인간관계는 할 수 있으나 더 친밀감을 가지고 자신의 고민이나 어려움을 나눌 수 있는 관계까지 발전하는 데는 어려움이 있다. 만약 여러분들이 이전부터 알고 지내던 친한 친구가 어느 날 자신의 성적 정체성이나 성적 지향을 개방하여 성소수자임을 밝힌다면 여러분들은 어떤 태도로 그 친구를 대할지를 생각해보면 현재 사회적으로 성소수자들이 경험하는 것들을 간접적으로나마 이해할 수 있을 것이다. 성소수자들의 경우에 자신이 성소수자라는 것을 밝히면 가족들과의 관계도 끊어지는 등 친밀한 인간관계의 단절을 넘어 대부분 정규직이나 복지가 보장된 직장생활을 하는 것에도 어려움이 있다고 한다. 이는 성별에 의해 노동활동과 노동급여에서 차별을 받지 않아야 한다는 세계인권선언에도 배치된다. 더불어 유교적인 사회문화 인식, 종교적인 관점 등으로 인해 다양한 가치관이 대립되어 있고 성소수자들에 판단은 아직은 개개인의 가치에 달려 있다.

이러한 사회적 분위기 속에서 법적으로 성소수자들에 대한 인권이나 복지 등 다양한 사회문화적인 영역에서 명확하게 구분하고 대하기에는 어려움이 있다. 하지만 확실한 것은 그들도 사회의 구성원이고 누군가의 가족이라는 사실이다. 즉, 성소수자에 대한 호불호의 판단은 개개인에게 달려 있다. 분명한 것은 성소수자들에 대해 우리가 취해야 할 행동은 한 명의 사람으로 존중하고 사랑해야 한다는 것은 의심할 여지없는 사실이다.

WORKSHEET 1

젠더 감수성 척도(Gender Sensibility Scale)

다음을 읽고 평상시 생각 또는 느낌과 가장 가까운 것에 표시하세요.

	문항	전혀 그렇지 않다	대체로 그렇지 않다	보통이다	대체로 그렇다	매우 그렇다
1	여자는 사회적으로 성공하는 것보다 좋은 남자를 만나 결혼하는 것이 더 중요하다.					
2	여자는 다이어트, 화장 등으로 자신을 아름답게 꾸며야 한다.					
3	부모가 맞벌이더라도 자녀가 아플 때에는 아빠보다 엄마에게 먼저 연락해야 한다.					
4	남자보다 여자가 담배 피는 것이 더 보기 싫다.					
5	'된장녀', '진상녀' 등 00녀의 단어는 한국 여자들의 도덕성 수준이 낮기 때문에 등장하게 된 것이다.					
6	여자는 자신의 미모와 애교를 이용해서 남성으로부터 자신이 원하는 바를 얻는다.					
7	경찰, 소방관, 군인 등을 선발할 때 여성 합격자의 수를 제한하는 것이 필요하다.					
8	여자 장관이나 여성 CEO가 적은 것은 능력이 뛰어난 여성이 적기 때문이다.					
9	여성들은 별 뜻이 없이 한 말이나 행동도 성차별이라고 생각한다.					
10	여성을 위한 많은 정책과 제도가 있는데도 여자들은 끊임없이 더 많은 것을 요구한다.					
11	여자친구가 페미니스트라면 헤어지는 게 낫다는 남성들의 연애관이 이해된다.					
12	여자가 추워하면 남자는 옷을 벗어주는 것이 바람직하다.					
13	여성의 가벼운 짐이라도 남성이 들어 주어야 한다.					

_______________학과 _______________________학번 _____________이름

	문항	전혀 그렇지 않다	대체로 그렇지 않다	보통 이다	대체로 그렇다	매우 그렇다
14	신체적으로 위험부담이 큰 일은 남성이 감당해야 한다.					
15	여성의 타고난 부드러움은 남성이 따라갈 수가 없다.					
16	여성에게는 가정을 돌보는 섬세함이 있다.					
17	남자는 자기만을 사랑하고 믿어주는 여자가 있을 때 비로소 행복해질 수 있다.					
18	동성애는 일종의 정신병이므로 치료를 통해 고쳐야 한다고 생각한다.					
19	나는 내 친구가 나에게 동성애자라는 사실을 말하면 꺼림칙할 것이다.					
20	나는 내 가족 중에 동성애자가 있다면 싫을 것 같다.					
21	나는 한국에서 동성혼이 법적으로 허용되는 것을 반대한다					
22	나는 트랜스젠더인 사람과 거부감 없이 지낼 수 있다.					
23	키스 등 스킨십을 하기 전에 상대방의 의사를 묻는 것은 분위기만 깰 뿐이다.					
24	연인이 키스나 애무를 허락하는 것은 성관계도 허락한다는 뜻이다.					
25	상대방에게 묻지 않고 어깨를 감싸거나 손을 잡았다면, 이는 성폭력이다.					
26	'몸매 좋은데'의 발언 정도는 성희롱이 아니다.					
27	남자가 성관계를 요구할 때 여자가 가만히 있으면 이는 수락한 것이다.					
28	타인의 성적인 부분을 품평하는 것은 성폭력이다.					

■ 채점 및 해석방법

김경령, 서은희(2020)가 개발한 척도로 하위 영역으로 여성 혐오, 적대적 성차별 태도, 온정적 성차별 태도, 성소수자에 대한 차별, 성폭력 인식의 영역이 있으며, 각 영역에 대한 설명은 표를 참고하도록 한다.

각 영역의 문항점수를 모두 더하여 점수가 높을수록 그 영역에 대한 젠더 감수성이 떨어지는 것으로 해석할 수 있다.

하위 영역	개 념	문 항	점수
여성 혐오	여성에 대한 비하, 성적대상화, 증오 등과 같이 여성에 대한 부정적 편견과 극단적인 태도	1, 2, 3, 4, 5, 6	
적대적 성차별 태도	여성은 남성보다 능력을 갖추고 있지 않기 때문에 남성이 사회적으로 더 지배적인 지위를 갖는 것이 정당하다고 생각하는 태도	7, 8, 9, 10, 11	
온정적 성차별 태도	여성은 남성보다 더 연약하여 남성이 그들을 보살펴야 하기 때문에 남성이 사회적으로 더 높은 위치를 갖는 것이 옳다고 생각하는 태도	12, 13, 14, 15, 16, 17	
성소수자에 대한 차별	다수와 다른 성적지향성과 성정체성을 가진 소수자에 대한 편견과 폭력	18, 19, 20, 21, 22*	
성폭력 인식	여성에 대한 남성의 성폭행을 정당화하는데 영향을 미치는 편견과 잘못된 신념	23, 24, 25*, 26, 27, 28*	
총 점(*은 역채점 문항)			

WORKSHEET 2

● 한국형 남녀평등의식 검사

다음 지시문에 대해 평소에 생각하고 있었거나 느끼던 것, 행동하던 것을 기준으로 응답하시면 됩니다.

'매우 그렇다'–4점, '그렇다'–3점, '그렇지 않다'–2점, '전혀 그렇지 않다'–1점

영역		문항	점수
가정생활영역	1	딸은 커서 전문직을 갖더라도 우선 가사일과 육아를 잘 할 수 있게 키워야 한다.	
	2	안정된 가정을 위해서 어머니보다는 아버지가 가장으로서의 위엄과 권위를 지켜야 한다.	
	3*	집안일에는 남자가 할 일과 여자가 할 일이 따로 있다.	
	4	이혼한 여성 쪽에 양육권이 있더라도, 그 자녀는 아버지의 성을 따르는 것이 당연하다.	
	5	아들과 딸은 성별에 따라 다르게 키워야 한다.	
	6	엄마는 꼭 필요한 경우가 아니라면, 직장에 다니지 않는 것이 좋다.	
	7	결혼한 딸에게도 아들과 똑같은 유산을 물려주게 하는 상속제도는 잘못된 제도이다.	
	8*	여자의 본분은 자녀를 키우고 집안일을 돌보는 것이다.	
교육생활영역	9	남학생은 진취적이고 용맹하게, 여학생은 차분하고 온순하게 자라도록 해 주어야 한다.	
	10*	교장과 같이 학교 행정을 책임지는 자리에는 여교사보다 남교사가 더 적합하다.	
	11	역사적인 인물 중에 여성이 적은 것은 인류발전에 대한 공헌이 남성만큼 크지 않다는 것을 말해 준다.	
	12	경쟁에서 이기는 법을 가르치는 것은 여학생보다 남학생에게 더 중요한 일이다.	
	13	남학생들에게는 여학생들에 비해 좀 더 책임감 있는 일을 할 수 있도록 교육해야 한다.	
	14	규칙을 어겼을 때, 여학생들은 감성적으로 더 예민하므로, 남학생과 똑같이 대해서는 안 된다.	
	15*	여자는 남자보다 과학이나 수학에 대한 소질이 적다.	
	16*	남학생과 여학생을 위한 교육목표는 달라야 한다.	

________________학과 ________________________학번 ______________이름

사회 문화 영역	17	여자는 남자보다 더 깔끔하고 깨끗해야 한다.	
	18	피임은 남성보다 여성이 미리 신경을 써서 조심해야 한다.	
	19*	성폭력이나 강간은 피해를 당한 여성의 옷차림이나 행동에도 원인이 있다.	
	20*	남자는 될 수 있으면 약한 모습을 드러내지 말아야 한다.	
	21*	남녀관계에서 여자는 너무 나서지 말아야 한다.	
	22	남자라면 여자보다 책임 있는 자리를 맡아서 해낼 줄 알아야 한다.	
	23*	여자는 남자를 위해 자신을 가꾸어야 한다.	
	24	우리나라에는 더 이상 성차별은 없다.	
직업 생활 영역	25*	내가 사장이라면 능력이 같은 경우 여자보다 남자를 뽑겠다.	
	26	경찰, 군인, 소방 등 국민의 안전과 생명을 지키는 직업분야에 여성의 비율이 너무 높다.	
	27	여자들은 체력은 안 되면서 남자들만 할 수 있는 직업에까지 욕심을 낸다.	
	28	어떤 직장이든 여성이 많아지면 오히려 생산성이 떨어지기 마련이다.	
	29	가정과 직장 등 거의 모든 분야에서 여성의 발언권이 지나치게 높은 것이 사실이다.	
	30*	여자는 남자보다 직업의식이 낮다.	
	31	직장일 중에는 여성들이 남성만큼 잘하는 일들도 있지만, 여성이 감당할 수 없는 일들이 많다.	
	32*	여자는 남자만큼 부하직원을 잘 통솔하지 못한다.	

■ 채점

*표시가 된 문항을 역채점하여 점수의 합을 구한다.

■ 해석

점수가 높을수록 남녀평등의식이 더 높은 것으로 해석한다.

Memo

8

CHAPTER

부모자녀의 인간관계

◐ 학습목표 ◑

1. 애착의 유형을 이해한다.
2. 양육태도에 따른 부모자녀 간의 관계를 이해한다.
3. 자녀양육에 필요한 부모의 심리적 특성을 이해한다.
4. 역기능적인 부모자녀 간의 관계와 갈등유형을 이해한다.

사 례

여러분들이 부모님에게 사랑받는다고 생각하는 이유가 음식, 옷, 용돈, 학교 등록금 등을 제공하기 때문이라고 생각하나요? 1950년대에는 앞서 이야기한 이유처럼 아기들이 엄마에게 애정을 느끼는 이유가 젖을 주기 때문이라고 생각했습니다. 하지만 해리 할로우(Harry F. Harlow)의 실험으로 이러한 기존 생각이 바뀌게 되었습니다. 할로우는 새끼 원숭이와 어미 원숭이를 격리시키고 대신 가슴에 우유병을 달고 있는 철사 어미 원숭이와 젖은 없지만 부드럽고 폭신한 헝겊으로 만든 어미 원숭이를 같이 두었습니다. 기존의 관점으로는 젖을 주는 철사 어미 원숭이와 오랜 시간을 보낼 것이라고 생각하였지만, 새끼 원숭이는 젖을 먹을 때를 제외하고는 헝겊 어미 원숭이와 많은 시간을 보냈습니다. 심지어 이따금씩 배가 고플 때만 철사에 달린 우유를 먹고, 원숭이에게 겁을 주는 경우에 헝겊으로 만든 어미 원숭이에게 달라붙어서 심리적으로 안정될 때까지 함께 하였습니다. 이 실험을 통해서 엄마의 역할은 단지 젖이라는 보상을 주는 그런 존재가 아니라, 엄마는 친밀감, 안정감, 사랑의 감정을 주는 존재라는 것을 의미합니다. 여러분들에게 용돈, 옷, 좋아하는 무언가를 사주어서 엄마와의 관계가 형성되는 것만은 아니라는 것입니다. 많은 아동, 청소년이 심리적인 문제를 경험하고 부모와의 관계가 좋지 않은 이유는 대부분 물질적인 것이 아니라 심리적인 문제로 인한 것이라는 반증입니다.

8
CHAPTER

부모자녀의 인간관계

1 애착관계

1) 애착

(1) 애착의 개념

애착이란 어떤 애착대상인 특정인과 접촉하고 근접하려는 성향을 지속적으로 갖고 있는 정서적 유대이며(Ainsworth, 1969), 이런 유대관계는 애착대상이 자신의 요구에 항상 반응해 줄 것이라는 신뢰감이 기초가 된다고 하였다(Bowlby, 1969). 이렇게 형성된 유대관계는 "내적작동모델"을 통해 아동기와 성인기를 거쳐 노년기에 이르기까지 지속되는 경향이 있다(Ainsworth, 1969). Bowlby(1969, 1973)는 유아가 생후 2년 동안 감정과 행동에 대한 통합된 애착체계를 발달시키는데, 시간이 지남에 따라 부모와의 경험을 내면화함으로써 이러한 초기 애착관계가 가족 이외의 관계에 대한 원형을 형성한다고 하였고, 초기 애착관계의 특성과 질은 아동의 욕구에 대한 양육자의 정서적인 측면과 반응성에 의해 결정된다고 하였다.

(2) 성인 애착

성인 애착이란 "신체적·심리적으로 편안함과 안정감을 주는 특정 사람을 찾고 관계를 유지하려는 개인의 안정된 성향을 말한다. 이러한 성인애착은 대인관계에서 개인이 경험하는 것들에 의해 형성된 인지적·애정적·동기적인 도식인 내적작동모델에 의해 조절된다(Berman & Sperling, 1994). 성인애착은 아동기 애착과 달리 돌봄을 받는 측면과 돌보아 주는 측면을 포함한 많은 상호과정을 필요로 한다. 따라서 청년기 및 성인기에서는 근접행동 그 자체가 곧 애착의 감정이나 속성을 포함하고 있지 않을 수도 있으며 자녀가 안정감을 얻는데 부모가 꼭 실제로 같이 있어야 하기보다는 부모에 대한 신뢰감이 보다 더 중요하다고 밝혀지고 있다(Greenberg et al., 1983; Kenny, 1987; Kobak, 1988).

성인이 될 때까지 우리는 사람들과의 친밀한 관계 속에서 우리 자신과 타인에 대한 내적작동모델을 형성해 가며 이러한 내적작동모델에 따라 타인과는 물론 연애를 할 때에도 애착유형에 따라 다른 행동을 보인다.

2) 애착유형에 따른 인간관계

(1) Ainsworth의 애착유형과 인간관계

Ainsworth(1969)는 엄마가 아이를 두고 방을 떠났다가 다시 돌아올 때, 아이의 반응을 관찰하였다. 아이의 행동은 다음과 같은 내용들이 관찰되었다. 아이의 활동수준, 놀이에 대한 몰입, 울음과 다른 불편한 징후들, 엄마와의 근접성과 엄마에게 주목을 받고자 하는 시도, 낯선 사람과의 근접성과 상호작용하려는 정도 등을 토대로 아이들을 세 집단으로 분류하였다.

① 안정 애착

엄마가 떠났다가 돌아온 상황에서 안정애착인 아이들은 엄마가 돌아왔을 때 엄마와의 상호작용을 추구한다. 일부 아이들은 장난감을 갖고 계속 놀면서도 단지 멀리서 엄마가 돌아온 것 자체를 좋아한다. 또한 엄마와 신체적 접촉을 하려 하며, 안정애착은 유아들의 60~65% 정도가 해당한다.

② 회피 애착

엄마와 떨어졌다가 다시 만났을 경우 회피애착인 아이들은 엄마와의 상호작용을 회피한다. 일부 아이들은 엄마를 완전히 무시하기도 하며, 상호작용을 시도하다가 회피하는 아이들도 있다. 회피애착인 아이들은 엄마가 방에 있을 때도 엄마에게 별로 관심을 보이지 않고, 엄마와 떨어져도 별로 불편해 하지 않는다. 이와 함께, 엄마뿐만 아니라 낯선 여성이 아이를 달래도 쉽게 편안해 한다. 유아의 약 20%가 해당한다.

③ 양가 애착

양가애착을 하는 아이들은 엄마와 떨어졌다가 다시 만나게 될 경우 엄마에게 저항을 보인다. 이 아이들은 신체적 접촉을 추구하기도 하다 거부하는 모습을 동시에 보인다. 즉, 안아주면 울다가 내려놓으면 화난 듯 소리를 지르기도 한다. 어떤 아이들은 수동적으로 엄마가 돌아오면 엄마를 보고 울지만 엄마에게 다가가지 않고 엄마가 다가오면 저항을 보인다. 아이들의 약 10%가 양가애착에 해당한다.

(2) Hazan과 Shaver의 성인애착 유형과 인간관계

Hazan과 Shaver(1987)는 Ainsworth(1969)의 애착이론을 토대로 세 가지의 애착유형인 안정애착, 회피애착, 불안/양가애착을 말하였다. 이들의 가정은 청소년이나 성인이 그들의 유아기 동안에 형성된 애착양식을 바탕으로 특징적인 대인관계 양식을 형성한다는 것이다. 즉, 유아기에 형성된 애착유형이 지속되면서 이것이 이성관계를 형성할 때 그대로 활성화된다는 것이다. 세 가지 애착 유형을 자세히 살펴보면 다음과 같다.

① 안정(secure) 애착

안정애착을 하는 사람들은 스스로 가치 있다고 여기고 타인을 호의적으로 지각한다. 그들은 대인관계에서 타인과 비교적 어렵지 않게 사귀며 타인에게 의지하거나 타인이 자신에게 의지할 때 편안함을 느낀다. 또한 타인에게 버림받는다거나 그들과 지나치게 가까워지는 것을 불안해하지 않는다.

안정애착인 사람들은 인간관계에 대해 스스로 다음과 같이 생각한다. "나는 비교적 다른 사람들과 쉽게 가까워지는 편이고, 타인에게 편안하게 의지할 수 있으며, 그들이 나에게 의존하는 것 또한 자연스럽게 받아들인다. 나는 내가 버려지거나 누군가가 나와 지나치게 가까워지는 것에 대해 대체로 걱정하지 않는 편이다."

② 회피(avoidance) 애착

회피애착을 하는 사람들은 타인에 대한 신뢰가 낮고 그들에게 의지하는 것을 어려워한다. 그들은 타인의 관계가 가까워지면 불편함을 느끼며 동시에 타인이 자신에게 지나치게 가까워질까봐 두려워하는 경우로 친밀한 관계에 대한 욕구를 부인하고 강박적으로 자기에게 의존하고자 한다.

회피애착인 사람들은 인간관계에 대해 스스로 다음과 같이 생각한다. "나는 타인과 가까워지는 것에 대해 불안하다. 나는 타인을 전적으로 믿기도 힘들고, 내 스스로를 타인에게 의지하는 것도 힘들다. 어느 누구든 나에게 지나치게 가까이 다가오면 긴장된다. 내 애인은 종종 나에게 내가 편안하게 생각하는 수준 그 이상의 친밀함을 원한다."

③ 불안/양가(anxious/ambivalent) 애착

불안/양가애착을 하는 경우, 낮은 자기 가치감을 보상하기 위해 타인과 지나치게 밀착된 관계를 맺고자 노력한다. 밀착된 관계는 동시에 자신이 원하는 만큼 타인이 자신과 가까워지려 하지 않는 것을 걱정하는 것은 물론 타인에게 버림받거나 사랑받지 못할 것에 대해 두려워하게 되는 심리적 특성을 유발시킨다.

불안/양가애착인 사람들은 인간관계에 대해 스스로 다음과 같이 생각한다. "사람들은 내가 원하는 만큼 나와 가까워지는 것을 꺼린다. 나는 종종 내 애인이 실제로는 나를 사랑하지 않거나 더 이상 나와 함께 하려하지 않을까 봐 걱정된다. 나는 다른 사람들과 완전히 하나가 되고 싶고 이러한 소망은 때때로 사람들을 위협해 떠나 버리게 한다."

(3) Bartolomew와 Horowitz의 성인애착 유형과 인간관계

Bartolomew와 Horowitz(1991)는 Hazan과 Shaver(1987)의 애착유형에 대한 3범주 모델과는 다르게 4범주 모델을 제시하였다. 이 모델은 Bowlby(1982)의 내적작동모델을 구성하는 두 가지 차원을 모두 포함하고 있으며, 자아모델과 타인모델의 두 차원이 그것이다. 타인에 관한 내적작동모델은 주양육자의 민감성에 대한 아동의 기대로부터 생겨난다. 자신에 관한 내적작동모델은 아동이 스스로를 가치 있고, 매력적이고, 유능하고, 타인으로부터 도움을 받을 만한 사람이라고 느끼는가의 여부에 의해 형성된다. 이러한 타인과 자신에 대한 내적작동모델은 평생 동안 유지되고 이후 타인과의 친밀한 관계의 기초를 형성한다. Bartolomew와 Horowitz는 이러한 자아 및 타인 모델과 함께 불안과 회피를 각각 정적(각각 긍정적 자아개념과 신뢰로운 타인) 혹은 부적(각각 부정적 자아개념과 믿을 수 없는 타인)으로 이분화하여 조합한 네 가지 애착유형을 제시하였다. 자신에 대해 긍정적이고, 타인에 대해 긍정적인 경우 안정적 유형, 타인에 대해 부정적일 경우 거부적 회피유형에 속한다. 자신에 대해 부정적이고, 타인에 대해 긍정적인 경우 몰두된 유형, 타인에 대해 부정적인 경우 두려운 회피유형이 나타났다.

① 안정된 유형

아이들의 안정애착과 유사하다. 자신을 가치 있는 사람으로 여기며 타인을 접근 가능하고 반응적일 것으로 기대한다.

② 몰두된 유형

아이들의 양가애착과 유사하다. 타인에 대해서는 긍정적으로 평가하지만 자신에 대해서는 무가치하거나 부정적으로 평가한다.

③ 거부적 회피유형

타인을 신뢰할 수 없고 자기 이외의 다른 사람들을 거부하지만 자신에 대해서는 가치 있는 사람으로 지각한다.

④ 두려운 회피유형

자신과 타인에 대해 모두 무가치감을 가지고 있다. 이로 인해 자신을 비롯하여 타인에 대한 기대수준도 낮다.

		자아모델 (의존)	
		긍정(낮음)	부정(높음)
타인모델 (회피)	긍정 (낮음)	**Ⅰ 유형** 안정적 유형	**Ⅱ 유형** 몰두된 유형
	부정 (높음)	**Ⅲ유형** 거부적 회피유형	**Ⅳ유형** 두려운 회피유형

[그림 8-1] Bartolomew와 Horowitz의 성인애착 유형

2 부모자녀 간의 관계

1) 부모의 양육태도

(1) 양육태도

양육태도란 부모 또는 자녀를 양육하는 사람이 보이는 보편적인 태도 및 행동을 말한다. 이는 자녀의 성격이나 행동뿐만 아니라 정서·인지 발달에 중요한 영향을 미친다고 한다(Becker, 1964). 이러한 양육태도 가운데 부모의 일관된 정서적 지지를 보이는 양육태도는 성인기의 대인관계를 형성하는 능력과 건강한 심리적 발달을 하는 데에 필요조건이 된다(Bowlby, 1980). 즉 부모나 양육자가 보이는 양육태도는 자녀의 성격발달에 중요한 영향을 미치며, 자녀와 가장 관련 있는 가정환경은 자녀의 인성형성에 큰 영향을 미친다. 실제로 긍정적인 부모의 양육태도는 자녀의 성취감, 적응력, 책임감, 협동심, 낮은 공격성과 관련이 있다. 친구관계에서도 타인의 감정에 대한 민감성, 사회적 자신감과 관련이 있다는 연구결과들이 있다. 여기서 중요한 것은 부모의 실제 양육태도보다는 자녀가 인식하는 부모의 양육태도가 미치는 영향이 크다는 것이다. 그러므로 부모의 양육에 대한 가치관과 행동도 중요하지만 아이가 받아들이는 것에 대한 고려가 더 많이 이루어져야 한다는 것이다.

(2) 양육태도의 유형

① Symonds의 양육태도

Symonds(1949)는 처음으로 양육태도를 체계적으로 분류하려고 했으나, 정신분석학을 기초로 하여 객관적이기보다는 임상적인 사례중심으로 부모의 양육태도를 부정적으로 설명하였다. 반면, 임상사례가 아닌 일상생활에서의 긍정적인 양육태도를 다루지 않았다는 단점이 있다.

부모-자녀 간의 관계 유형을 두 가지 요인을 중심으로 분류하였다. 즉 거부적 양육태도와 보호적 양육태도, 지배적 양육태도와 복종적 양육태도의 두 가지 요인으로 나누었다.

첫째, 지배적 양육태도는 부모가 쉽게 도달하기 어려운 높은 기준을 설정하고 자녀가 도달하기를 바라기에 자녀들이 수동적이고 의존적인 모습을 보인다. 또한, 겉보기에는 예의바른 모습을 보이지만 반항적이고 자학적인 행동을 많이 하고 창의성이나 자립심이 결여되는 특징을 보인다.

둘째, 보호적 양육태도는 부모가 자녀를 과잉보호하는 양육태도를 보인다. 이 경우 자녀들이 의존적이 되어 사회적으로 미성숙한 경우가 많아 친구들과의 상호관계에 어려움을 보이기도 한다. 더불어 의존적인 특성으로 인해 책임감이 결여되는 문제가 나타나기도 한다.

셋째, 복종적 양육태도에서는 부모가 자녀에게 과도하게 애정을 쏟는 태도를 보이며 이는 때로 맹목적으로 보이기도 할 정도이다. 이런 경우 자녀들보다는 부모가 많은 시간을 자녀들을 위해 할애하고 그만큼 자녀에게 만족감을 얻으려는 경향을 보이게 된다.

넷째, 거부적 양육태도는 부모가 자녀에게 무관심하고 벌을 주거나 적대적인 감정을 표출하고 애정을 줄 때도 조건부 애정을 주는 경우가 많다. 이런 경우에 자녀들은 애정을 받기 위해 주의를 끄는 행동을 하고 이러한 행동으로 공격행동, 반항행동 등의 품행문제들을 보이기도 한다.

Symonds(1949)는 이처럼 두 가지 요인을 중심으로 나눈 네 가지의 양육태도를 다시 세분하였다. 즉, 각 요인을 다시 두 개씩으로 나누어 총 8가지의 양육태도로 분류하였다. 8가지 양육태도 유형은 거부적 양육태도를 적극적 거부와 소극적 거부 양육태도, 보호적 양육태도를 간섭과 불안적 양육태도로 세분하였다. 지배적 양육태도에서는 기대와 엄격적 양육태도로, 복종적 양육태도는 익애와 맹종의 양육태도로 세분하였다.

② Schaefer의 양육태도

Schaefer(1959)는 부모 양육태도를 애정-거부적 양육태도와 자율-통제적 양육태도로 구분하였다.

첫째, 애정적 양육태도는 가장 바람직한 양육태도로 부모가 자녀에게 민주적이며 수용적인 태도를 보여 허용적이며 자율성을 주는 양육태도이다. 부모자녀 간의 관계에서는 애정적 양육태도의 경우 부모가 자녀를 인격적으로 존중하며 애정을 주고 관심을 기울이며 정서적으로도 친밀하다. 자녀들도 자존감이 높고 자신뿐만 아니라 타인을 존중하며 긍정적인 시각으로 바라본다. 사회적으로도 자신의 일에 성실하게 임하며 책임감이 높고 적대감없이 사교적으로 타인과의 관계를 형성할 수 있다.

둘째, 자율적 양육태도는 비지시적인 양육태도로 자녀가 스스로 자신의 문제를 해결하도록 하여 자립심을 키워준다. 부모자녀 간의 관계에서 부모가 과도하게 자율적인 양육태도를 보일 경우 문제가 되어 자녀는 부모로부터 보호받지 못한 것으로 인식하여 상하관계에 대한 어려움을 보이고 책임감이 낮게 된다.

셋째, 통제적 양육태도는 엄격한 양육태도로 부모가 애정을 가지고 양육하지만 과잉보호를 하고 자녀를 소유적으로 바라본다. 부모자녀 간의 관계에서 자녀를 소유적인 태도로 보기 때문에 부모는 자녀의 행동을 과도하게 간섭하고 부모가 정해놓은 규칙을 지키고 부모가 원하는 대로 행동하기를 강요한다. 이런 경우 자녀들은 의존적이 되고 매번 부모가 결정하고 간섭하기 때문에 창의성이 떨어지고 타인과의 상호작용에서도 자립심이 저하되어 불안정한 모습을 보인다.

넷째, 거부적 양육태도는 네 가지 양육태도 유형 가운데 가장 좋지 못한 유형이다. 이는 부모가 자녀에게 사랑을 주지 않고 무관심하며 자녀에게 비난, 학대, 지적하는 태도를 보여 권위적이거나 독재적인 양육태도를 보이게 된다. 이런 경우 자녀들은 부모에게 적대감을 가지게 되어 분노감을 보이며, 이는 부모만을 향하는 것이 아니라 자신 스스로에 대해서도 분노감을 가지게 되며 내적 갈등을 경험하게 된다.

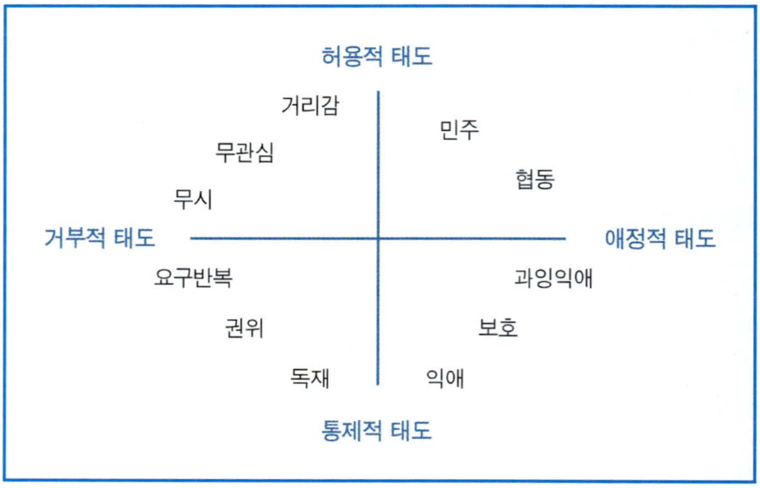

[그림 8-2] Schaefer의 양육태도

2) 자녀양육에 필요한 부모의 심리특성

(1) 자녀양육에 필요한 심리특성

부모가 자녀를 양육하는데 필요한 심리적 특성은 매우 다양하다. 당연히 부모 모두 건강한 심리적 특성을 가지고 있는 것이 자녀들에게 좋은 영향을 준다. 특히 심리적 특성 가운데 양육스트레스에 부정적인 영향을 주는 특성보다는 긍정적인 영향을 주는 것이 좋으며, 부부 간에 서로의 관계에서도 긍정적인 영향을 주는 심리적 특성을 많이 가지고 있는 것이 중요하다. 그 가운데 다음과 같은 심리특성이 자녀양육에 필요한 중요한 특성이라고 할 수 있다.

① 사랑과 애정

부모는 자녀를 사랑하고 애정을 가지고 대해야 한다. 너무도 당연한 특성 같지만 요즘에는 자녀를 자신의 소유물로 생각하거나, 자신의 삶에 걸림돌로 생각하면서 함부로 대하는 내용들이 뉴스에 많이 등장하고 있다. 특히, 자녀를 향한 부모의 사랑과 애정이 중요한 이유는 부모의 사랑과 애정을 통해 자녀는 안정감을 가지고 가정을 안전하게 느끼는 등 자녀의 심리적 안정과 건강에 큰 영향을 주기 때문이다. 그리고 이러한 부모의 사랑과 애정은 타인과의 인간관계에서 안정감과 신뢰감을 가지게 되는 근원이 된다. 부모로부터 충분한 사랑과 애정을 경험하지 못하게 되면 타인을 위협적이거나 피해를 주는 대상으로 인식하여 소극적이고 불안정한 인간관계를 하게 된다.

② 이해와 수용

자녀는 심리적으로 신체적으로 성장하고 발달하면서 다양한 감정과 경험을 하게 된다. 이러한 과정에서 자녀들은 자신의 감정을 잘 이해하지 못하여 잦은 짜증이나 화를 내면서 감정표현을 하기도 한다. 이러한 시기를 보통 사춘기라고 표현하는데, 이러한 시기에 누군가로부터 이해받고 수용받는 경험은 한 사람의 자존감을 형성하는데 중요한 역할을 한다. 이에 부모는 자녀의 감정과 생각을 이해하고 수용하며, 자녀가 건강하게 성장할 수 있도록 도와야 한다.

③ 규칙과 일관성

자녀를 훈육하는 과정에서 꼭 필요한 것 중 하나가 규칙과 일관성이다. 심리적인 어려움이나 정신장애가 발병되는 가정들의 특성 중 하나가 이중적인 양육태도이다. 이중적인 양육태도란 부모가 서로 다른 양육방식이나 한 가지 사건이나 가치에 대해서도 다른 태도를 보이는 경우를 말한다. 이중적인 양육태도는 자녀들의 가치관과 성격형성에 혼란감을 유발한다. 그렇기에 자녀가 안정감을 느끼고 성장하는 데 필요한 것 중 하나는 부모의 규칙과 일관성이다. 부모는 자녀에게 일관된 규칙을 제공하고 그것을 지키는 것이 중요하다. 규칙을 지키는 것에는 부모 자신들도 해당된다. 자녀들에게만 규칙과 일관성을 강요해서는 안되며 부모 스스로 먼저 솔선수범하는 모습이 필요하다.

④ 적극적인 참여

부모는 자녀와 함께 시간을 보내고, 관심을 가지고 대화하며, 자녀의 취미나 관심사를 적극적으로 지원하는 것이 중요하다. 여기서 함께 시간을 보낸다는 것은 한 공간에서 단지 시간을 보내는 것을 의미하는 것이 아닌 서로의 마음을 나눌 수 있는 상호작용을 하는 것을 말한다. 예를 들어, 영화관에서 2시간 영화를 봤다고 해서 함께 시간을 보냈다고 할 수 없다. 어찌 보면 영화가 끝난 후에 영화에 대한 소감을 나누는 시간이 더 중요하고 진정으로 함께하는 것이다. 이처럼 무언가를 함께한다는 의미는 함께하는 행위보다는 서로의 마음, 가치관, 관심사를 나누는 것이 중요하다는 것을 기억해야 한다. 그리고 함께하면서 그들의 내면을 이해하고 수용하며 지지해 주는 것이 필요하다.

⑤ 자기 통제와 자기 관리

부모는 자신의 감정과 반응을 통제하고, 자신을 관리할 수 있는 능력을 가지고 있어야 한다. 즉, 자기통제와 자기관리란 부모 자신의 감정을 통제할 수 있어야 한다는 것이다. 간혹 건강하지 못한 부모 가운데 자녀로 인한 양육스트레스와 분노를 훈육이라는 표면적인 이유를 대면서 자녀에게 폭력적인 행동을 보이기도 한다. 또한, 회사나 기타 다른 문제로 인한 자신의 분노를 통제하지 못하여 분노를 유발하게 만든 원인도 아닌 자녀에게 과도하게 분노를 폭발하기도 한다.

더 나아가 부모의 자기통제와 자기관리 실패로 인해, 부모의 우울감과 불안감으로 인해 자녀들의 필요를 보지 못하고 적절하게 양육하지 못하는 경우도 있다. 자녀의 양육에 필요한 안정성과 안전감을 느끼기 위해서는 부모 스스로 자신의 감정을 통제하고, 자녀를 이해하며, 부모 자신의 심리적 불편감이나 스트레스에 대한 적절한 대처 방법을 찾아야 한다.

⑥ 자녀의 성장과 발전에 대한 이해와 수용

부모는 자녀의 신체적, 심리적인 성장과 발달에 대해 이해하고 이를 수용할 수 있어야 한다. 부모들의 마음 한 곳에는 자녀들이 성장하지 않고 언제나 어렸을 때의 모습 그대로 있어 주길 바라는 마음이 있다. 이외에도, 부모들과 자녀 간에 의사소통과 상호작용이 제한되어 자녀의 성장과 발달을 이해하지 못하는 경우도 있다. 이러한 경우 부모들은 자녀가 신체적으로 심리적으로 성장하면서 겪어야 할 발달과정에서의 어려움에 대해서 적절하게 양육하지 못하게 된다. 부모는 자녀가 발달 과정에서 어떤 도전과 고민을 겪을지 예측할 수 있어야 하며, 이를 대처하는 데 필요한 지식과 기술을 가지고 양육해야 한다.

⑦ 인내심

아직 자녀를 키워보지 않은 사람들이 가지고 있는 환상 중 하나가 내 자녀는 항상, 언제나 그리고 매일매일 사랑스럽고 귀엽고 관계가 좋을 것이라고 생각하는 것이다. 세상 모든 것보다 사랑과 행복을 느끼게 해주는 것이 자녀인 동시에 가장 큰 상처와 좌절을 경험하게 만드는 것도 자녀들을 양육하는 과정에서 부모가 경험하는 것이다. 그리고 어른들의 시각으로 자녀를 바라보면 '당연히 할 수 있는 것 같은데 왜 그런 언행을 하지 못하는지' 이해하지 못하는 부모들도 있다. 그렇기에 부모가 자녀를 양육하는데 많은 인내심이 필요하다. 자녀는 성장하면서 부모가 경험하지도 않고 예측할 수도 없는 다양한 문제와 어려움을 겪을 수 있다. 따라서 부모는 인내심을 가지고 자녀가 성장해서 스스로 해결할 수 있기를 기다리고, 때로는 부모의 삶을 통해 얻은 지혜를 함께 나누며 자녀와 함께 부모도 성장과 발전을 해야 한다.

⑧ 유연성

부모는 자녀를 양육하면서 다양한 상황과 문제들을 경험하게 된다. 이는 자녀로 인해 경험하게 되는 사회적인 지위, 삶의 영역들이 새롭게 생기기 때문이다. 또한, 자녀들도 발달과정에 따라 경험하게 되는 세상이 있으며, 이는 부모가 성장했던 세상과 다르기에 자녀를 키우는 것은 상황에 따라 다양한 대처 방략들이 필요하다. 부모는 유연성을 가지고 자녀의 상황에 맞게 적절한 대처 방식을 선택하며, 자녀가 성장할 수 있도록 도와야 한다. 그리고 부모가 유연성을 가지는 경우 자녀들은 부모의 모습을 보고 자녀들 또한 유연성을 기르게 된다.

⑨ 자기개발과 성장

앞서 이야기한 자녀를 키우는데 필요한 부모들의 심리적 특성을 처음부터 가지고 있는 부모들은 거의 없을 것이다. 부모는 처음부터 완성되어 있지 않고 자녀를 키우는 방법을 모두 알고 있지 못하기에 자녀를 키우면서 부모들도 많은 실수와 시행착오를 경험하게 된다. 그러면서 부모들은 자녀와 함께 자기 개발과 성장을 하게 된다. 부모는 자신의 성장과 발전을 도모하며, 자신에게 성공적이었던 삶의 방법들을 자녀들에게 알려주고 자녀들에게 긍정적인 역할모델이 되어주며 진정한 부모와 자녀의 관계로 삶의 동반자가 되어 간다.

3 부모자녀 간의 역기능적인 관계

1) 성인아이

(1) 성인아이의 개념

성인아이는 역기능적 가정에서 성장한 사람으로 어린 시절 부모로부터 따뜻하고 무조건적인 사랑과 관심을 받지 못하고 마음에 상처를 입은 채 성인들이 해결해야 할 문제를 조숙하게 처리하거나, 자신이 돌봄을 받아야 할 아이임에도 불구하고 오히려 부모를 돌보거나 어린 나이에 너무 일찍 스스로 자신을 돌보는 어린아이이다. 정서적으로나 사회적으로 마치 어떤 부분에 있어서 아직 아이임에도 불구하고 어른과 같이 생각하거나 행동하는 아이를 말한다. 이런 아이들을 보통 조숙한 아이라고 부르지만 부모나 어른들이 해야 할 문제들을 아이가 해결하는 성인아이의 모습이다.

또 다른 성인아이는 아직도 해결되지 않은 어린 시절의 문제를 안고 있는 성인을 말한다. 어린 시절 당연히 받아 주었어야 할 사랑과 관심의 욕구들이 거절당하고 무시되어 어른이 된 이후에도 해결되지 못한 욕구로 인해 신체는 이미 성인이지만 어린아이와 같은 모습으로 자신의 욕구를 채우기 위하여 애쓰며 살아가는 사람들이다(Norwood, 1989).

(2) 성인아이의 유형과 특성

성인아이는 두 가지 유형으로 구분할 수 있다.

첫째 유형은 나이에 맞지 않게 조숙하게 문제를 다루어야 하는 정신적으로 과도하게 성장한 성인화된 어린아이를 말한다.

둘째 유형은 어린 시절 해소되지 않은 문제를 성인인 지금-여기에서도 아직까지 처리하고 있는 성인으로 구분해 볼 수 있다.

자신이 가족 내에서의 모습을 잘 모를 경우 어린 시절 찍은 사진들을 보면서 다음과 같은 것을 유념해 보면 도움이 될 수 있다. "가족들과 함께 찍은 사진에서 내가 어디에 있는가?, 사진 속에서 나와 가족들과 신체적으로 얼마나 가까이 있는가?, 사진 속에서 나는 항상 같은 자리에 있는가? 그렇다면 그 자리는 어디인가?, 사진 속에 나의 표정은 어떤가?, 가족과의 관계에 대한 다른 단서를 찾을 수 있는가?"

① 조숙한 아이의 성인아이 특성

- 놀이보다는 계획을 한다.
- 부모에 의해 양육을 받기보다는 부모를 돌본다.
- 삶 가운데 자신만의 안전한 장소를 만든다.
- 너무 일찍 자신의 기본적인 필요들을 스스로 돌본다.
- 현실에 대한 자기 자신만의 관점을 발전시킨다.
- 자신의 두려움을 혼자서 감내한다.

② 성인이지만 내면은 아이인 성인아이 특성

- 끝나지 않은 놀이시간을 가지고 있다.
- 자신을 어른으로 여기는 데 갈등을 겪는다.
- 어린 시절의 고통 속에 갇혀 있고 그것에 의하여 지배를 받는다.
- 부모에게 의존되어 있거나 부모로부터 달아나려고 한다.
- 아직도 축복을 기다리고 있다.
- 정상적인 것에 대하여 확신을 갖지 못한다.
- 인정받는 것에 대해여 강박적인 욕구를 가지고 있다.

③ 성인아이의 공통적인 특성

- 성인아이는 무엇이 정상적인 행동인지에 대해 혼란스러워 한다.
- 성인아이는 처음에 계획한 것을 끝까지 이행하는 데 어려움을 겪는다.
- 성인아이는 쉽게 진실을 말할 수 있는 때도 거짓말을 한다.
- 성인아이는 자신을 무자비하게 비판한다.
- 성인아이는 재미있는 시간을 보내는 데 어려움을 느낀다.
- 성인아이는 자기 자신을 너무 심각하게 받아들인다.
- 성인아이는 친밀한 관계를 맺기가 어렵다.
- 성인아이는 자신이 통제할 수 없는 변화에 대해 과민반응을 보인다.
- 성인아이는 끊임없이 칭찬과 인정받기를 원한다.
- 성인아이는 항상 자신이 남들과 다르다고 느낀다.
- 성인아이는 지나치게 책임을 지려하거나 지나치게 무책임하다.
- 성인아이는 상대가 충성을 받을 자격이 없다는 증거가 분명한 때도 지나치게 충성한다.
- 성인아이는 충동적이다. 성인아이는 아무런 대안이나 대책없이 가능한 결과들을 고려해보지 않고 행동한다. 이러한 충동이 오히려 자기혐오를 가져오며 자신이 처한 환경을 통제하지 못하게 하여 사건을 수습하는 데 과도한 에너지를 소모하게 된다.

(3) 역기능적인 가정에서 성인아이의 역할들

역기능적인 가정에서 아이들은 아이로서의 생활을 하는 것이 아닌 다른 모습으로 가족들과의 관계를 형성하게 된다. 즉, 자신의 정체감을 다른 역할과 바꿔서 역할에 따라 가정에서 일어나는 일에 다른 역할을 하게 되는 것이다. 이러한 모습에는 희생양, 잃어버린 아이, 광대, 위로자, 영웅, 반항아, 대리 배우자, 어린 부모, 어린 왕자/어린 공주가 있다.

① 희생양

실제 가정에서 역기능적 특성에 의해 초래된 문제들에 대한 책임을 지울 대상으로 부모는 희생양의 역할을 맡은 아이를 이용한다. 이 아이는 부모의 잘못된 일에 대해 부모 스스로가 아닌 아이가 대신 책임을 지게 되면서 어려서부터 이유모를 죄책감과 책임감을 가지며 힘들게 생활하게 된다.

② 잃어버린 아이

잃어버린 아이는 가정 내에 있으면서도 존재에 대해 인정받지 못하고 마치 존재하지 않는 사람처럼 여겨진다. 이 과정에서 잃어버린 아이는 "나는 문제를 일으키지 않을 거야", "나는 어떤 일도 일으키지 않을 거야", "나는 다른 사람에게 주의를 끄는 일은 하지 않을 거야"라는 생각을 하며 지내게 된다. 학교에서도 별달리 눈에 띄지 않게 조용하게 지내기에 같은 반을 했었던 학생들이 때로는 그 아이가 같은 반이었는지를 모르는 경우도 있을 수 있다.

③ 광대

역기능적 가정의 아이는 긴장감이 감돌고 살얼음판 같은 가정 분위기를 바꾸고자 광대와 같은 행동을 한다. 우스운 행동을 하거나 귀엽게 행동하여 가정 내의 분위기를 바꾸고자 노력한다. 이에 자신의 불편감이나 심리적인 어려움, 고민들을 표현하지 못하고 단지 분위기 메이커가 되기 위해 노력한다. 이 과정에서 "내가 있으면 분위기가 좋아져", "내가 있어서 우리 집은 웃을 수 있어"라는 식으로 광대의 역할을 하면서 자신의 존재감을 느끼기도 한다.

④ 위로자

위로자는 문제를 바로 잡는 사람으로 이 아이는 가정에 갈등이 있을 경우 어려움을 겪는 사람에게 위로와 지지를 보내 갈등을 부드럽게 함으로써 어려움을 감소시킨다. 어른들이 학교나 친구들과의 관계에서 아이에게 문제 및 갈등이 있을 시 이를 위로해 주고 해결하려고 노력해야 함에도 위로자 역할을 하는 아이에게는 오히려 자신이 부모를 위로해 주고 지지해 주는 역할을 하면서 지내게 된다. 이 과정에서 "우리 부모님은 갈등이나 어려움이 있을 때는 내가 있어야 안심을 하셔", "나는 우리 부모님을 위로와 지지해줘야 우리 집은 안정감을 느낄 수 있어"라고 생각할 수 있다.

⑤ 영웅

영웅의 역할을 맡은 아이들은 성공을 이룸으로써 가정을 더 좋게 보이려고 노력한다. 이에 학교에서 좋은 성적을 받거나 많은 상을 받아 오면서 가정의 분위기를 좋게 만들기 위해 노력한다. 이 과정에서 "나의 가정은 엉망이지만 나는 아무 문제가 없어", "내가 하고 있는 모든 일들은 잘되어 가고 있어"라며 가정 내에서 자신은 제대로 하고 있으며 그에 대한 증거로 자신이 하고 있는 일에서의 성과를 들기도 한다. 영웅의 역할은 긍정적인 것처럼 보이고 어떤 측면에서는 긍정적일 수도 있다. 하지만 진정으로 자신이 하고 싶은 것을 하기보다는 부모가 기뻐하는 과업을 이루기 위해 살게 되어 영웅의 역할을 하는 아이에게는 지치고 힘들게 만들고 나중에 성인기가 되어서 오히려 부모에게 맞추고 살았다는 생각에 분노하기도 한다.

⑥ 반항아

반항아들은 역기능적인 가정에서 오히려 문제를 일으켜서 더 분란을 조장하기도 한다. 보통 가정환경으로 인해서 불안정하고 제대로 양육받지 못하여 잘못된 행동을 하기도 한다. 한편으로는 자신의 가정이 안정적이지 못하고 부모가 잘못하는 것에 대해서 아이가 문제를 일으켜서 부모의 행동이나 잘못에 죄값을 치르게 하는 수동공격적인 분노표출의 수단이 되기도 한다. 이에 반항아는 부모가 알코올

중독일 경우 자신도 알코올중독에 빠지거나 폭력적인 부모에 반해 폭력성을 보이는 등 가족에게 복수한다. 이 과정에서 "나만 규칙을 지킬 필요는 없어", "어른들이 저렇게 지내니까 나도 그렇게 생활해도 돼"라는 식의 생각을 가지고 지낸다.

⑦ 대리 배우자

잘못된 부부관계로 인한 부모들의 결혼생활에는 대개 친밀감이 결여되어 있다. 이로 인해 아이들도 부모들과 안정적인 친밀감이나 애착관계를 형성하기 어려워 건강한 정서발달을 하지 못하게 된다. 하지만 이러한 아이에게 부모는 배우자에게 얻지 못하는 정서적 안정감과 만족감을 얻고자 아이를 대리 배우자로 만들게 된다. 이런 관계는 정서적인 관계에만 국한되지만 최근 이혼 가정의 부모가 자녀들을 성적 만족의 대상으로 삼는 성범죄가 일어나듯 정서적인 관계뿐만 아니라 성적인 내용을 포함하고 있을 수도 있다.

⑧ 어린 부모

어린 부모는 부모가 부모로서의 역할을 제대로 하지 못하는 경우 가정 내에서 부모의 모습을 하고 있는 것을 말한다. 예를 들어 나이 차이가 많은 동생이 있을 경우 부모가 아니라 형제, 자매가 부모처럼 돌봐주기도 하고 어려움이나 힘든 부분들을 부모 대신 해결해 주는 경우가 해당된다. 이렇게 되는 경우에 어린 부모의 역할을 하는 아이는 자신이 부모님에게 도움을 준다는 긍정적인 면을 생각할 수 있다. 하지만, 아이의 입장을 고려한다면 아이는 발달과정에서 아이로서 누리고 느끼고 행동해야 할 것들을 상실하게 된다. 그리고 대부분 어린 부모의 역할을 하는 아이에게 부모의 역할을 해 주는 사람이 없기에 그런 상실은 더 커지게 된다.

⑨ 어린 왕자/어린 공주

어린 왕자와 어린 공주의 역할의 경우 아이가 원해서 하는 것보다는 주변 양육환경에 의해서 만들어지는 것이다. 가정 내에서 귀여움을 독차지 하고 사랑을 받으면서 응석받이로 성장하게 된다. 이 과정에서 다른 형제, 자매로부터 질투와 분노의 대상이 되기도 한다. 반면 과도한 부모의 기대로 인해서 자신의 한계에 당면하거나 스스로 해결할 수 없는 어려움을 경험할 시에는 좌절하거나 포기해서는 안된다는 생각에 자신을 과도하게 질책하면서 고통받게 된다. 보통 우리나라에서는 첫째 아이들이 이러한 상황에 처하게 되며 발달과정에서 동생들이 공부나 운동을 더 잘하게 되는 경우 어린 왕자와 어린 공주로 성장하던 아이들은 어려움을 경험하게 되기도 한다.

2) 성인아이에 대한 문제해결방법

(1) 나의 과거에 직면하기

나의 어린 시절을 잘 살펴보고 그 당시 있었던 고통과 문제를 부인하지 않고 부딪혀 보는 것이다. 이 과정에서 나에게 어린 시절 무슨 일이 일어났는지를 이해하는 것이 중요하다.

친한 친구들을 통해 어린 시절의 이야기를 나누고 친구들의 지지와 격려를 받는 것도 좋다. 더불어 과거를 바라보면서 현재 나는 성인이며 그 당시의 고통과 문제는 이미 과거라는 것을 반복해서 인지하는 것이 필요하다. 나의 과거에 대해서 솔직해질 것이며 그것과 대면하여 고통스러운 과거를 마주 대할 때 나의 어린 시절을 되찾기 시작하는 것이다. 더 나아가 역기능적인 가정에 대한 심리학적인 교육과 더불어 상담과 같은 도움이 필요할 수도 있다.

(2) 잃어버린 부분들을 돌아보기

내가 어린 시절 받지 못한 것이 무엇인지 알아보는 과정이다. 어린 시절 잃어버린 것이 정서적인 따스함인지 재미있게 놀 수 있는 즐거움의 시간인지 알아봐야 한다. 그 과정에서 다음과 같은 내용 가운데 해당하는 것이 있는지 살펴보는 것도 도움이 된다.

- 공원에 있는 그네에 앉아 있기
- 맑은 날 호수에서 낚시하기
- 내가 고른 인형 가지고 놀기
- 새로운 자전거를 갖기
- 모형 비행기 만들기
- 커다란 색연필과 물감 사기
- 커다란 벽돌쌓기 장난감을 가지고 놀기
- 커다란 나만의 곰인형 갖기
- 생일 파티를 열기

자신에게 노는 것을 허락할 필요가 있으며, 재미있는 시간을 보내기 위해 친구의 도움을 요청할 수도 있다. 또한 어린 조카나 사촌과 함께 어린아이처럼 노는 것도 좋은 문제해결방법이 되기도 한다.

(3) 어린 시절에 대한 긍정적인 기억들을 되살려보기

어린 시절 가운데 행복했던 것들에 대해 생각해 보고 그것에 대해 감사하는 마음을 갖는다. 또한, 어린 시절 행복했던 순간을 담은 사진을 액자에 넣고 매일 보는 것도 도움이 된다. 다음과 같은 내용을 살펴보는 것도 도움이 된다.

- 어린 시절 나의 친한 친구
- 자주 갔던 내가 좋아했던 장소
- 편안함을 느끼게 해 주었던 사람, 친척
- 나를 믿어주었던 선생님
- 나에게 좋은 기분을 경험하게 해 주었던 성취

(4) 어린이와 같은 성품을 계발하기

자신의 내면에 어린이와 같은 성품을 계발하는 것이다. 건강한 성인은 의외로 어린아이와 같은 모습을 가지고 있다. 건강한 성인이 가지고 있는 어린아이의 특성은 다음과 같다.

- 어린이는 잘 논다.
- 어린이는 잘 웃는다.
- 어린이는 잘 믿는다.
- 어린이는 자연스럽다.
- 어린이는 걱정하지 않는다.

자신이 계발하고 내면에 가졌으면 하는 어린아이의 성품을 생각해 보라.

3) 부모 자녀 간의 갈등 유형

(1) 권위주의적 부모와 반항적 자녀 유형

부모는 자신이 지시한대로 자녀가 따르길 바라는 반면 자녀는 스스로 선택하고 싶어하는 욕구를 가지는 경우에 나타나는 갈등이다. 이러한 갈등은 통제적인 부모와 자율성을 지닌 자녀 간의 충돌로 나타나며 권위갈등이라고도 한다. 부모는 자녀를 어린 자녀로만 보면서 자신이 보호하고 자신이 책임을 지기 위해서 권위적인 모습을 보이지만, 자녀는 자신이 성장해서 스스로 할 수 있는데도 부모가 잔소리를 하거나 자신을 존중하지 않는 것으로 느끼게 되는 것이 원인이다. 권위갈등은 오랜 기간 자녀와 의사소통이 단절되어 있거나 자녀가 자신의 의견을 표현하지 않고 지내는 경우에 서로를 이해하지 못해 더 심화될수 있다.

부모들은 성장해 가는 자녀들의 모습을 스마트폰 업데이트하듯 자주 새롭게 업데이트하는 것이 필요하다. 그리고 성장한 만큼 자녀들이 자신에 대해서 스스로 책임지고 가정을 벗어나 더 큰 사회에서 책임감있는 한 명의 존중받는 사람으로 살아갈 수 있도록 믿어주는 것이 필요하다.

(2) 친구 같은 부모와 불만족스러운 자녀 유형

얼핏 보기에 친구 같은 부모와 자녀관계는 이상적인 부모자녀관계처럼 보이지만, 현실적으로는 친구 같은 모습을 가끔 보여주거나 친구인 척하는 부모의 모습인 경우가 많다. 이에 자녀들은 부모가 친구인 척하다가 언제 권위적인 태도를 보이며 통제하고 혼내는 모습을 보이는 부모가 될지 모르기에 더 신뢰하기 힘든 관계가 된다. 친구처럼 다가올 때는 뭔가 또 다른 이유가 있고 부모가 자신들의 필요에 의해서 친구인 척 대하는 것으로 인식하기도 한다. 부모들은 "왜 친구처럼 대하려고 하는데 아이가 거부하고 오히려 멀리하는지 모르겠다"고 호소하고 자녀들은 "진짜 친구라면 그런 말과 행동은 안 한다"고 이야기한다.

부모가 자녀와 진정한 친구관계를 형성하기 위해서는 부모의 가치관과 생각을 먼저 이야기할 것이 아닌 자녀의 생각와 가치관을 들어주고 존중하는 태도가 우선되어야 한다. 이렇게 이야기하면 부모들은 "그럼 듣기만 하고 아이가 잘못된 언행을 해도 보기만 해야 하느냐?"고 질문한다. 많은 사람들이 알겠지만, 진정한 친구는 때로 상처가 되겠지만 진심어린 충고와 조언을 하는 것을 알고 있을 것이다. 단지 친구같은 친밀한 관계가 되기 위한 과정에서 서로의 신뢰와 존중이 필요한 것이다. 그리고 신뢰와 존중은 어느 한순간 생기는 것이 아닌 오랜 시간과 인내가 필요하다. 진정한 친구 같은 부모자녀관계는 자녀가 이해와 존중을 받는다고 느껴야 비로서 시작되는 관계이다.

(3) 갈등 회피형 부모와 자기주장이 강한 자녀 유형

갈등을 회피하는 태도는 다음과 같은 부모자녀 간의 상황에 의해서 많이 나타난다. 부모는 사회생활로 인한 피로감 누적으로 집에서 쉬고 싶어 갈등을 만들고 싫어 하지 않는 반면 자녀들은 부모를 만나고 이야기할 기회가 적어 주로 이야기하는 상황에서 서로간의 가치관 차이가 충돌하는 등 잠재되어 있던 갈등이 표면화된다. 특히 자녀들은 성장하면서 여러 가지 상황과 사건에 따른 다양한 고민과 생각들로 인해 이러한 것을 부모와 나누며 해소하고자 하는 욕구에 의해 갈등이 생기기도 한다. 하지만, 부모들은 갈등을 회피하는 과정에서 빨리 갈등상황을 해결하기 위해 지시적이거나 통제적인 모습을 보이고 깊이 있는 대화를 통해 자녀의 마음과 생각을 알아가려는 시간과 노력을 기울이지 않는다. 부모의 이러한 태도는 자녀들과 의사소통하지 않으려 하고 자녀들의 생각와 마음을 존중하지 않으며 귀찮게만 여긴다고 아이들은 느끼게 된다.

때로 부모들에게 이러한 질문을 한다. "당신이 사회생활을 하고 경제활동을 하는 이유가 무엇인가요?" 많은 부모들은 "자녀들을 위해서 주말도 없이 쉬지 않고 가게를 운영하고 열심히 직장생활을 한다"고 답변한다. 그런데 많은 아이들은 "부모들이 자신들과 시간을 보내거나 자신의 말에 귀를 기울이지 않고 이른 시간 출근해서 밤 늦게 퇴근하는 것을 보면 돈에만 관심이 있는 것 같다"고 말한다. 이러한 부모 자녀 간의 괴리감은 서로의 마음을 잘 몰라주는 것에 기인된다. 부모들이 돈을 벌고 충분한 여유가 생기게 되면 자녀들은 부모의 도움을 필요로 하지 않을 정도로 성장하거나 혼자만의 생활에 익숙해져 부모가 필요 없다고 느낀다. 또는 자녀들이 심각한 심리적인 문제와 문제행동을 보일 때 비로서 자녀를 위해 시간을 할애하며 후회하는 경우를 많이 보게 된다.

갈등은 부정적인 관계로만 발전하는 것이 아니라 갈등을 통해 서로의 생각과 가치관이 다름을 알고 더 깊은 관계를 형성하게 되는 기회이기도 하다. 부모들은 삶을 사는데 어떤 것이 더 중요한지 생각해 보고 그것을 놓치지 않기 위한 결단을 하는 것이 필요하다. 즉, 자녀와의 소통을 위해 금전적인 손해를 감수하는 것을 선택할 수도 있고, 더 깊은 관계를 위해 갈등을 피하지 않고 직면해야 할 수도 있다. 갈등에 직면하여 자녀들이 어떤 마음과 생각을 가지고 지내는지 그들의 내면에는 어떤 고통과 상처와 고민이 있는지 함께 나누는 것이 필요하다. 세상에는 공짜가 없듯이 결단을 통해서 금전적인 풍요로움과 자녀들과의 관계를 바꿔야 하는 것을 부모들이 두려워하지 않았으면 한다.

WORKSHEET 1

● 성인애착유형척도

총 18문항으로 애착-의존, 애착-불안, 애착-친밀의 3가지 차원으로 측정한다.

※ 다음은 다른 사람들과의 관계에서 누구나 경험할 수 있는 느낌이나 생각들에 관한 문항입니다. 각 문항을 잘 읽으시고 자신과 일치하는 정도에 따라 해당번호에 O표 해 주십시오.

번호	문항	1. 전혀 그렇지 않다. 2. 대체로 그렇지 않다. 3. 보통이다. 4. 대체로 그렇다. 5. 매우 그렇다.				
1	다른 사람에게 의지하는 것이 어렵다.	1	2	3	4	5
2	내가 필요로 할 때 사람들은 결코 곁에 있어주지 않는다.	1	2	3	4	5
3	다른 사람에게 의지하는 것이 편안하다.	1	2	3	4	5
4	내가 필요로 할 때 다른 사람들이 같이 있어줄 것이다.	1	2	3	4	5
5	다른 사람들을 완전히 신뢰하기가 어렵다.	1	2	3	4	5
6	내가 필요로 할 때 누군가 곁에 있다 하더라도 그 사람에게 항상 의지할 수 있을 것 같지는 않다.	1	2	3	4	5
7	버림받는 것에 대해 별로 걱정하지 않는다.	1	2	3	4	5
8	때로 내 애인(단짝 친구)이 나를 정말로 사랑하지 않을까봐 걱정한다.	1	2	3	4	5
9	사람들은 내가 가까워지고 싶어 하는 것만큼 나와 가까워지기를 원하지 않는 것 같다.	1	2	3	4	5
10	때로 상대방이 나와 함께 있고 싶어하지 않을까봐 걱정하곤 한다.	1	2	3	4	5
11	나는 다른 사람과 완전히 일치되기를 원한다.	1	2	3	4	5
12	일치되기를 원하는 나의 바람 때문에 때로 사람들이 부담을 느끼고 멀어져 버린다.	1	2	3	4	5
13	다른 사람과 비교적 쉽게 친해진다.	1	2	3	4	5
14	누군가가 나와 친해지려 해도 별로 부담스럽지 않다.	1	2	3	4	5
15	다른 사람과 친해지는 것이 다소 불편하다.	1	2	3	4	5
16	어떤 사람과 너무 친해지면 신경이 예민해진다.	1	2	3	4	5
17	나에게 의지하는 누군가가 있는 것이 편안하다.	1	2	3	4	5
18	때로 내 애인(단짝 친구)은 내가 편안하게 느끼는 것보다 더 가까워지길 바란다.	1	2	3	4	5

____________학과 ________________학번 ____________이름

■ 채점

- 애착의존은 1~6번 문항으로 2, 5, 6번 문항은 역채점 문항
- 애착친밀은 7~12번 문항으로 8, 9, 10, 12번 문항은 역채점 문항
- 애착불안은 13~18번 문항으로 13, 14, 17번 문항은 역채점 문항

애착을 유형화하기 위해서는

- 안정유형은 하위척도인 친밀점수에서 30% 이상, 의존점수에서 30% 이상, 불안점수에서 70% 이하인 사람들
- 회피유형은 친밀점수에서 30% 이하, 의존점수에서 30% 이하, 불안점수에서 70% 이하인 사람들
- 불안/양가 애착유형은 불안점수에서 70% 이상인 사람

■ 해석

- 애착-의존척도는 내가 필요로 할 때 상대방이 이용 가능하고 의존할 수 있는 존재라는 믿음의 정도를 측정한다.
- 애착-불안척도는 내가 사랑받지 못하거나 버림받는다는 것에 대해 불안하게 느끼거나 두려워하는 정도를 측정한다.
- 애착-친밀척도는 다른 사람과 가까워짐과 친밀에 대해 편안하게 느끼는 정도를 측정한다.
- 애착-의존척도는 상대방에 대한 보다 일방향적인 믿음의 정도인 반면, 애착-친밀척도는 나와 상대방의 상호작용적 특징에 보다 초점이 맞춰진 양방향적인 성질을 반영한다.

WORKSHEET 2

● 부모의 양육행동척도

다음은 여러분의 아버지, 어머니에 대한 주관적인 생각을 알아보는 질문입니다. 문항을 읽고 아버지, 어머니를 생각하신 후 현재 자신의 생각이나 느낌에 체크해 주세요. 부모님을 각각 따로 점수를 체크해야 합니다.

번호	문항	1. 전혀 그렇지 않다. 2. 대체로 그렇지 않다. 3. 보통이다. 4. 대체로 그렇다. 5. 매우 그렇다.				
1	부모님은 내 감정을 존중해 주신다.	1	2	3	4	5
2	나는 부모님이 부모로서 훌륭한 분이라고 느낀다.	1	2	3	4	5
3	나는 현재의 부모님이 아닌 다른 사람이 내 부모였으면 하고 바란다.	1	2	3	4	5
4*	부모님은 나를 있는 그대로 받아들여 주신다.	1	2	3	4	5
5	해결해야 할 문제가 있을 때, 부모님을 믿고 의지할 수 없다.	1	2	3	4	5
6	걱정거리가 있을 때, 부모님의 의견을 듣는 것을 좋아한다.	1	2	3	4	5
7	부모님에게 내 감정을 드러내는 것은 쓸모없는 일이라고 느낀다.	1	2	3	4	5
8	부모님은 내가 무엇인가에 기분이 상해 있을 때 금방 알아 채신다.	1	2	3	4	5
9*	부모님과 내 문제들에 대해 얘기하다 보면 내가 부끄럽게 느껴진다.	1	2	3	4	5
10*	부모님은 내게 너무 많은 것을 기대하신다.	1	2	3	4	5
11	부모님과 집에 있으면 쉽게 기분이 상한다.	1	2	3	4	5
12	나는 부모님이 알고 있는 것보다 훨씬 더 혼란스럽다.	1	2	3	4	5
13*	부모님도 당신 자신의 문제가 있으시기 때문에 내 문제로 귀찮게 하고 싶지 않다.	1	2	3	4	5
14	부모님은 내가 나 자신을 더 잘 이해할 수 있게 도와주신다.	1	2	3	4	5
15	나는 부모님에게 내 걱정거리나 문제에 대해 이야기한다.	1	2	3	4	5
16*	나는 부모님에게 화가 난다.	1	2	3	4	5
17	나는 부모님에게서 별 관심을 받지 못한다.	1	2	3	4	5
18	부모님은 내가 어려운 점을 이야기할 수 있도록 격려해 주신다.	1	2	3	4	5
19*	나는 요즘 부모님을 믿고 의지해야 할지 잘 모르겠다.	1	2	3	4	5
20*	내가 어떤 일로 화가 났을 때, 부모님은 나를 이해하려고 노력하신다.	1	2	3	4	5

________________학과 _________________________학번 _______________이름

21	나는 부모님을 신뢰한다.	1	2	3	4	5
22	부모님은 요즘 내가 어떤 경험을 하고 있는지 이해하지 못 하신다.	1	2	3	4	5
23*	털어놓고 싶은 문제가 있을 때, 부모님에게 의지할 수 있다.	1	2	3	4	5
24	부모님은 나를 이해해 주지 못한다고 느낀다.	1	2	3	4	5
25	내게 고민거리가 있다는 것을 아시면 부모님은 그것에 대해 물어 보신다.	1	2	3	4	5

■ 채점

*표기가 되어 있는 문항은 역채점 문항으로 채점한다. 부모님을 따로 채점한다.

- **부모의 양육태도 자율적 태도(11문항)** : 1, 2, 4*, 5, 6, 11, 12,16*, 17, 18, 24
  자녀를 믿고 결정을 따라가려는 부모의 태도
- **부모의 양육태도 수용적 태도(8문항)** : 3, 7, 8, 14, 15, 21, 22, 25
  자녀의 의견을 받아들이는 수용적 태도
- **부모의 양육태도 통제적 태도(5문항)** : 9*, 10*, 13*, 19* ,20*, 23*
  자녀를 믿지 못하고 부모의 의견대로 결정을 내리는 통제적 태도

■ 해석

각 하위요인의 점수가 높을수록 자율적・수용적・비 통제적이라고 해석하면 된다.

WORKSHEET 3

● 성인아이 척도

성인아이 판별 척도의 구성은 불안감은 8문항, 인간관계는 10문항, 감정관리는 9문항, 책임감은 9문항의 총 36문항으로 구성되었다.

다음은 자신이 느끼는 감정을 솔직하게 표현해 주시기 바랍니다. 자신에게 가장 잘 해당한다고 생각되는 숫자에 ○ 또는 ✔표해 주세요.

번호	문항	1. 전혀 아니다. 2. 아닌 편이다. 3. 중간이다. 4. 그런 편이다. 5. 매우 그렇다.				
1	내가 계획한 일이 잘 되어 갈 때는 오히려 불안감을 느낀다.	1	2	3	4	5
2	나는 인간관계가 원만하지 못하다.	1	2	3	4	5
3	나는 집안에서 느끼는 나의 감정을 부모님에게 표현하거나 말씀 드리기가 어렵다.	1	2	3	4	5
4	우리 집안의 불행은 나 때문에 발생되었다고 생각한다.	1	2	3	4	5
5	나는 편안히 있거나 즐거운 시간을 가질 때에 오히려 불안감을 느낀다.	1	2	3	4	5
6	나는 다른 사람들과 친밀한 관계를 맺는 일에 어려움을 느낀다.	1	2	3	4	5
7	나는 유쾌한 감정이나 불쾌한 감정을 분명하게 구분해서 표현하기가 어렵다.	1	2	3	4	5
8	부모님이 나 때문에 불행하게 되었다고 생각한다.	1	2	3	4	5
9	나는 사람들에게 따돌림 당할 것 같아서 불안하다.	1	2	3	4	5
10	나는 다른 사람과 친근하게 지내기에 부족한 사람이라고 생각한다.	1	2	3	4	5
11	다른 사람들이 나의 감정이 어떠한지를 질문하면 어떻게 대답해야 할지 막연하다.	1	2	3	4	5
12	나와 부모님과의 관계가 원만하지 못한 것은 전적으로 나의 잘못 때문이라고 생각한다.	1	2	3	4	5
13	부모님의 따뜻한 보살핌이나 사랑을 제대로 받지 못한 것 같아서 불안하다.	1	2	3	4	5
14	나는 다른 사람을 잘 믿지 않는다.	1	2	3	4	5
15	내 자신도 예상하지 못했던 충동적인 행동을 하는 경우가 있다.	1	2	3	4	5
16	부모님이 자주 나에게 화를 내시거나 꾸중 하시는 것은 모두 나의 잘못 때문이라고 생각한다.	1	2	3	4	5

________________학과 ________________________학번 ______________이름

17	우리 집안의 분위기는 나에게 불안감을 느끼게 해 준다.	1	2	3	4	5
18	나는 다른 사람들과 함께 있는 것보다 혼자 있는 것이 더욱 편하다.	1	2	3	4	5
19	내가 느끼고 있는 감정을 다른 사람들에게 표현하기보다는 무조건 억제해야 한다고 생각한다.	1	2	3	4	5
20	우리 집안의 어려운 문제를 풀 수 있는 사람은 나밖에 없다고 생각한다.	1	2	3	4	5
21	부모님이 나를 꾸중할 것을 찾고 계신 것 같은 생각이 든다.	1	2	3	4	5
22	나는 노는 것이나 즐기는 것에 익숙하지 못하기 때문에 친구관계가 원만하지 못하다.	1	2	3	4	5
23	나는 내가 느끼는 감정을 다른 사람들에게 잘 표현하지 않는다.	1	2	3	4	5
24	나는 나에게 주어진 일을 완벽하게 처리해야 마음이 놓인다.	1	2	3	4	5
25	부모님(두 분 모두 또는 한 분)을 마주 대하면 불안해진다.	1	2	3	4	5
26	부모님(두 분 모두 또는 한 분)과의 관계가 원만하지 못하기 때문에 부모님과 마주 대하는 것을 피하고 싶다.	1	2	3	4	5
27	나는 대화 중에 절대적이며 과장된 표현을 많이 한다.	1	2	3	4	5
28	나는 나와 관계되는 사람이 어려움이나 불행한 일을 당하면 모두 다 나 때문이라고 생각한다.	1	2	3	4	5
29	우리 집안의 불행한 가정환경을 다른 사람들이 알게 될까봐 불안하다.	1	2	3	4	5
30	나는 다른 사람들에게 거부당하거나 버림받을 것 같아서 그들과 친근한 관계를 맺기가 어렵다.	1	2	3	4	5
31	나는 다른 사람들에게 거짓말을 할 필요가 없는 때에도 거짓말을 하는 경우가 있다.	1	2	3	4	5
32	나는 내가 계획한 일을 책임감 있게 추진하기가 어렵다.	1	2	3	4	5
33	나는 새로운 사람과 대화를 나누기가 어렵다.	1	2	3	4	5
34	나는 나도 모르게 갑자기 화를 내는 경우가 있다.	1	2	3	4	5
35	다른 사람들이 나를 비난하면, 모두 다 나의 잘못으로 여긴다.	1	2	3	4	5
36	나는 내가 원하는 것을 다른 사람에게 부탁하기가 어렵다.	1	2	3	4	5

- **성인아이 특성 불안감 문항** : 1, 5, 9, 13, 17, 21, 25, 29
- **원만하지 못한 인간관계 문항** : 2, 6, 10, 14, 18, 22, 26, 30, 33, 36
- **부적절한 감정관리 문항** : 3, 7, 11, 15, 19, 23, 27, 31, 34
- **부적절한 책임감 문항** : 4, 8, 12, 16, 20, 24, 28, 32, 35

각 항목의 점수를 합하여 각 척도와 성인아이 척도의 총점이 높을수록 강한 성인아이 특성을 나타내고 있으며, 낮을수록 성인아이 특성이 약하다는 것을 의미한다.

Memo

9

CHAPTER

부적응적인 인간관계

◐ 학습목표 ◑

1. 이상과 정상적인 행동을 구별한다.
2. 부적응적 인간관계에 영향을 주는 성격특성을 이해한다.
3. 가스라이팅의 심리적 특성 및 대처 방법을 이해한다.
4. 건강한 인간관계에 대해 이해한다.

사 례

정모씨는 운전 중 옆 차가 방향지시등을 켜지 않고 갑자기 자신의 차선으로 들어오자 놀란 마음에 경적을 두 차례 울렸다. 그러자 차선변경을 한 차가 자신의 차 앞에서 급정거를 하고 이를 피해 가려 차선변경을 하는 정모씨의 차를 다시 가로막는 위험천만한 행동을 몇 차례 반복하여 정모씨는 교통사고가 날 것 같고 너무 놀란 마음에 경찰에 신고를 하였다. 하지만 앞선 차의 운전자는 정모씨가 차선변경하는 자신을 향해 경적을 울렸다며 그로 인해 놀라서 사고가 날뻔하였다며 자신이 피해자라고 주장하였다.

요즘 우리나라에서는 운전 중 보복운전이나 폭력사건 등의 범죄로 인해 사회적으로 문제가 되고 있다. 그렇다면 분노라는 감정을 느끼는 것 자체가 문제는 아닐텐데 어떤 경우에 자신의 감정표현이 잘못된 인간관계를 형성하게 만드는지 생각해 봐야 한다. 과연 어떤 경우에 적절한 행동이 되고 어떤 경우에 부적절한 행동이 되는지 그 기준은 무엇일까?

9
CHAPTER

부적응적인 인간관계

1 이상과 정상

건강하고 적응적인 인간관계를 이해하기에 앞서 어떤 사람들이 부적응적인 인간관계를 하고 있는지에 대한 기준을 알 필요가 있다. 즉, 모든 사람이 인간관계 속에서 슬픔이나 분노를 경험하기도 하는데 어떤 경우에 그것들을 정상이 아닌 이상으로 이야기하는지 기준이 모호하다. 이에 이상과 정상에 대한 기준점을 알아야 한다. 이상과 정상의 기준에는 크게 다섯 가지가 있다. 다섯 가지의 이상과 정상의 기준은 통계적 기준, 사회규범의 기준, 주관적 불편감, 부적응의 기준, 절대적 기준으로 되어 있으며, 꼭 다섯 가지 기준에 모두 해당하지 않아도 두세 가지에 해당하는 경우 정상이 아닌 이상상태라고 생각한다.

1) 통계적 기준

(1) 통계적 기준의 의의

① 통계적 기준은 인간의 심리적 특성이 측정 가능하고 인간의 특성이 정상분포

한다는 전제를 가지고 있다.

② 통계적 기준으로 이상행동을 규정하는 방법은 통계적으로 정규분포의 평균에서 점점 멀어질수록 '이상'으로 결정하는 기준으로 삼는다.

③ 통계적으로 [그림 9-1]에 나온 지능의 분포처럼 너무 적거나 많다는 기준으로 표준편차(Standard Deviation; SD)라는 개념을 사용하여 2표준편차(2SD), 즉 평균에서 2배 이상 일탈될 경우 이상행동으로 규정하고 있다.

④ 통계적 기준을 이상행동의 기준으로 사용하는 경우 객관적이고 명확하게 이상과 정상의 구분이 가능하다는 장점이 있다.

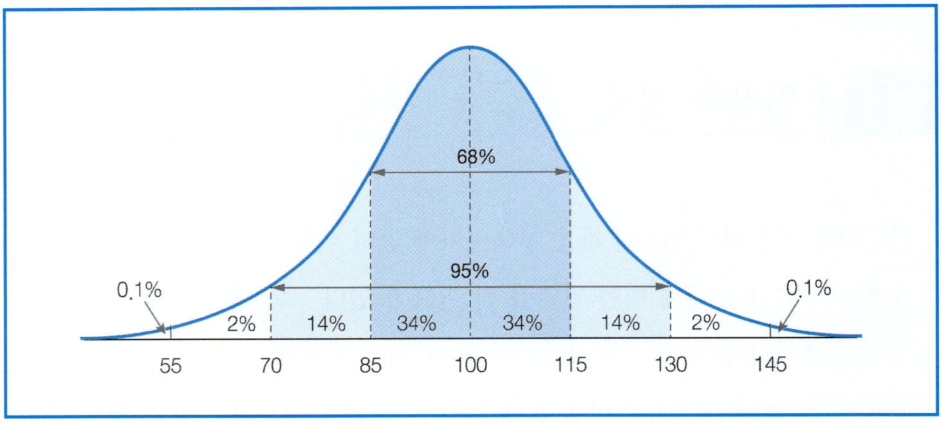

[그림 9-1] 지능의 정상분포

(2) 통계적 기준의 문제점

① **2표준편차의 타당성 문제** : 경계선을 어느 기준으로 결정하는가 하는 문제가 있는데 통계적 기준은 전문가들이 이론적인 것들을 토대로 하여 통계적인 기준점을 결정한 것이지만, 전문가와 학자에 따라 이상행동을 규정하는 것들이 다르다. 이에 통계적 기준점에 대한 경험적 또는 이론적인 타당성에 의구심을 가지고 있다.

② **경계선에 있는 사례의 판단기준** : 우울증 검사에서 정상과 이상의 기준점수

가 18점일 경우 과연 17점에 해당하는 사람은 우울하지 않고 18점에 해당하는 사람만 우울하다고 이야기할 수 있을까? 통계적인 기준점 주변에 있는 사례들의 이상과 정상을 구분하는 것에 주의가 필요할 정도로 조심스러운 부분이 있다.

③ **인간의 모든 특성이 정상분포하는가?** : 인간행동을 모두 측정하여 평균과 표준편차를 통해 적용하는 데 어려움이 있다.

④ **방향성의 문제** : 2표준편차를 넘어설 정도로 우수한 지능을 가지고 있는 경우 '이상'이라고 말하는 데 어려움이 있다. 이런 문제처럼 통계적 기준에 있어 방향성의 문제를 가지고 있다.

2) 사회규범의 기준

(1) 사회규범기준의 의의

모든 사회에는 각 사회에 따라 사람들이 적응하고 지키고 있는 규범들이 있으며, 이상행동으로서의 사회문화적인 규범은 각 사회문화적 환경 내에서의 통계적인 일탈 정도를 전제로 삼고 있다.

(2) 사회규범기준의 문제점

① **일탈행동이 모두 이상행동은 아니다** : 레미제라블의 장발장처럼 배가 고파 빵을 훔친 행동, 성범죄자가 강간을 하려고 시도하여 절벽에서 몸을 던져 자살하는 여성의 경우처럼 일탈행동이라고 해서 모두 사회규범기준에서 이상행동으로 보기에는 어려움이 있다.

② **문화적 상대성** : 문화적 규범은 시대에 따라 변하고 문화에 따라 달라진다. 과거 남자와 여자는 겸상을 하지 못했지만 현대 시대에 남녀가 한 상에서 식사를 하지 못한다면 이상한 행동으로 보일 것이다. 이처럼 정상행동이 시대

와 문화에 따라 이상행동으로 판단되듯 상대적인 면을 고려해야 한다.

③ **문화적 규범 자체의 일탈** : 과거 우리나라의 군사정권하에서 민주화운동이 일탈된 행동이었던 것처럼 문화적인 규범 자체가 일탈된 기준을 가지는 경우가 있다. 이 경우 사회문화적인 규범이 이상과 정상을 판단하는 기능을 상실하게 된다.

④ **개혁가·선구자 등의 일탈행동도 이상행동인가? 반대로 사회규범에 병적으로 집착하는 경우는 정상인가?** : 위인들이나 선구자들은 당 시대에는 이단아나 유별난 사람으로 평가받았으나 후대에 이르러 그 가치를 인정받는 경우가 있다. 또한 과도하게 사회문화적 규범을 지키는 사람들도 융통성이 없는 사람으로 평가받으며 특이한 사람 취급을 받기도 한다.

3) 주관적 불편감의 기준

(1) 주관적 불편감 기준의 의의

개인이 경험하고 있는 고통과 불편감을 정상과 이상을 구분하는 기준으로 삼는 것으로 이 기준은 각 개인에 따라 정상과 이상의 기준이 달라진다. 예를 들면, 우울감을 경험하는 사람들에서도 어떤 사람은 우울감으로 인해 일상생활에 어려움이 있지만 다른 사람들은 주변 사람들이 인식하지 못할 정도로 별다른 표현 없이 생활을 유지하기도 한다.

(2) 주관적 불편감 기준의 문제점

① **심리적 고통이 모두 이상은 아니다** : 배우자의 죽음으로 인한 심리적 고통을 경험하여 과도하게 눈물을 보이고 일상생활을 하지 못하는 경우 이상행동이라고 할 수 없다.

② **주관적 불편감 기준의 불분명** : 같은 심리적 고통을 경험하지만 사람마다

주관적 불편감을 호소하는 정도가 다르다. 이에 사람에 따라 주관적 불편감의 기준이 달라지지만 이를 일반화하여 적용하는 데는 어려움이 따른다.

③ **부적응 행동에 대한 주관적 불편감이 없는 경우** : 정신병 환자나 성격장애자들의 경우 자신의 망상, 환청 또는 부적응적인 행동에 대한 주관적 불편감을 호소하지 않을 때가 많다. 예를 들면, 간혹 TV프로그램에서 오래된 신문이나 책같은 자료들을 버리지 않아 집에서 생활하기 힘들 정도로 비좁은 생활을 하지만 가족들의 불편함과 달리 당사자는 오히려 많은 자료의 양을 자랑삼아 이야기하는 것을 볼 수 있다.

4) 부적응의 기준

(1) 부적응 기준의 의의

이상행동과 정신장애를 구분하는 가장 중요한 개념이 바로 적응과 부적응에 대한 내용이다. 이 기준에서는 한 개인이 일상생활을 하면서 인지적, 정서적, 행동적 및 생물학적인 기능저하로 인해 사회적 · 직업적인 부적응을 경험할 때 이상으로 규정한다.

(2) 부적응 기준의 문제점

① **적응과 부적응의 모호한 경계** : 어느 정도로 사회적 · 직업적인 기능을 유지하는 데 지장을 줄 때 적응과 부적응으로 구분하는지에 대한 어려움이 있다.

② **적응과 부적응의 평가근거** : 적응과 부적응을 구분하는 데 있어 이를 구분하는 평가자나 환경에 따라 평가결과가 달라질 수 있다. 음주행동을 예로 들면 직장에서 술상무로서의 업무를 수행하기 위해 매일 술을 마신다면 직장에서는 음주행동을 지속하는 것이 훌륭한 직원으로 평가될 수 있지만, 반복되는 음주행동으로 인해 가정 내에서의 관계가 깨진다면 부적응이라 할 수 있다.

③ **부적응 유발의 원인** : 부적응을 유발하는 원인이 심리적인 것인지 인지적인 것인지 환경적인 것인지 또한, 심리적인 것과 환경적인 것의 인과관계에 의한 것인지를 구분하는 데 어려움이 있다. 이에 적응과 부적응을 구분하는 데 있어 명확한 기준을 적용하기에는 한계점이 있다.

5) 절대적 기준

(1) 절대적 기준의 의의

이상과 정상을 절대적으로 정의하는 것으로 실제 존재하지 않으며, 학자들에 따라 다양한 절대적 기준을 제시하고 있다. 프로이트(Freud)는 '사랑하고 일할 줄 아는 사람', 로저스(Rogers)는 '완전한 기능을 하는 사람(Full Functioning Person)', 매슬로우(Maslow)는 '성숙한 인격(Mature Person)'이라고 기준을 제시하였다.

(2) 절대적 기준의 문제점

① **절대적 기준의 비현실성** : 과연 절대적 기준을 충족하는 사람들이 존재할 수 있는 것인지에 대한 의문이 제기될 정도로 기준의 현실화가 어렵다.

② **정상과 이상의 기준으로서의 모호성** : 프로이트의 절대적 기준을 통해 정상과 이상을 구분한다면 어떤 사람이 이상으로 규정되고 어떤 사람들이 정상으로 규정될지 평가자와 환경에 따라 평가결과를 적용하고 해석하는지 달라진다.

2 성격특성과 부적응적 인간관계

1) 성격장애의 정의

(1) 성격장애(Personality Disorder)

개인의 성격특성 자체가 특이하여 부적응적인 삶이 지속되는 경우가 있는데, 이처럼 어린 시절부터 서서히 발전하여 성인기에 개인의 성격으로 굳어진 심리적 특성이 부적응적 양상을 나타내는 경우를 말한다.

(2) 성격장애의 부적응적 양상

개인이 그가 속한 문화의 기대로부터 심하게 벗어난 내적 경험과 행동양식을 지속적으로 보이는 것으로서, 개인생활과 사회생활 전반에 걸쳐 광범위하고 경직되고 융통성 없는 행동양식을 보인다. 청소년기 또는 성인기 초기에 시작되며, 시간이 지나도 변하지 않고, 이로 인해 사회적·직업적, 다른 중요한 영역에서 고통과 장해가 초래되는 것이다.

(3) 성격장애를 보이는 사람의 특징

스트레스를 경험할 때 융통성 없이 부적응적 반응을 반복한다. 일이나 사랑하는 데 어려움을 드러내며, 정신건강 수준이 아주 낮아져 있다. 대인관계 갈등을 심하게 드러낸다. 다른 사람을 난처하게 만드는 성향을 가지고 있다.

(4) 성격장애를 가지고 있을 가능성을 엿볼 수 있는 징후들

환자나 보호자가 “그는 어렸을 때부터 그런 식으로 했어요” 혹은 “난 늘 이랬어요”라는 언급을 하는 경우가 있다. 환자가 치료절차에 순응하지 않을 때, 환자들의 저항은 흔한 일이지만, 계속해서 순응하지 않는 것은 성격장애의 문제로 볼 수 있다. 분명한 이유도 없이 갑자기 치료를 중단할 때가 있다. 자신의 행동이 타인에게 어떤 영향을 주는지 전혀 알지 못하는 사람으로 타인의 반응을 보고하기는 하지만 자신의 행동이 어떻게 자극하고 영향을 미쳤는지는 모른다. 환자의 변화 동기가 의심스러울 때, 특히 타의에 의해 심리치료를 받게 될 경우에 그렇다. 환자가 자신의 성격문제를 당연하고 자연스러운 것으로 받아들일 때, 예를 들어 우울을 극복하려고 하기보다는 "난 늘 이래요" 혹은 "이게 나예요"라는 식으로 말하는 경우이다.

2) 성격장애의 분류 및 하위유형

DSM-5 정신진단체계에서는 성격적 특징의 유사성에 따라 크게 세 가지 군집(Cluster)에 10가지 성격장애로 분류하고 있다.

(1) 군집 A 성격장애

이상하며 기묘한 증상들이 특징이며, 사회적으로 고립되어 있는 양상을 보인다(Odd, Eccentric, Socially Withdrawn).

① **편집성 성격장애**(Paranoid Personality Disorder) : 전반적이고 근거 없는 의심과 불신을 특징으로 한다.

② **조현성 성격장애**(Schizoid Personality Disorder) : 사회적 관계에서의 고립과 제한된 정서표현이 특징이다.

③ **조현형 성격장애**(Schizotypal Personality Disorder) : 인지 및 지각의 왜곡과 괴이한 행동을 보인다.

(2) 군집 B 성격장애

감정적·극적, 변덕스러운 증상들이 특징이다(Emotional, Dramatic).

① **반사회성 성격장애**(Antisocial Personality Disorder) : 타인의 권리를 무시하고 침범하는 것에 대한 죄책감이 결여되어 있다.

② **연극성 성격장애**(Histrionic Personality Disorder) : 과도하게 감정적이며 관심을 끌려고 한다.

③ **경계선 성격장애**(Borderline Personality Disorder) : 대인관계, 자아상, 정동이 불안정하고 심하게 충동적이다.

④ **자기애성 성격장애**(Narcissistic Personality Disorder) : 자신에 대한 과대평가, 칭찬에 대한 욕구, 공감의 결여를 보인다.

(3) 군집 C 성격장애

불안, 두려움, 근심 등이 주요 특징이다(Anxious, Fearful).

① **회피성 성격장애**(Avoidant Personality Disorder) : 사회활동의 억제, 부정적 평가에 대한 과민성을 보인다.

② **의존성 성격장애**(Dependent Personality Disorder) : 보살핌에 대한 과도한 욕구, 순종적이고 의존적인 모습을 특징으로 한다.

③ **강박성 성격장애**(Obsessive-Compulsive Personality Disorder) : 정리정돈, 완벽성, 통제에 관한 과도한 집착을 보인다.

3) 각 장애별 성격특성

(1) 편집성 성격특성

① **자아상** : 자신은 정의롭고(Righteous), 타인에 의해 학대·박해를 받는다고 본다. 그러나 내면에는 매우 취약한 자존감(Vulnerable Self-Esteem ; Poor Me, Bad

Me)이 자리잡고 있으며, 이를 방어하기 위해 투사(Projection)와 같은 방어기제를 동원하기도 한다.

② **타인상** : 타인은 근본적으로 음흉하고 속임수를 쓰고 배신하고 조종한다고 본다.

③ **핵심 생각** : '사람들이 결국 나를 해치려 할 것이다', '누가 나를 모욕한다면 별 것 아니라도 꼭 보복해야 한다', '사람들은 언제나 나를 이용하려 들기 때문에 믿을 수가 없다', '타협은 곧 항복이다' 등이다. 조건적인 신념으로 '내가 주의하지 않으면, 사람들은 나를 조종하고 학대하고 착취할 것이다', '누군가 나에게 친절히 대하는 것은 나를 이용하려고 하는 것이다' 등을 지니고 있다.

④ **감정** : 상상된 학대에 대한 분노(Anger), 적개심, 끊임없는 위협에 대한 불안감을 느낀다.

⑤ **인간관계기술** : '주의하라', '아무도 믿지 마라', '숨겨진 동기를 찾아 봐라'. 지나치게 경계하고 늘 주의를 기울이며, 걱정과 의심이 많다. 타인의 숨겨진 동기에 대한 단서를 찾고, 때로 논쟁하고 부딪치는 방법으로 해결하려고 한다.

⑥ 아동기와 청소년기부터 그 징후를 나타내는 경향이 있는데, 친구관계가 빈약한 외톨이이거나 학교와 사회에 대한 불만이 많고 과민하며 특이한 생각과 공상을 나타내는 경향이 있다.

(2) 조현성 성격특성

① **자아상** : 나만으로 충분히 만족하고 고독한 존재라고 지각하며, 집단에 속하기보다는 혼자서 결정하고 혼자서 행동한다.

② **타인상** : 타인을 자신을 침범하는 거추장스러운 존재로 보며, 남들과 가까워지면 자신의 자율성이 침해당한다고 생각한다.

③ **핵심 생각** : 이들은 '왜 내가 다른 사람과 친해야 하는가', '나의 가장 친한 친구는 나일 뿐이다', '다른 사람이 무슨 말을 하든 상관없다', '다른 사람들과

관계를 맺으면 문제만 일어난다', '다른 사람들로부터 거리를 유지하는 것이 낫다', '나는 사회 속의 무리에 끼어들기에는 부적절한 사람이다' 등의 생각을 가지고 있다.

④ 잘 적응할 수 있는 영역은 예술가, 문학가, 종교인, 전문가 등이다.

⑤ 대인관계가 극히 고립된 대신 내면세계가 상상과 환상으로 가득하다.

⑥ **감정** : 적대적 형태가 아니라 무관심과 거리감을 주로 드러내며, 이들에게 친밀한 관계를 강요하면 불안해진다.

⑦ **인간관계기술** : '너무 가까워지지 마라', '거리를 지켜라', '빠져들지 마라' 등으로 표현되는 타인들로부터 거리두기(Distancing, Detachment)를 주로 사용한다.

(3) 조현형 성격특성

① **핵심 생각** : '나는 결함이 많은 사람이다', '사람들과 관계를 맺는 것은 매우 위험하다', '나는 다른 사람이 무슨 생각을 하는지 다 안다' 등과 같은 매우 경직된 부적응적인 생각을 지니고 있다.

② **부적응적인 생각의 종류**

㉠ **개인화**(Personalization) : 자신과 무관한 일을 자신과 연결지어 생각한다.

㉡ **정서적 추론**(Emotional Reasoning) : 자신의 정서적 느낌에 따라 상황의 의미를 판단한다.

㉢ **임의적 추론**(Arbitrary Inference) : 무관한 사건들 간의 인과관계를 잘못 파악한다.

(4) 반사회성 성격특성

① **자아상** : 자신을 외로운 사람, 자율적이고 강한 사람으로 지각한다. 일부는 자신이 사회에 의해 학대 혹은 무시당한다고 생각하고, 자신을 괴롭히는 사

람들에게 보복하고 괴롭히는 것을 정당화한다. 약육강식의 세상에서 자신이 약탈하는 것이 정상적이고 바람직하다고 보는 경향이 있다.

② **타인상** : 타인은 약하고 취약하기 때문에 또는 자신을 착취하므로 희생당하고 착취당하는 것이 당연하다고 생각한다.

③ **핵심 생각** : '우리는 정글에 살고 있고 강한 자만이 살아남는다', '힘과 주먹이 내가 원하는 것을 얻는 최선의 방법이다', '먼저 공격하지 않으면 내가 공격당한다', '다른 사람들은 봉이거나 겁쟁이다', '받아라, 넌 그럴 만한 가치가 있다', '사회의 규칙은 가진 자들을 지키기 위해 만들어진 것이다', '다른 놈들은 약하니까 당해도 된다' 등의 생각을 가지고 있다.

④ **감정** : 타인이 가진 것이 불공정하다고 생각하는 데서 오는 분노감이 내재되어 있다.

⑤ **인간관계기술** : 공격하고 훔치고 횡령하기와 함께 속이고 조종하고 착취하는 책략을 사용한다.

(5) 경계성 성격특성

① **자아상** : 지속적인 자기 정체의식의 결여로 인해 확고한 목표가 없으며, 충동통제를 못하고 지속적인 성취를 못한다.

② **타인상** : 끊임없이 다른 사람의 보호와 지원에 의존하며, 관계의 분리에 지나치게 민감하다.

③ **핵심 생각** : 흑백논리에 치우쳐 한 사람이 좋기도 하고, 나쁘기도 하다는 것을 받아들이지 못한다. 또한, 이들은 '나는 연약하고 취약하다', '나는 기본적으로 받아들여지지 못한다' 등의 부정적인 자기상을 가지고 있다.

④ **감정** : 공허감(Emptiness), 분노, 정서적 불안정성, 충동성이 주를 이룬다.

⑤ **인간관계기술** : 자살행동과 같은 자기파괴적인 행동을 통해 타인을 조정하려는 책략을 사용한다.

(6) 연극성 성격특성

① **자아상** : 매력적이고 감동적이며 관심을 끌만한 존재라고 생각한다.

② **타인상** : 자신에게 주의를 기울이고 감탄하고 애정을 주는 한 타인을 좋게 본다.

③ **핵심 생각** : '외모가 중요해', '나는 언제나 다른 사람의 주의를 끌어야 해', '내가 원하는 것이라면 무엇이든 얻어야 해', '감정은 즉각적으로 직접 표현해야 해' 등이다. 내면에는 '나는 기본적으로 매력이 없고, 거절당할지도 모른다', '나는 부적절한 존재이며 혼자서 삶을 영위하는 것은 너무 힘들다'는 부정적인 생각이 깔려 있다.

④ **감정** : 가장 두드러진 감정은 쾌활함이지만, 거부당하거나 거절당하는 것에 대한 두려움 때문에 자주 불안을 경험한다. 이런 요구가 좌절되었을 때는 갑작스러운 분노와 슬픔을 느끼고 표현한다. 자신보다 사랑받고 인정받는 사람들에게는 시기, 질투, 경쟁심을 느낀다.

⑤ **인간관계기술** : 다른 사람들을 자신에게 묶어두기 위해 연기하고 과시한다. 자기 뜻대로 되지 않았을 때 불공정하다고 믿고, 복종을 강요하거나 신경질을 부린다. 좌절에 대한 내성이 부족해서 잘 울거나, 공격적인 행동을 하거나, 자살시도를 한다.

(7) 자기애성 성격특성

① **자아상** : 독특하고 특별한 존재라고 생각하므로 우월하고 특별한 대우를 받아야 하며, 다른 사람들을 지배하는 규칙보다 상위의 존재라고 여긴다.

② **타인상** : 자신이 뛰어나기 때문에 다른 사람은 열등하다고 본다.

③ **핵심 생각** : '나는 언제나 내 뜻대로 해야 한다', '나는 어느 누구보다도 특별한 존재다', '나와 비슷한 특별한 사람과만 교제해야 한다', '나는 숭배를 받아야 한다' 등이다.

④ **감정** : 다른 사람들이 자신이 원하는 것에 협조하지 않을 경우 분노하고 자신의 인간관계기술이 좌절될 때는 우울해 한다.

⑤ **인간관계기술** : 자신의 우월한 상태를 강화해 주고 자신의 개인적 영역을 확장하는 일이라면 무엇이든 한다. 자신의 우월한 상을 끊임없이 강화하는 방법으로 명예, 부, 지위, 권력, 특권 등을 추구하기도 한다. 높은 지위를 요구하는 사람과 매우 경쟁적이며, 자신의 목표를 달성하기 위해 조종하는 책략을 사용한다.

(8) 회피성 성격특성

① **자아상** : 사회적으로 부적절하고, 일이나 공부에서 무능력한 존재로 보며, 상처받거나 거부당하거나 실패하는 것을 매우 두려워한다.

② **타인상** : 잠재적으로 자기를 비난하고 관심이 없고 요구적인 존재로 본다.

③ **핵심 생각** : '나는 나쁘고, 무가치하고, 사랑받을만 하지 않다', ' 만일 사람들과 가까워지면, 진짜 내 모습을 발견하고 나를 거부할 것이다'와 같은 생각을 가지고 있다.

④ **감정** : 만성적인 우울과 불안이 혼합되어 있다. 친밀한 관계나 성취를 통해 얻고자 하는 기쁨을 얻지 못하기 때문에 우울해하며, 회피적인 행동과 관련된 불안을 느낀다.

⑤ **인간관계기술** : 평가받을만한 상황을 회피하고, 사회적 집단의 주변에 머물러 다른 사람의 주의를 끌지 않으며, 새로운 책임이나 의무를 맡지 않으려고 피하는 방법을 쓴다.

(9) 의존성 성격특성

① **자아상** : 욕심이 많고 약하고며 무기력하고 무능한 존재로 본다.

② **타인상** : 강한 보호자, 보호하고 지지적이고 능력이 있는 사람으로 생각한다.

③ **핵심 생각** : '나는 다른 사람이 필요해. 내가 기대고 살아갈 수 있는 강력한 사람이 필요해', '누군가 능력이 있는 사람이 있어야만 나는 일을 할 수 있어'와 같이 자신의 행복이 강한 인물의 존재 여부에 달렸다고 믿기 때문에 끊임없는 지지와 격려를 받아야 한다고 생각한다. '버림받으면 죽게 될 거야', '누군가와 항상 밀접하게 지내라', '가능한 한 친밀한 관계를 찾아라', '그에게 매달리기 위해서는 도와주어라'와 같은 생각들을 가지고 있다.

④ **감정** : 불안하고 의존적인 관계가 깨지는 것에 대한 지나친 걱정으로 거부당하고 버려지는 것에 대한 두려움을 경험한다.

⑤ **인간관계기술** : 깊은 의존적 관계를 형성하려고 하며, 의존하기 위해서라면 어떤 행동도 한다.

(10) 강박성 성격특성

① **자아상** : 스스로를 책임감 있는 사람으로 보고 타인도 자신을 그렇게 본다고 생각한다. 완벽주의적인 태도와 양심을 선호한다. 그러나 핵심적인 자아상은 무능력하고 무기력한 모습이며, 제대로 일을 하지 못할 것을 두려워한다. 체계적인 것을 지나치게 강조하는 것은 자신의 결점과 무능력을 보완하려는 시도이다.

② **타인상** : 너무 책임감이 없어서 믿지 못하고, 무능력하다고 보며, 이런 약점을 보완하기 위해 타인에게도 '의무'를 적용한다.

③ **핵심 생각** : '나는 기본적으로 조직적이지 못하다', '나는 엉망진창이 될 수 있다', '수행에서의 조그마한 단점이나 결함도 심각한 사태를 불러일으킬 것이다', '나나 타인이 최고의 기준으로 수행하지 못하면 우린 실패한 것이다', '나는 통제해야만 한다', '사소한 것이 중요하다', '나는 항상 자신을 채찍질해야만 한다'는 생각들을 가지고 있다.

④ **감정** : 완벽주의적인 기준에 의한 후회, 실망, 자책, 불안으로 자신과 타인에

대한 응징의 경향이 심하다. 수행에 대한 높은 기대와 기준이 불안을 일으키며, 실패했을 때 우울해진다.

⑤ **인간관계기술** : 규칙, 기준, 의무의 체계에 관련되는 인간관계기술을 동원한다. 자신의 목표에 도달하기 위해 자신과 타인의 행동에 최대한 통제를 가하고, 타인의 행동을 지나치게 지시하고 처벌한다.

3 가스라이팅과 부적응적인 인간관계

1) 가스라이팅(Gaslighting)이란?

가스라이팅(Gaslighting)이라는 용어는 Patrick Hamilton이 1938년 연출한 '가스등(Gas Light)'에서 유래되고, 정신분석가이자 심리치료사인 Robin Stern에 의해서 정의되었다. 가스라이팅(Gaslighting)은 타인의 심리나 상황을 교묘하게 조작해 그 사람이 스스로 의심하게 만듦으로 타인에 대한 지배력을 강화하는 행위를 말한다(네이버 시사상식사전).

가스라이팅(Gaslighting)을 하는 과정에서 가해자는 피해자의 기억, 느낌, 경험을 지속적으로 '반박', '과장', '왜곡'하여 피해자 스스로 자신을 의심하게 만들게 된다. 이로 인해 피해자는 자신을 의심하면서 자신이 잘못하고 실수하고 문제가 있는 사람이라는 인식을 하게 된다.

2) 가스라이팅(Gaslighting)하는 사람들의 심리적 특성

가스라이팅(Gaslighting)을 하는 사람들은 성격적인 문제를 가지고 있는 등 몇 가지 특징을 가지고 있으며 이러한 특징은 쉽게 바뀌지 않기도 한다.

(1) 자기애성 성격특성을 가지고 있는 경우가 많다.

가스라이팅(Gaslighting)을 하는 사람들은 높은 사이코패스 성향과 자기애적 성향을 나타내는 것이 특징이다(이수정, 2022). 자기애성 성격특성을 가진 사람들은 대인관계에서 자신을 중심으로 관계를 형성하게 된다. 또한, 자기애성 성격특성을 가진 사람들은 공감능력이 떨어져 타인의 고통이나 마음의 상처를 잘 이해하지도 못하고 자신이 주는 피해에 대해서도 타인이 어떤 어려움을 경험하게 될지 배려하지 못한다.

이러한 자기애성 특성으로 인해 함께 상호작용하는 대인관계가 아닌 자신만을 위한, 자신의 이익과 목적을 이루기 위한 인간관계 양상을 보이게 된다. 자기애성 성격특성을 가진 사람들의 대인관계를 한 마디로 정의하면 '착취적인 대인관계'라고 표현한다. 타인의 필요는 채워주지 않고 자신의 목적에 의해 관계를 형성하여 자신의 필요에 의해 사람을 대하게 된다. 이에 필요하면 연락하고 필요하지 않으면 연락하지 않는다. 주변에 필요할 때만 연락하면서 그런 것에 대해서 별다른 불편함이나 창피함을 모르는 사람들이 있다면 가스라이팅(Gaslighting)을 하는 자기애성 특성을 지닌 사람이 아닌지 주의해야 한다.

(2) 이유없이 과도하게 친절한 모습을 보인다.

가스라이팅(Gaslighting)을 하는 사람들은 처음에는 과도한 친절함으로 마치 나를 위해 주는 것처럼 느끼게 한다. 하지만, 어느 정도 친밀감이 형성되고 상대방이 자신을 의존하게 되었다고 판단되면, 상대방을 경멸하거나 무시하는 태도를 드러낸다. 그러면서 가스라이팅(Gaslighting)을 하는 사람들은 아래에 있는 말을 하여 상대방이 자신을 오해하거나 자신의 선한 의도를 왜곡한다는 식으로 몰아간다. 이로 인해 가스라이팅(Gaslighting)을 당하는 사람들은 스스로를 예민하고, 자신을 위해 주는 사람에 대해서 나쁘게 생각하고 말했다는 죄책감을 통해 자신의 자아나 성격에 문제가 있는 사람인 것처럼 착각한다.

- "내가 널 무시하는게 아니고 너가 잘못했잖아"
- "너한테 뭐라고 한 것도 아닌데, 너가 예민하게 받아들이는 거야"
- "마음에 상처가 되겠지만 다 너를 위해서 하는 말이야"

(3) 외부귀인하는 양상을 보인다.

가스라이팅(Gaslighting)을 하는 사람들은 외부귀인을 한다. 즉, 어떤 상황이나 결과를 남 탓을 하면서 상대방의 책임으로 넘기려는 특징을 보인다. 어떤 사건의 결과가 좋지 않거나 자신의 실수나 약점이 드러나려는 상황에서는 항상 상대방 탓을 하면서 자신의 잘못이나 문제가 없다는 말을 많이 한다. 이러는 과정에서 가스라이팅(Gaslighting)을 당하는 사람들은 상대방의 잘못없이 자신이 전부 문제이기에 자신의 자존감이 저하되고 부정적인 자아상을 가지게 된다. 이로 인해 가스라이팅(Gaslighting)을 하는 사람과 함께 있으면 알 수 없는 죄책감과 자신감의 저하를 경험하게 된다. 다음과 같은 말들이 가스라이팅(Gaslighting)을 하는 사람들이 외부귀인을 하면서 많이 쓰는 말들이다.

- "나만 잘못한 것 아니잖아"
- "너도 동의해서 한 일이잖아"
- "너가 하자고 해서 한 일이야"

(4) 현재 사건과 관련없는 과거사건에 대한 이야기를 자주 한다.

가스라이팅(Gaslighting)을 하는 사람들은 지금 대화하는 화제와 관련없는 과거의 실수나 잘못한 사건을 반복적으로 이야기하는 경향을 보인다. 이러한 모습은 연인관계나 부부관계에서 많이 볼 수 있는 것으로 자신이 불리한 상황이 되면 관련도 없는 상대방의 과거 잘못이나 실수를 끄집어내는 것이다. 이를 통해 자신의 실수한 상황을 별 일 아니거나 없던 것처럼 만들려고 한다. 그런 과정에서 상대방의 실수나 잘못을 이야기하면서 '도둑이 오히려 성을 낸다'는 말처럼 화제의 관점을 자신에게서 상대방의 실수상황으로 옮기며 오히려 사과해야 할 사람이 화를 내기도 한다. 이러한 사람들이 많이 하는 말들은 다음과 같다.

- "너 그때도 실수해서 일을 망쳤잖아"
- "너만 아니었으면 지금 이렇게 되지도 않았어"
- "이전에 너도 잘못한 적이 있으면서 왜 나만 잘못한 것처럼 이야기해"

(5) 내면화된 자기애성 특성(Internalized Narcissism)을 보이는 경우가 많다.

내면화된 자기애성 특성(Internalized Narcissism)을 보이는 사람들은 인간관계에서 다음과 같은 모습이 자주 관찰된다. 자신보다 우월한 사람에게는 과도하게 복종적인 모습을 보이고 불편한 것이 있어도 말도 하지 못한다. 반면, 자신보다 열등한 사람에게는 함부로 대하고 경멸하는 행동을 보인다. 이들은 내면에 열등감을 가지고 있어 만만한 사람에게는 자신이 대단하고 우월한 사람인것처럼 대하고, 자신보다 강하고 능력있는 사람에게는 아무 말도 못하고 오히려 소극적이고 수동적인 모습을 보인다. 이에 내면화된 자기애성 특성(Internalized Narcissism)을 가진 사람들은 자신이 만만하다고 생각되는 사람에게 가스라이팅(Gaslighting)을 하면서 자신이 대단한 사람인 척을 하고 상대방을 무시하거나 자신의 행동을 매너있고 좋은 행동인 것처럼 포장하여 가스라이팅(Gaslighting)을 당하는 사람들을 혼란스럽게 만든다. 내면화된 자기애성 특성(Internalized Narcissism)을 가진 사람들은 가스라이팅(Gaslighting)을 할 때 "뭐라고 하는게 아니고 다 너를 생각해서 하는 말이야"라는 식으로 무시하고 경멸하는 언행을 선의인 것처럼 포장한다.

가스라이팅(Gaslighting)을 하는 사람들은 앞서 기술한 것처럼 여러 가지특성을 가지고 있다. 이렇게 많은 특성 가운데 가스라이팅(Gaslighting)을 하는 사람을 한마디로 표현한다면, '객관적인 문제나 이유없이 상대방에게 수치심과 죄책감을 불러일으키는 사람들'로 말할 수 있다.

3) 가스라이팅(Gaslighting)의 대처방법

가스라이팅(Gaslighting)에서 벗어나고 다시 당하지 않기 위해서는 많은 노력이 필요하며 세부적인 방법도 다양하다. 대표적으로 Stephanie Moulton Sarkis(2022)는 가스라이팅을 비롯한 중독적인 관계에서 회복하는 방법을 제시하는 등 가스라이팅(Gaslighting)에 대한 대처방법에 대한 내용들은 다양하다. 이 가운데 가스라이팅(Gaslighting)에 대한 실제적인 대처방법을 몇 가지 소개하면 다음과 같다.

(1) 자신에게서만 문제를 찾지 않아야 한다.

어떤 사람과의 관계가 오래 가지 않고 쉽게 끝났다고 해서 자신에게만 문제가 있다고 생각하고, 더 나아가 자신에게 어떤 문제가 있는지 고민하고 걱정하는 사람들이 있다. 가스라이팅(Gaslighting)을 하는 사람들은 상대방의 죄책감을 이용하여 관계단절의 이유를 상대방의 문제라고 몰아가기에 더욱 이러한 잘못된 생각을 하기도 한다.

인간관계에서는 그냥 서로 맞지 않아서 자연스럽게 멀어지는 경우도 있고 다양한 이유로 사람들은 관계를 맺기도 관계를 끊기도 한다. 또한, 가스라이팅(Gaslighting)을 하는 사람들이 심어주는 관계단절의 죄책감을 느끼지 않기 위해서는 관계를 끝내는 명확한 이유를 본인 스스로 가지고 관계를 단절해야 한다.

(2) 경계를 설정해야 한다.

인간관계를 하면서 관계 속에서 적절한 경계를 설정해야 한다. 사람들은 처음부터 지나치게 친한 척을 하면 부담스러워하고 과도한 친밀감을 표현하는 사람들을 어떤 사람인지 알게 되기 전까지는 멀리하기도 한다. 이처럼 사람들은 관계 속에서 경계라는 것을 가지고 있다. 과도하게 친밀감을 표현하는 사람, 친하다고 생각했는데 벽이 느껴지는 사람 등 사람마다 가지고 있는 경계가 다르기 때문에 느끼는 것 들이다.

타인과의 상호작용 속에서 어느 정도의 관계까지 허용하고, 어느 정도는 조심하고, 때로 차단해야 할 관계인지 설정해야 한다. 가스라이팅(Gaslighting)을 하는 사람들은 처음에는 과도한 친절함과 배려를 통해 신뢰감을 쌓고 상대가 자신을 신뢰한다고 생각하는 순간 가스라이팅(Gaslighting)을 한다. 이에 부담스러운 친밀감을 표현할 때 거리를 두거나, 자신이 어느 정도의 친밀한 표현까지 허용할지 명확한 경계를 설정해야 한다. 때로는 자신의 경계를 침해하는 사람에게 "어느 정도까지는 괜찮은데 어느 정도부터는 불편한지" 알려주어야 서로에게 피해를 주지 않는 지속적인 인간관계를 할 수 있다.

(3) 자책하지 말고 자신을 용서해야 한다.

가스라이팅(Gaslighting)을 당한 사람들은 자신이 지혜롭지 못해서, 우유부단해서 등 다양한 이유로 자신의 잘못을 반복적으로 생각하며 자책한다. 이러한 모습은 마치 폭력범죄의 피해자에게 "왜 상대방에게 맞았냐?"고 묻는 것과 같다. 범죄자가 마음 먹으면 어떤 장소, 상황, 시간이 문제되지 않는다. 모든 범죄는 범죄자가 범죄를 저지르기로 마음먹기에 벌어지는 일이다.

이처럼 가스라이팅(Gaslighting)을 당한 사람들은 자신에게서 문제를 찾지 말고 자기 스스로를 용서해 주어야 한다. 혹시라도 자신에게 잘못이 있다 하더라도 자신을 용서할 줄 알아야 한다. 요즘 세상에는 용서가 실종된 세상이다. 이러한 이유는 사람들이 남을 용서하지 않아서가 아니라 자신의 잘못과 실수를 용서하지 않기 때문이다. 세상에 실수와 잘못을 하지 않는 사람은 단 한 명도 없다. 또한, 실수와 잘못을 통해 더 성장하고 발전하게 되는 것이 사람의 삶이다. 스스로 용서할 수 있어야 타인의 잘못을 용서하는 넉넉하고 마음이 넓은 사람이 될 수 있다.

(4) 슬픔을 충분히 느껴야 한다.

가스라이팅(Gaslighting) 사건으로 인해 슬픔을 느낀다면 충분히 슬퍼해도 된다. "내가 문제가 있어서 혹은 나의 잘못으로 인해 어려움을 경험했는데 슬퍼해도 되나?"라고 생각하는 경우에 자신의 슬픔을 수용하기보다는 내 안의 상처와 고통을 무시하고 아무 문제가 없는 것처럼 지내려고 한다. 이런 경우 내가 받은 상처와 문제가 해결되지 않아 인간관계 속에서 어려움을 재경험할 수도 있다. 또한, 내 안의 상처를 스스로 돌보지 않는데 누가 그 상처를 알아봐 주고 슬픔을 해소해 주지 않는다. 자신의 슬픔은 스스로가 느끼고 돌봐야 한다. 그리고 내 안의 상처를 수용하고 보듬어 주어야 건강한 자아를 가지게 되고 그래야 고통을 경험하는 상황에서 타인이 다시 가스라이팅(Gaslighting)을 하면서 죄책감을 심어줄 때 죄책감을 가지지 않을 수 있다.

가스라이팅(Gaslighting)을 당했다고 해서 울 자격이 없는 것도, 자신의 마음의 상처를 수용하고 회복할 자격이 없는 것은 아니다. 누가 나의 슬픔을 대신 수용해 주고 상처를 대신 돌봐 주지 않는 것을 기억해야 한다.

(5) 다시 다른 사람과 소통하고 관계해야 한다.

가스라이팅(Gaslighting)을 당한 직후에는 마음의 상처가 회복되는 시간이 필요하고, 남을 믿지 못하기도 하는 등 타인과의 상호작용을 하지 못하는 경우가 많다. 하지만, 상처가 회복되었다면, 다시 사람과 관계를 형성하도록 노력해야 한다. 사람은 사회적인 동물이기에 혼자서 삶을 살 수도 없고 혼자서 지내는 것에도 한계가 있다. 하지만, 다시 소통하고 관계하는 데도 중요한 것이 있다. 이전처럼 가스라이팅(Gaslighting)을 하는 사람이나 심리적으로 불안정한 사람이 아닌 건강한 마음을 가진 사람들을 만나야 한다.

혼자 고립되기보다는 건강하고 나에게 도움이 되는 사람을 만나야 한다. 그들을 통해 삶에 어려움을 대처하는 방법, 인간관계에서 경험하는 어려움을 극복하는 방법들을 배우기도 하고 서로 힘들 때 힘이 되어주는 심리적 자원을 만들어야 한다. "사람에게 받은 상처는 사람을 통해 회복된다."는 말이 있듯 혼자가 아닌 건강한 사람들과 함께 해야 행복한 삶을 만들어 갈 수 있다.

(6) 혼자 생각하고 정리하는 시간들을 가져야 한다.

삶을 살면서 우리는 수많은 선택과 결정을 하면서 살아가야 한다. 헌데 어떤 사람들은 자신의 삶의 대한 중요한 결정까지도 타인이 하라는 데로 선택하고 결정해 주는 방향으로 행하기도 한다. 이러한 사람들은 상대방을 과도하게 의존하고 있기에 타인이 지배력을 가지기 쉽고 결과적으로 가스라이팅(Gaslighting)을 당하기 쉬운 대상들이 된다.

누군가의 선택과 결정에 따라 살면서 때로는 잘못된 선택의 결과로 인해 남 탓을 하고 후회를 한다. 하지만, 이 과정에서 분명하게 알아야 할 것은 타인이 결정해 주고 선택해 주는 데로 행한 사람은 바로 자신이라는 것이다. 그렇기에 타인이 결정해 준 것같지만 결과적으로는 자신의 선택의 결과이기도 하다. 이에 남에게 의존하지 말고 혼자서 자신의 중요한 삶의 영역들에서 선택을 하고 결정해야 한다. 또한, 삶 속에서 경험하는 고민들을 남의 조언을 듣고 그대로 하는 것이 아닌 신뢰로운 사람들의 조언을 통해 최종적인 결정은 나 자신이 해야 한다. 수많은 삶의 문제들과 선택의 기로에서 스스로 고민하고 스스로 정리해야 한다. 내 삶을 다른 사람에게 맡겨 다른 사람이 나의 삶을 대신 살게 하지 말자.

(7) 자기관리 연습을 해야 한다.

가스라이팅(Gaslighting)을 당한 사람들은 앞서 기술된 여러 가지 내용들을 통해 자기관리 연습을 해야 한다. 자신에게서 문제를 찾기보다는 객관적으로 관계를 살펴 볼 수 있는 마음의 여유가 필요하다. 그 과정에서 과거의 관계 속의 상처가 떠오른다면 슬픔을 수용하고 잘 해소하며, 상처가 회복되고 나서는 새로운 사람들과 건강한 관계를 맺어야 한다. 새로운 관계를 맺을 때에는 건강하고 심리적으로 안정된 사람들과 관계를 맺으며 적절한 경계를 설정하여 서로에게 상처를 주거나 자아가 침해받지 않도록 해야 한다. 이처럼 자기관리에는 한 가지 기술만 습득해서 해결되는 것이 아닌 여러 가지 기술이 필요하다. 하지만, 이러한 기술습득에 대한 부담감을 혼자서 느낄 필요없이 건강한 사람들과 상호작용하는 과정에서 건강한 인간관계 기술을 습득하는 기회이자 연습의 장으로 삼을 수 있다. 더불어 관계 속에서 또 다시 상처받을 수 있고 얼마든지 다시 회복하여 새로운 관계를 맺을 수 있다는 것도 기억해야 한다.

4 건강한 인간관계

1) 건강의 정의

이상행동으로 인한 인간관계에 대한 이해와 함께 건강한 인간관계를 알기 위해서는 건강의 정의를 알아야 한다.

(1) 미국의 정신위생위원회(National Committee For Mental Hygiene)

정신건강을 정신적 질병에 걸려 있지 않은 상태뿐 아니라 만족스러운 인간관계를 형성하고 유지해 나갈 수 있는 능력으로 정의한다.

(2) 국제보건기구(WHO ; World Health Organization)

몸에 병이 없을 뿐만 아니라 신체적·심리적 및 사회적으로 건전한 상태를 건강의 정의로 삼고 있다.

2) 건강한 인간관계를 하는 사람들의 특징

건강이라는 특징은 언제 어디서나 사람들과 함께 원만한 관계를 유지하며, 사회적으로도 별다른 문제없이 적응하고 행동하는 것을 건강이라고 말한다. 정상의 정의와 건강한 인간관계를 위한 과정을 살펴보면 다음과 같다.

(1) 현실적인 지각능력

정상인들은 자신의 반응이나 능력, 자신의 주변세계에서 일어나고 진행되고 있는 일들에 대한 해석과 평가가 현실적이다. 정상인들도 타인의 말이나 행동을 잘못 지각할 수 있으나 지속되지 않으며, 자신의 능력을 과대평가하거나 과소평가하지 않고 있는 그대로 자신의 능력을 해석하고 평가한다.

(2) 자기인식능력

적응에 어려움이 없는 정상적인 사람들은 자신의 동기나 감정에 대해 어느 정도 인식하고 있다. 어느 누구도 자신의 동기나 감정을 온전하게 인식할 수는 없지만, 이상 또는 정신장애를 가진 사람들에 비해서 정상인들은 자기인식을 잘 하며 자신의 감정표현과 동기를 이야기하는 데 어려움이 없다.

(3) 행동통제능력

정상인들은 자신의 행동을 통제할 수 있는 능력을 가지고 있다. 건강한 사람은 일반적으로 이상행동이라 말하는 범죄행동이나 사회적으로 수용받을 수 없는 부적응적 행동을 통제할 수 있다. 행동통제 과정도 건강한 사람들은 이상행동을 보이는 사람들에 비해 법규나 타인의 지시가 아닌 자발적인 통제의지에 의해 진행된다.

(4) 자신의 가치인식과 자기수용

건강한 정상적인 사람들은 타인과의 사회적 상호작용 속에서 불편감 없이 자발적인 행동을 하며, 이러한 행동이 타인에게 수용 받는다고 느낀다.

정상인들은 자신의 능력에 대해 스스로 적절한 수준에 맞게 인정하고 자신의 가치를 받아들인다. 건강한 사람들과 달리 이상행동을 보이는 사람들은 사회적 상황에서 소외감을 느끼거나 스스로 자신의 가치를 인정하지 않아 타인과의 상호작용을 불편해하여 철수(Withdrawal)된 모습을 보인다.

(5) 친밀한 관계를 형성하는 능력

이상행동을 보이는 사람들은 타인과의 상호작용 속에서 타인의 동기나 감정에 예민하게 반응하거나 타인에게 과도하게 인정과 사랑받기 위해 안정적이고 깊이 있는 관계를 형성하지 못하는 경우가 많다. 이상행동을 보이는 사람은 사랑받고자 하는 강렬한 욕구로 인해 타인과 자신을 괴롭히고 자해와 같은 신체적인 학대를 저지르며 자신의 감정이나 동기를 강요하기도 한다. 앞서 기술된 '현실적인 지각능력', '자기인식능력', '행동통제능력', '자신의 가치인식과 지기수용'을 할 수 있게 되면 비로소 건강한 사람으로서 타인과의 상호작용 속에서 안정감을 느끼고 서로의 감정을 공감하고 배려하며 지속적인 관계를 형성하고 유지할 수 있다.

(6) 생산적인 활동

정상인들과 달리 건강하지 못한 사람들은 직장에 지속적으로 출근하고 퇴근하는 것 자체를 힘들어 할 정도로 생산적인 활동에 참여하는 것을 어려워한다. 건강한 사람들은 때로는 피로와 스트레스를 경험하지만 이를 극복하면서 적응적으로 생산활동을 지속할 수 있다. 그리고 대부분의 직장인들이 직장생활을 업무능력이 아닌 인간관계라고 말하는 것을 생각해본다면 생산적인 활동의 근간에는 친밀한 관계를 형성하고 유지하는 능력이다.

WORKSHEET

● 성격 자기진단 질문지

이 간단한 질문지는 성격의 유형을 파악해서 성격장애 여부를 체크하기 위한 것입니다. 각 질문에 해당되면 (O), 해당되지 않으면 (X), 애매하면 (△) 로 체크하십시오. 현재 자신의 기분이나 행동뿐만 아니라 과거 수년간 자신이 어떠했는지를 잘 생각해서 가장 가까운 항목을 선택해 주십시오.

번호	문 항
1	1) 거절당하거나 배척당하는 것이 싫어서 사람들과 접촉이 많은 일은 하고 싶지 않다. ( )
	2) 나한테 호감을 갖고 있지 않은 사람과는 그다지 관계를 맺고 싶지 않다. ( )
	3) 남이 나를 싫어하면 안 되므로 친한 사이에서도 자신을 억제하며 사귀는 편이다. ( )
	4) 바보 취급당하지나 않을지, 동료들 사이에서 외톨이가 되지는 않을지 항상 불안하다. ( )
	5) 만나기로 한 약속을 바로 직전에 취소할 때가 자주 있다. ( )
	6) 어쨌든 나는 매력적이지 않으므로 남들이 나를 그다지 좋아하지 않는 것 같다. ( )
	7) 새로운 일을 하려 해도 잘되지 않을지 모른다는 불안감에 실행하지 못하다가 포기해 버릴 때가 종종 있다. ( )
2	1) 대수롭지 않은 일도 혼자서는 결정하지 못하는 편이다. ( )
	2) 중요한 일이나 귀찮을 일은 남한테 시킬 때가 많다. ( )
	3) 부탁 받으면 거절하지 못하고 응한다. ( )
	4) 일을 스스로 계획해서 솔선수범하기보다는 남들 하는 대로 따라서 하는 편이 속 편하다. ( )
	5) 상대한테 잘 보이려고 하기 싫은 일을 할 때도 있다. ( )
	6) 나 혼자서는 살아갈 자신이 없다. ( )
	7) 애인이나 친구와 헤어지면 바로 대신할 사람을 구하는 편이다. ( )
	8) 소중한 사람한테 버림받을까봐 불안하다. ( )

____________학과 ________________학번 ____________이름

3	1) 사소한 데에 지나치게 얽매인다. ( )
	2) 일을 완벽하게 하려다 때를 놓칠 때가 많다. ( )
	3) 일이나 공부에 열중한 나머지 오락이나 사람들과의 교제는 뒷전으로 미루기 일쑤이다. ( )
	4) 부정이나 대충 넘어가는 것을 용납할 수가 없다. ( )
	5) 도움이 되지 않는다는 걸 알면서도 잘 버리지 못한다. ( )
	6) 자신의 말을 듣지 않는 사람과는 잘 지내지 못한다. ( )
	7) 돈은 가능한 한 절약해서 장래를 위하여 저축한다. ( )
	8) 완고하다는 소리를 자주 듣는 편이다. ( )
4	1) 남을 방심해서는 안 되는 존재라고 생각한다. ( )
	2) 친구나 동료라도 믿지 못할 때가 있다. ( )
	3) 내 비밀이나 개인 신상에 관해서 남한테 말하지 않는 편이다. ( )
	4) 남의 말에 쉽게 상처받는다. ( )
	5) 받은 상처나 원망을 잘 잊지 못하는 편이다. ( )
	6) 남이 나를 빈정거리거나 비난하면 톡 쏘는 편이다. ( )
	7) 배우자나 애인이 몰래 바람피우지 않는지 의심할 때가 있다. ( )
5	1) 고독을 즐기고, 아무하고도 친밀한 관계를 맺고 싶지 않다. ( )
	2) 혼자서 행동할 때가 많다. ( )
	3) 섹스에는 그다지 흥미가 없다. ( )
	4) 무엇을 해도 가슴 설레는 기쁨이나 즐거움을 그다지 못 느낀다. ( )
	5) 진정으로 신뢰할 수 있는 친구가 없다. ( )
	6) 남이 뭐라 해도 그다지 신경 쓰지 않는다. ( )
	7) 희노애락을 잘 느끼지 못하고 언제나 냉정한 편이다. ( )
6	1) 남들이 이야기하고 있으면 나에 대해 말하는 것처럼 느껴질 때가 많다. ( )
	2) 예언, 초능력, 영혼, 텔레파시, 제육감과 같은 불가사의한 현상을 느낄 때가 있다. ( )
	3) 소리, 미세한 움직임에서 무슨 신호나 의도를 느끼거나 순간적으로 몸에서 기묘한 감각을 느낄 때가 있다. ( )
	4) 말을 빙 돌려서 한다거나 하고 싶은 말이 무엇인지 잘 모르겠다는 소리를 듣는다. ( )
	5) 쉽게 사람을 믿지 못하는 편이다. ( )

	6) 엉뚱하게 반응하거나 빗나갔다는 소리를 듣는다. ( )
	7) 별종이라든가 독특하다는 소리를 들을 때가 있다. ( )
	8) 진정한 친구가 없다. ( )
	9) 세상은 두려운 곳이라고 생각한다. ( )
7	1) 사람들의 관심을 끌거나 주목받기를 좋아한다. ( )
	2) 이성의 호감을 사는 편이다. ( )
	3) 변덕스럽고 기분이 잘 변한다. ( )
	4) 외모나 패션에 상당히 신경 쓴다. ( )
	5) 말을 잘해서 같이 있으면 즐겁다는 소리를 듣는다. ( )
	6) 자기 기분이나 표정, 몸짓을 과장되게 표현하는 편이다. ( )
	7) 상대의 태도나 장소의 분위기에 민감하다. ( )
	8) 알게 되면 금방 편안하게 이야기하는 편이다. ( )
8	1) 나한테는 세상 사람들이 모르는 재능이나 뛰어난 점이 있다고 생각한다. ( )
	2) 대성해서 유명인이 되거나 이상적인 애인을 만나기를 꿈꾼다. ( )
	3) 나는 남들과 다른 데가 있는 특별한 사람이라고 여긴다. ( )
	4) 주변 사람들의 칭찬이 더할 나위 없는 격려가 된다. ( )
	5) 다소 무리를 해서라도 내가 원하는 바를 남들이 하게 만든다. ( )
	6) 원하는 것을 손에 넣기 위해서라면 남을 이용하거나 감언이설로 넘어오게 할 자신이 있다. ( )
	7) 제멋대로 행동하고 남을 그다지 배려하지 않는다. ( )
	8) 친구나 알고 지내는 사람의 행복을 보면 내심 질투심이 생긴다. ( )
	9) 태도가 거만하거나 자존심이 높다고 평가된다. ( )
9	1) 소중한 사람한테 버림받지 않을까 하는 불안감에서, 버림받지 않으려고 필사적으로 매달려 상대를 곤란하게 만든다. ( )
	2) 상대를 이상적인 사람이라고 여기다가 환멸감이 느껴질 때 그 격차가 아주 크다. ( )
	3) 내가 어떤 인간인지 모를 때가 있다. ( )
	4) 충동적으로 위험한 일이나 좋지 않은 일을 할 때가 있다. ( )
	5) 자살을 기도하거나 하고 싶다는 말을 해서 주변 사람들을 곤란하게 만든 적이 있다. ( )
	6) 하루 동안에도 기분이 천당과 지옥을 오간다. ( )

	7) 언제나 마음속 어딘가에 공허감이 숨어 있다. ( )
	8) 대수롭지 않은 일도 내 뜻대로 되지 않으면 격노한다. ( )
	9) 지나치게 생각에 골몰하거나 기억이 나지 않을 때가 있다. ( )
10	1) 위법적인 행동을 반복한다. ( )
	2) 나의 이익이나 쾌락을 위해 남을 속인 적이 있다. ( )
	3) 임기응변에 능하고 미래보다 현재에 만족하면 된다고 생각한다. ( )
	4) 말보다 손이 먼저 나가거나 폭력을 행사한다. ( )
	5) 위험에 그다지 신경 쓰지 않고 목숨을 두려워하지 않는다. ( )
	6) 일을 금방 그만두거나 빚을 갚지 않는다. ( )
	7) 약자를 괴롭히는 데 약간의 쾌감을 느낀다. ( )

■ 채점방법

1~10까지의 각 질문에 ○으로 표시한 개수를 세어서 아래의 표에 기입한다. ○의 수가 판정 기준 이상이면 각 성격특성에 들어맞을 가능성이 있다. 다만 어디까지나 기준이다. 자기 진단의 정확도를 높이려면 자신을 잘 아는 사람에게 평가해 달라고 하면 참고가 될 것이다. 판정 기준에 도달하든 안 하든 해당 항목 수가 많은 유형을 앎으로써 자신의 경향을 대체로 파악할 수 있다.

1	회피성 성격특성 (4항목 이상)	
2	의존성 성격특성 (5항목 이상)	
3	강박성 성격특성 (4항목 이상)	
4	편집성 성격특성 (4항목 이상)	
5	조현성 성격특성 (4항목 이상)	
6	조현형 성격특성 (5항목 이상)	
7	연극성 성격특성 (5항목 이상)	
8	자기애성 성격특성 (5항목 이상)	
9	경계성 성격특성 (5항목 이상)	
10	반사회성 성격특성 (3항목 이상)	

Memo

10
CHAPTER

패러다임의 전환

◐ 학습목표 ◑

1. 패러다임의 개념을 이해한다.
2. 패러다임의 고착 원인에 대해 학습한다.
3. 패러다임의 변화방법에 대해 학습한다.

고르디우스의 매듭

고르디우스의 매듭이란 고르디온이라는 프리지아의 수도에 있는 신전에 이륜마차를 장식하는 매듭이었다. 이 매듭에는 예언이 내려오고 있었는데, 내용은 '이 매듭을 푸는 사람이 아시아를 얻는다!'라는 것이었다. 그 예언을 믿고 아시아를 정복하려고 많은 왕과 군주들이 도전했지만 결국 풀 수 없었다.

마침 원정을 가던 알렉산더 대왕이 그곳을 지나가다 그 예언을 듣게 되었다. 매듭 앞에 서서 한참을 보던 그는 단번에 그 매듭을 풀었다. 어떻게 그는 이 매듭을 풀었을까?

10
CHAPTER

패러다임의 전환

1 패러다임

패러다임(Paradigm)은 '전환'이라는 뜻이다. Thomas Kuhn(1922~1996)의 『과학 혁명의 구조』에서 처음 등장한 말로, 과학 활동에서 새로운 개념과 이론은 객관적 관찰을 통해서 형성되기보다는 연구자 집단이 받아들이는 과정에서 형성된다는 것이다. 이는 과학의 역사는 연구자들의 객관적 관찰에 의한 진리의 축적에 따른 점진적 진보가 아니라, 혁명, 즉 단절적 파열에 의한 새로운 패러다임의 등장을 통해서 과학이 발전되어간다는 이론이다. 여기서 패러다임이란 과학 공동체 구성원들이 공유하는 믿음, 가치, 기법 등의 총체로서 상대주의적이다.

뉴턴의 '만유인력'이나 아인슈타인의 '상대성 원리'도 패러다임 변혁의 예가 될 수 있다. 두 과학자의 업적들은 이전의 과학적 유산을 점진적으로 발전시킨 소산물이 아니라 질적으로 그 이전과 이후를 단절시키는 획기적 계기가 되었던 것이다. 즉, 과학의 발전이 전통 과학자들이 생각한 것처럼 새로운 지식이 차곡차곡 쌓여 누진적으로 이루어진 결과가 아니라는 것이다.

최근에는 사회학과 정치학 등 비자연과학 분야에서도 패러다임이란 개념이 유행처럼 사용되고 있다.

비자연과학 분야에서의 패러다임은 보고 있는 것이 무엇이고, 그것이 그에게 무슨 의미가 있으며, 어떠한 영향을 미치는지, 그 사람이 세상을 보는 독특한 식견(렌즈), 정신적 지도, 사고방식이라 할 수 있다. 즉 '세상, 조직 또는 인간을 보는 방식'을 가리키는 용어로 널리 사용되고 있다.

이러한 패러다임은 우리가 사용하는 안경이나 지도와 같은 역할을 한다. 안경의 색깔이 다르면 동일한 사물을 서로 다른 색깔로 인식하듯이 패러다임이 다르면 동일한 사실을 전혀 다르게 인식하게 된다. 1960~70년대의 지도를 갖고 현재의 서울에서 어떤 곳을 찾아 간다면 길을 헤매게 될 것이 뻔한 것처럼 낡거나 잘못된 패러다임을 갖고 있으면 현실을 직시하지 못할 뿐만 아니라 문제의 해결책을 올바로 제시할 수 없다.

패러다임은 사고방식, 관점, 인식틀, 접근방법이라 할 수 있다. 그래서 똑같은 패러다임을 가진 사람은 아무도 없다. 여러 가지 요인에 따라서 패러다임이 다를 수 있는데 개인의 패러다임을 서로 다르게 만드는 요인들을 보면 성격, 지식, 문화, 감성, 신체상태, 가치관, 연령, 경험 등이 있다.

MS-DOS로 시작해 Windows로 PC를 활성화시킨 빌 게이츠(Bill Gates), iphone을 만든 스티브 잡스(Steve Jobs), Facebook을 만든 마크 엘리엇 저커버그(Mark Elliot Zuckerberg) 뿐만 아니라 우리나라에도 이러한 패러다임의 전환의 역사는 무수히 많다.

세계에서 유일하게 글자를 만든 목적과 날짜, 만든 사람을 알고 있는 한글을 만드신 세종대왕의 업적, 기존의 판옥선과 귀선(龜船)이라는 거북선을 가지고 있었으나 이들을 진법에 맞추어 전장에 나선 이순신 장군, 붉은색의 국민적 인식을 바꾼 2002년 월드컵의 붉은 물결과 효순이 미순이 사건에서 든 촛불이 2016년 정치적 변혁으로 나타난 저력 등 우리나라 국민으로 우리는 지금도 패러다임의 전환을 경험하며 살고 있는 것이다.

2 패러다임 전환의 필요성

패러다임의 전환 과정은 이른바 '정상과학', 즉 많은 패러다임 중 가장 지배적인 패러다임 하나가 존재하다가 그 패러다임으로 설명할 수 없는 것들이 많아지고, 그로 인해 기본 가정들이 도전을 받게 되면 기존의 정상과학에 위기가 찾아온다. 이런 과정 속에서 다른 여러 패러다임과 경쟁하게 되고, 그러다가 어느 패러다임이 새롭게 득세하고 수용되면서 과학혁명이 발생한다.

새로운 패러다임이 과학혁명을 통해서 새로운 정상과학으로 인정받고 수용되는 이러한 패러다임들의 전환 과정을 통해서 과학은 주로 발전한다고 보는 Kuhn의 과학철학이론을 '패러다임의 전환'이 대표하고 있다.

패러다임의 변화를 살펴보는 것에 있어서, 거시적 관점의 접근은 매우 중요하다. 이런 것들이 새 패러다임의 근본적인 것들이며, 새 패러다임에서는 낡은 질서의 기둥이 무너지고 새로운 질서와 구조가 대체된다. 복합적이고 불확실하며 갈등과 도전을 수반한 많은 문제에 직면하면 사회 모든 기관, 조직도 패러다임의 변화가 필요하다.

패러다임을 바꾸어야 하는 이유는 시대의 변천에 따라 창조적 인재가 요구되는 시대가 되었기 때문이다. 산업화 시대는 인간을 기능적 인간 패러다임(Part-Person Paradigm)으로 보므로 사람이 물건처럼 취급당하며, 하나의 비용으로 여겨지고, 통제 및 관리의 대상으로 취급당하는 하나의 도구였을 뿐이었다. 그러나 지식정보화 시대에서는 전인적 인간 패러다임(Whole - Person Paradigm)으로 변화함으로써 사람은 도구가 아니라 그 자체로 존중받아야 하고 또한 무한한 가능성을 갖고 있는 대상으로 변화되었으며, 국가의 경쟁력을 좌우하고 수만 명을 부양하는 시대가 된 것이다. 그렇기 때문에 사람을 바라보는 패러다임은 과거의 패러다임에서 현재의 패러다임으로 반드시 변화되어야 한다.

패러다임의 변화는 우리의 인식과 지각의 차이를 일으키고 그러한 인식과 지각은 우리들의 태도를 결정짓고 그 태도가 행동의 방향을 결정지어주며 이러한 태도와 행동들은 각자의 새로운 패러다임으로 형성되어 동일한 문제에 대해서도 다양한 반응과 결과가 나오게 되는 것이다.

■ 패러다임의 구성내용(component)

– Bennis –

① 세상에 대한 견해(안목)는 어떤가?
② 명령과 통재의 중심이 어디에 있는가?
③ 복잡성의 정도는 어떠한가?
④ 동화적(elaboration) 흐름이 어떠한가?
⑤ 원리의 조직화는?
⑥ 가능성(잠재성)은?
⑦ 다른 패러다임이 잔존하고 있는가?
⑧ 행동방식(pattern)은 어떠한가?
⑨ 건전한 형태와 불건전한 항태는?
⑩ 시간의 초점과 비율은?
⑪ 유연성 요인(flexibility factor)들은 어떤 것인가?

3 패러다임의 고착 원인

1) 문화의 장애

문화의 장애란 교양이 있기 때문에 이상한 짓은 하지 못하는 등 문화수준의 향상이 자유자재인 사고나 활동을 제한함으로써 패러다임이 고착되는 것이다.

사회생활에서는 '저것은 안 된다, 이것은 이렇게 해야 한다'라는 규제가 많아서 이것이 오랜 세월에 걸쳐 몸에 배어 습관이 되고 만다. 아이디어를 발상할 때는 자유자재의 두뇌활동을 필요로 하는데, 이 문화의 장애가 방해가 되어 틀에 박힌 사고방식으로 되기 때문에 창조적이고 독특한 아이디어를 내지 못하게 되는 것이다.

예) 입학식의 식순, 차량의 색상, 금기(taboo) 등

2) 조직에 따른 제약

개인차원에서뿐만 아니라 집단 또는 조직 차원에서도 창조성을 방해하는 구조적 요인들이 있다. 일반적인 조직의 분위기를 예로 들면 창조적인 아이디어나 창의적인 사람들을 반기고 칭찬하기보다는 시기하고 방해하는 경우가 더 많다. 어떤 사람은 이러한 조직 분위기를 다음과 같이 비유한다. "창조적인 아이디어 또는 인물이 나타나면 먼저 옆에 있던 사람이 발을 걸어 넘어뜨린다. 그러면, 다른 사람이 그 위에 침을 뱉고 조롱한다. 그럼에도 불구하고 다시 일어나려면 또 다른 사람이 나타나서 다시 거꾸러뜨린다."

이와 같이 창조성에 대한 비우호적인 조직 분위기 때문에 세상을 바꾸어 놓은 위대한 아이디어와 발명도 초기에는 적지 않은 시련을 겪었다.

예) 유성영화의 시작(일부 아방가르드 영화인들은 예술행위의 끔찍한 퇴보로 봄), 비틀즈의 레코드, 라이트 형제의 시험비행, 아이폰의 등장 등

3) 개성에 따른 제약

(1) 고정관념(Stereotyping)

사실과 기존의 상식이 불일치할 때, 자신이 지닌 상식체계의 일관성을 유지하려는 경향으로 가장 근본적이고 직접적인 문제해결의 장애요소라 할 수 있다.

예) 수저의 위치, 가방정리 방법, 필기습관, 어른을 대하는 자세 등

(2) 질문태도의 결여

성장 과정에서 부모, 동료, 교사로부터 의문표출 본능을 억제당함에 따라 사고력보다는 자아보호 기능이 강화되므로, 궁금증을 가지고도 해결하려는 적극적 행위를 하지 않게 되는 경우이다.

예) 수업 중 강의내용에 동의 표시(고개를 끄덕임)를 하나, 실제로는 조금도 이해하지 못하는 학생

(3) 기억력(記憶力)의 제한

인간의 정보처리능력의 한계에서 비롯된다. 즉 매우 작은 기억력은 모든 정보를 기억할 수 없고, 망각을 하게 된다.

예) 강 이름, 화학 주기율표 외우기, KAIST π율 외우기

(4) 가치관(價値觀)에 기인한 제약

일반적으로 어떤 문제를 해결할 경우 대부분 자신이 경험을 쌓아온 분야와 관계있는 측면만을 선택적으로 문제의 중심으로 강조하게 된다. 이를 기능적 근시안이라고도 한다. 즉, 문제상황을 인식하는 패턴은 각자가 지닌 사고방식의 경향 및 교육받은 결과에 의존함으로써 시야가 좁아지고 효과적인 문제해결에 방해가 된다.

(5) 자기 나름의 생각에 의한 제약(착각에 의한 제약)

실제로 존재하는 제약을 회피하기보다는 존재하지도 않는 제약을 스스로 마련하는 경우가 대다수이다.

예) 본인의 나이, 경제력, 학력, 능력의 한계를 스스로 정의 내리고 포기하는 것

4 패러다임의 변화방법

1) 고정관념 극복 방안

고정관념이라고 하면 모든 사람이 생각하는 거시적인 것만 생각하는데 그것은 잘못된 생각이다.

사람들은 모두 다른 사람과 구별되는 자신만의 고정관념이 있기 때문이다.

예를 들어, 두 사람이 같은 출발지에서 같은 목적지로 가더라도 다른 길로 갈 수 있다. 그들은 다 자신이 가는 길이 더 수월하고 빠르다고 생각한다. 이렇게 오랫동안 다녀서 습관처럼 익혀지면 그것은 자신만의 고정관념이 된다.

또 다른 예로 식당에서 요구르트가 나오면 어떤 사람은 밥을 먹기 전에 요구르트를 먹는다. 그 사람은 밥 먹기 전에 먹어야 유산균이 잘 흡수된다고 생각하기 때문이다. 이런 것이 다른 사람과 구별되는 다른 고정관념을 가지고 있음을 나타낸다.

1. 어두운 부분에 집중하여 보세요.
2. 흰 부분에 집중하여 보세요.
3. 무엇이 보이나요?

그러므로 고정관념을 탈피하기 위해서는 역지사지(易地思之), 즉 남의 입장에서 생각해 보는 것도 하나의 방법이다.

고정관념을 극복하기 위해서는 의도적으로 변화를 추구해야 한다. 모든 것을 변화 시키려는 노력이 고정관념을 깰 수 있다. 말, 동작, 장소, 순서, 도구 등 모든 것을 의도적으로 변화시키다 보면 고정관념이 깨질 것이다.

생일날마다 가는 식당이 있다면 그 식당도 바꿔 보고, 순서도 바꿔보고 모든 것을 바꾸고 변화를 추구하는 것이다.

다음으로 자신의 방법과 타인의 방법을 비교해 보는 것도 사고의 전환을 가져올 수 있다. 새로운 것, 바꾸고 싶은 것을 처음부터 다시 도전하여 보는 것이다. 어려운 것이 있으면 다른 사람에게 조언을 구하며 해결해 나갈 때 고정관념을 깰 수 있다.

고정관념은 생활 속에 녹아들어 있다. 그렇기 때문에 조급하게 하면 고정관념 안에서 맴돌 수밖에 없다. 확신을 경계하고, 확신하지 말고, 다르게 생각해 보는 것 그리고 거리를 두고 생각해 볼 때 고정관념을 깰 수 있다.

2) 발상의 역전

발상의 역전, 즉 역발상은 거꾸로 생각해 보는 것이다. 이는 상식을 깨는 새로운 패러다임으로 보는 시각을 말한다. 쿠쿠 밥솥이 대표적인 사례이다.

1998년 IMF로 대부분의 회사들이 광고비를 줄이고 광고를 소극적으로 실시할 때, 영업에 나선 직원들은 사람들이 제품을 안다고 하는 말에 힘을 얻어 20억 원이라는 광고비를 쏟아 부어 광고를 실시하였다. 모두 광고비를 줄일 때 역발상으로 공격적인 마케팅을 실시하여 광고비를 대거 투자하여 시장을 점령한 경우이다.

3) 문제의 초점 이동

존재하지도 않는 전제들을 스스로 설정했는지를 자기에게 다시 반문하는 것이다. 스스로 틀을 만들어 한계를 가두고 있지 않는지 보는 것이다.

문제에 맞추고 있는 초점을 지금 보고 있는 부분에서 다른 부분으로 옮겨본다. 규모가 크고 구조가 불명확한 경우는 문제를 분해해 보는 것이 좋은 방법이다. 문제는 또 다른 소규모 문제의 집합체이기 때문이다.

5 패러다임 변화방법

1) 브레인스토밍(Brain storming)

브레인스토밍은 Alex F. Osborn이 창안한 회의 기법이다. 누가 어떤 의견을 내놓든 아무도 반대 의견을 말하지 못하게 한 기법이라서 처음에는 'NO-NO 기법'으로 불리기도 하였다.

아이디어를 폭풍처럼 이끌어낸다는 브레인스토밍은 기본적으로 많이 생각하는 것에서 출발한다. 아이디어 발산 기법 중 가장 폭넓게 사용되며, 자유롭게 생각나는 대로 거침없이 대안을 말해보는 것이 방법이다.

■ **브레인스토밍 기법 규칙**

① 비판하지 말 것
② 어떤 아이디어라도 수용할 것
③ 질보다 양, 많은 아이디어 속에서 최고가 나온다.
④ 이미 제안된 아이디어로부터 다른 아이디어를 이끌어 낼 수 있도록 한다.

브레인스토밍 기법은 짧은 시간에 많은 아이디어를 얻기 위해 자유로운 토론으로 많은 사람의 아이디어를 이끌어내는 기법이다. 그런데 이 기법은 몇몇 발표자가 회의를 주도할 수 있고 발표를 하는 것이 익숙하지 않은 사람들은 회의에서 의견을 내놓지 않는 경우도 있게 된다. 또한 회의가 과열되다 보면 큰소리로 발언하는 사람들 때문에 차분하게 생각하기 어려운 단점도 있다.

2) 브레인라이팅(Brain Writing)

브레인라이팅은 브레인스토밍의 단점을 보완하여 개발한 발상 기법이다. 브레인스토밍은 말로 아이디어를 표현하다보니 내성적이거나 자신감이 결여되어 있는 사람 또는 말이 없는 사람의 아이디어를 그냥 지나칠 때가 있다. 이를 보완하고자 개발한 것이 이 브레인라이팅이다. 이 기법으로 20분에 108개의 아이디어 도출하는 것이 가능하다.

브레인라이팅 과정은 먼저 주제를 정하고 이 시트를 각자 가지고 5분간 1단계를 작성한다. 그 다음 중앙에 시트를 둔다. 그러면 순서에 상관없이 각자 시트를 가지고 간다. 누가 어떤 시트를 가지고 갔는지 모르기 때문에 아이디어에 대한 평가를 두려워할 이유가 없다. 넘기면서 첫 사람이 작성한 아이디어를 보고 그 다음 칸에 생각나는 아이디어를 적어서 옆 사람에게 계속 이동하는 것이다.

브레인라이팅 기법은 각자 침묵 속에서 진행하기 때문에 개별 사고의 특징을 최고도로 살릴 수 있는 집단 발상법이다. 다만, 브레인스토밍보다 자발성이 떨어질 수 있고 글을 쓰는 것 자체를 두려워하는 사람이 대다수라면 효율적이지 못하다. 또 의견이 비슷해질 수 있으므로 최대한 다른 의견을 내려는 노력이 필요하다.

3) SCAMPER 기법

브레인스토밍이 사고의 제약 없이 다양한 기안을 마음껏 도출하는 방식이라면, SCAMPER는 도출된 생각들을 모아 일정한 기준을 설정해 다소 구체적인 제안들이 나올 수 있도록 하는 아이디어 창출 방법이다.

처음부터 완벽한 아이디어는 없다. 끊임없는 수정 뒤에 걸작이 만들어지는 것처럼 SCAMPER 기법은 제언한 아이디어에 각각의 동사를 적용시켜 변화를 이끌어내는 방법이다. 그래서 어떤 기존의 형태나 아이디어를 다양하게 변형시키는 방법으로 기존의 제품을 개선하거나 신제품을 만들어낼 때 유용하다.

7개의 체크리스트에 질문하여 새로운 아이디어를 얻고 이 중 최상의 아이디어를 결정하면 된다.

■ SCAMPER의 7가지 질문

① S '대체하기'(Substitute) – A 대신 B를 쓰면 어떨까?

기존 시각과 전혀 다른 시각으로 생각을 유발하기 위한 방법이다. 브레인스토밍을 통해 도출해낸 방안들이 기존의 것을 대체한다면 어떤 결과를 낳을 수 있을지 생각해 본다.

예) 금속 젓가락 대신 새로운 재질을 고안하여 나무로 대체한 '나무젓가락'이 탄생하였다.

② C '결합하기'(Combine) – A와 B를 합치면 어떨까?

브레인스토밍을 통해 도출된 다양한 생각을 서로 결합해 새로움을 시도한다. '새로운 무엇과 결합시킨다면?'이라는 발상을 통해 획기적인 아이디어를 얻을 수도 있다.

예) '복사'와 '팩스' 그리고 '스캔' 기능이 더해져 복합기가 만들어졌다.

③ A '응용하기'(Adapt) – A의 현상을 B에 적용해보면 어떨까?

브레인스토밍을 통해 나온 생각을 다른 맥락의 분야나 목적에 접목시킬 수 있을지 생각해 보는 것이다. '새로운 생각이 기존 다른 것에 어떻게 적용될 수 있나?'라는 질문을 했을 때 새로운 발견이 도출된다.

예) 식물의 씨앗이 옷에 붙는 원리를 이용해 '벨크로'가 탄생하였다.

④ M '변형하기(Modify), 확대하기(Magnify), 축소하기(Minify)' – A안의 생각을 변형하고 키우고 줄여보면 어떨까?

전 단계에서 마땅한 아이디어가 도출되지 않았다면, 기존의 생각을 확대해 보거나 축소해 보는 것이다. 일반적인 정의와 다른 또 다른 생각을 생성할 수 있다.

예) '스마트폰'은 전화기에 컴퓨터 기능을 간소화시켜 휴대하기 쉽게 만들어진 원리라는 사실을 기억하자.

⑤ P '다르게 활용하기'(Put to other uses) - A를 B 용도가 아닌 C 용도로 사용하면 어떨까?

기존에 있던 것을 다른 용도로 사용한다면 어떤 결과를 이끌어 낼 수 있을지 생각해 보는 것이다.

예) '열차', '유람선'에 식당, 공연 등을 합쳐 하나의 프레스티지 상품으로 판매하는 것도 다르게 활용하기의 한 예이다.

⑥ E '제거'(Elimination) - A를 구성하는 것 중 하나를 빼면 어떨까?

브레인스토밍을 통해 도출된 생각이 마땅히 기발하게 느껴지지 않는다면 도출된 생각의 일부를 제거해봄으로써 새로운 결과가 생성될 수 있는지 살펴보는 것이다. '~의 수를 줄인다면?', '~을 제거해본다면'과 같은 질문으로 생각을 정리한다.

예) 자동차 지붕을 제거해 새로운 디자인을 구현한 오픈카도 아이디어 전환 중 하나이다.

⑦ R '재배열(Rearrange)' - AB를 BA로 바꾼다면 어떨까?

여러 가지 도출된 생각들을 다양한 순서로 정리해 본다. 주어진 것의 순서나 모양 등을 거꾸로 해보거나 다시 재배열을 하다 보면 브레인스토밍으로 고안해낸 생각보다 더욱 기발한 발상의 발판을 마련할 수 있다.

예) 마요네즈 용기를 바닥과 뚜껑을 뒤집어 마요네즈의 양을 조절하기 쉽고 양이 줄어들어도 잘 나올 수 있게 한 것 또한 생각의 순서 전환으로 비롯된 발상이다.

4) N/3 Multi Voting

멀티보팅 방법은 전체 아이디어를 두고 한 사람당 여러 투표권을 행사할 수 있게 하여 우선순위화 하는 투표방법이다.

첫째, 전체 아이디어 개수를 3(N/3)으로 나눈 만큼 투표권을 지니게 되며, 둘째, 선호하는 아이디어에 1~3까지 투표한다. 셋째, 다득표 순으로 의사결정할 수 있게 한다.

실질적으로 아이디어의 가치를 드러낼 수 있으며, 우열을 가리기 어려운 아이디어 중 하나만 골라야 하는 모순적인 상황을 벗어날 수 있다.

5) 여섯 색깔 사고모자 기법(Six thinking hats)

영국의 심리학자 Edward de Bono가 고안한 기법으로, 학습자들이 여섯 가지 각기 다른 색의 모자를 쓰고, 자신이 쓰고 있는 모자 색깔이 의미하는 유형의 사고를 하게 하는 것이다. 즉 자신의 생각을 버리고, 의도적으로 다른 생각을 하게 함으로써 폭넓은 사고력을 신장시키게 하는 기법이다. 흰색은 중립과 객관, 붉은색은 감정과 직관, 검은색은 부정적인 이유, 노란색은 긍정적인 이유, 녹색은 파생적인 아이디어, 파란색은 기준과 요약을 담당한다.

WORKSHEET 1

● 창의적인 문제해결 게임

1. 단어 찾기

1) 앞, 뒤로 읽어도 똑 같은 단어와 문장 만들기
2) 단어는 〈명사〉로 3글자 이상만 가능하다.
3) 문장은 4글자 이상 얼마든지 만들어도 좋다.
4) 동사, 형용사는 사용할 수 없다.
5) 우리 생활 속에 있는 단어와 문장들을 새롭게 발견하고 더 새로운 것들을 만들어 보자.

예를 들면, 일요일, 토마토처럼 앞, 뒤로 읽어도 똑 같은 단어를 찾아보자!

① ______________ ② ______________

③ ______________ ④ ______________

⑤ ______________ ⑥ ______________

2. 치즈 자르기

치즈에 칼을 3번만 사용하여,
크기와 넓이가 똑같은 8조각으로 나누어라.

3. 숫자 9를 6번 사용하여 100을 표현하여 보아라.

4. 오류 찾기

이 문제에서 틀린 곳 3군데를 찾아보아라.

What are the tree mistake in this sentence?

______________학과 ______________________학번 ______________이름

WORKSHEET 2

상상이 만드는 미래

쓰레기 매립장을 새로운 시설로 사용하려고 한다. 무엇을 만들 것이며, 그 이유는 무엇인가?

10년 후의 직업을 생각해보라. 가장 멋진 직업은? 그 직업은 무엇을 하는 직업이고, 가장 멋진 이유는 무엇인가?

_______________학과 ________________________학번 ______________이름

읽어보기

신대륙을 발견한 콜럼버스의 명성이 점차 높아지고 유명해 질수록 많은 사람들이 시기와 질투를 하기 시작했다.

하루는 연회에서 한 사람이 콜럼버스에게 대서양을 향해 서쪽으로 가면 새로운 섬을 발견하는 것은 당연한 일인데, 그게 무슨 큰 공로냐며 누구나 할 수 있는 일이라고 비아냥거렸다.

그러자 콜럼버스가 그럼 당신은 달걀을 세울 수 있냐고 물었다.

그러자 그가 달걀을 들고 도전하였으나 어떤 방법으로도 세울 수 없었다.

기다리던 콜럼버스가 도전하였고, 그는 단 한 번에 달걀을 세웠다.

어떻게 세웠을까?

그는 달걀의 안쪽 모서리를 조금 깨서 세웠다.

그러자 상대는 "이건 나도? 할 수 ……."

이렇게 말하려는 찰나에 콜럼버스는 소리쳤다.

"이 겁 많고 미련한 자들아……."

상대방은 아무리 많은 시간을 주어도 달걀은 깨진다는 고정관념 때문에 아예 생각을 못했을 것이다.

이렇게 다른 방향으로 바로 보는 것 발상의 전환, 사고의 전환이 패러다임 변화의 시작이자, 새로운 세상을 자신의 것으로 만들어 가는 시작이다.

고르디우스의 매듭을 푼 알렉산더의 방법은 단칼에 매듭을 잘라버린 것이다.
그는 아시아를 정복한 제왕이 되었다.

〈창의적인 문제해결 게임 정답〉

2. 윗면을 +자 모양으로, 옆면을 한 번 더 자르면 8조각이 된다.

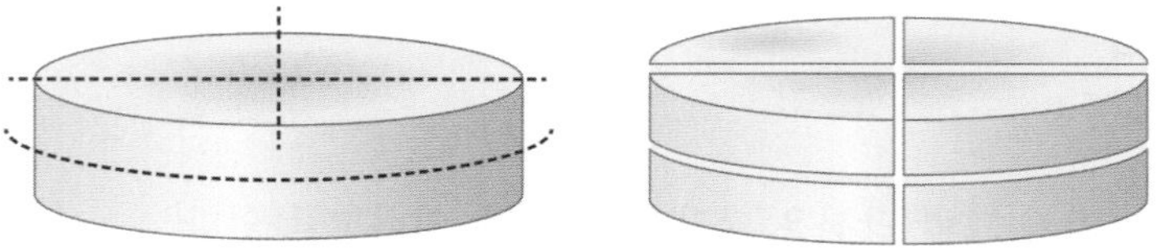

3. $\frac{99}{99} + 99 = 100$

4. 오류 찾기
   ① tree → three
   ② mistake → mistakes
   ③ 이 문제에서 틀린 곳 3군데를 → 2군데

Memo

11
CHAPTER

갈등관리 방법

◐ 학습목표 ◑

1. 갈등의 개념을 이해한다.
2. 갈등관리 유형을 구분한다.
3. 갈등관리를 위한 예방전략, 해결전략, 자극전략에 대해 학습한다.

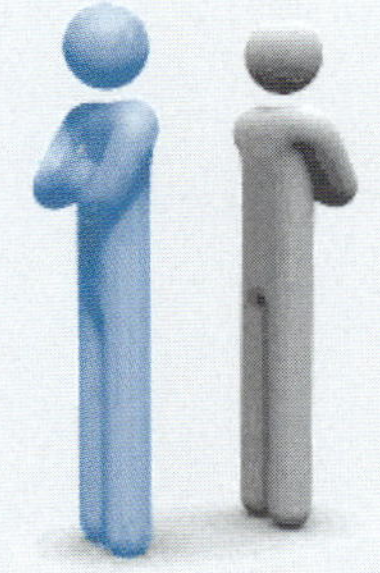

지금까지 대학생활을 잘 하고 있다고 생각했는데, 요즘 들어서 내가 대학을 졸업하는게 맞는 건지 하는 회의감이 듭니다. 학과도 대외적으로 알려진 이미지보다 훨씬 못한 학과 같습니다.

저를 지치고 힘들게 하는 요소들이 너무 많습니다.
잠도 못자고 건강을 해칠 정도로 과도한 과제물과 그로 인한 스트레스로 힘듭니다. 물론 대부분의 대학생 분들에게 해당할지도 모르는 요소라는 것도 알고 있습니다.

성적이 나쁜 편도 아닌데, 요즘 들어 몇몇 이유 때문에 학교 가기도 싫고, 과제하기도 싫어집니다.
유독 몇몇 과목 때문에 이러한 현상이 더욱 심해지고 있습니다.
문제는 팀 과제가 많은 과목이고 제 역량으로 커버하고 있기 때문에, 하기 싫다고 빠져버리면 팀에 데미지가 아주 클 것이고, 상당한 불이익이 갈 겁니다.
이 몇몇 과목 때문에 다른 과목 공부, 다른 과제물에 신경 쓸 틈이 없습니다.

– 어느 대학생의 고민 –

11
CHAPTER

갈등관리 방법

1 갈등

갈등이라는 단어는 라틴어의 Confligere에서 그 어원을 찾을 수 있다. Confligere는 Con(=together; 함께, 서로)과 Fligere(=strike; 치다, 때리다)가 합쳐진 말로 '서로 부딪치다, 충돌하다'라는 의미를 가지고 있다. 한자로 갈등이라는 단어는 갈(葛, 칡)과 등(藤, 등나무)이 합쳐진 것으로, 칡나무는 왼쪽으로 감기며 올라가고, 등나무는 오른쪽으로 감기어 올라가는데 두 나무가 엉키면 풀 수 없다는 것에서 그 의미를 따온 것이다. 다시 말해 갈등이란 개인이나 집단이 추구하는 목표를 위해 하려고 하는 행동이나 이해관계, 정서들이 타인이나 다른 집단에 의해 방해 받거나 좌절을 받아서 충돌하고 있는 상황을 말한다.

Robbins는 갈등은 '조직 내 행동주체 간의 대립적 내지 적대적 상호작용'이라고 하였고, Litterer는 '둘 이상의 개인이나 집단이 다른 사람 또는 집단의 행동이나 그들과의 상호작용으로부터 상대적인 손실을 지각함으로써 대립이나 다름이 일어나는 행동의 한 형태'라고 정의하였다. Chang와 Holt는 갈등을 '하나 혹은 둘 이상의 개인이나 집단 간의 다양한 대립, 방해 행동, 투쟁 등 심리적이고 행동적인 특성을 복합적으로 갖고 있는 공개적이나 잠재적 행태'라고 정의하였다.

■ **갈등의 원칙**

- 갈등은 관계에서 언제나 일어나는 일이다.
- 갈등은 변화 또는 위기의 상황에서 자주 일어난다.
- 갈등은 창조적 또는 파괴적 결과를 가져올 수 있다.
- 대부분의 사람들은 갈등을 부정적인 것으로 판단한다.
- 갈등을 해결할 수 있는 한 가지의 방법은 없다.
- 성공적인 갈등관리는 상호신뢰를 바탕으로 한다.
- 적절하게 관리될 수 있다면 조직구성원의 열정, 끈기, 단합을 이룰 수 있다.

2 갈등의 유형

갈등의 수준별 유형은 개인 내 갈등, 개인 간 갈등, 집단 간 갈등, 계층 간 갈등, 그리고 조직 간의 갈등으로 분류된다.

개인 내 갈등이란 조직 내 개인의 욕구와 역할이 다양하기 때문에 추구하는 목표와 동기요인이 달라 생기는 갈등을 말한다. 예를 들면, PC방에서 게임을 더하고 싶은 욕구와 내일 리포트를 제출하기 위해서는 팀 모임에 가야 하는 상황이라 하겠다.

개인 간 갈등이란 둘 이상의 관계에서 충돌하며 발생하는 갈등으로 각자 다른 목표, 태도, 가치관, 행동이 발생하면서 서로 상반된다고 지각할 때 발생한다. 예를 들면, 기숙사를 같이 쓰는 파트너와 청소를 놓고 다투는 경우이다.

집단 간 갈등은 조직과 조직 사이에서 일어나는 갈등으로 조직의 규모가 커지고 기능이 다양할수록 관계가 복잡해지기 때문에 집단 간 갈등이 유발된다. 우리는 흔하게 뉴스를 통하여 쓰레기 소각장문제로 다투는 모습을 보게 된다.

계층 간 갈등이란 조직의 수직적인 관계에서 일어나는 갈등으로 권한의 행사나 보상과 관련되어 유발되며, 조직 간 갈등이란 둘, 또는 그 이상의 조직상에서 발생하는 갈등으로 기업의 합병이나 경영층과 노조 간의 갈등이 포함된다.

갈등이 점점 고조되는 과정에 대해서 Robbins는 '이미지 단계', '인식 단계', '의도적 행동 단계', '정치 협상 단계'로 구분하였다. 이미지 단계는 갈등이 보이지 않고 갈등이 전혀 관리되지 않는 상태를 말하며, 인식 단계는 잠재된 갈등 상황의 존재를 인식하는 단계를 의미한다. 의도적 행동단계는 사람의 인지와 감정 그리고 명백한 행동 사이를 조율하며, 주어진 방식으로 행동하려는 결심이다. 갈등이 표출된 상태에서 갈등을 해소하는 것은 인식 단계에서보다 쉽지 않다. 마지막 정치 협상 단계는 갈등 집단 간 상호 만족에 의해 갈등이 해결되고 새로운 협력적 관계로 모색하는 단계를 의미한다.

3 갈등관리 유형

갈등관리(Conflict management)란 갈등의 불가피성을 인정하면서 갈등의 부정적인 요소를 제거하고 긍정적인 효과를 이끌어내려는 목적으로 실행되는 방법들을 의미한다. Bercovich는 갈등관리를 갈등이 확대되고 악화되는 것을 방지하고 갈등이 유리한 결과를 가져올 수 있도록 하는 데 도움을 주는 구조나 조건을 마련하는 것이라 하였다. 즉 갈등관리는 갈등의 역기능을 최소화하고, 순기능을 극대화시키기 위한 체계적 분석과 효과적인 전략 탐색 및 적용의 과정이라 할 수 있다.

Thomas는 사람(조직)들이 갈등을 다루는 다섯 가지 유형을 제시하였다. 두 가지 축을 기준으로 나뉘는데, 하나는 협동성(Cooperativeness, '타인'의 관심과 주장을 만족시키려 하는 것, X축)이고 다른 하나는 독단성(Assertiveness, '자신'의 관심과 주장을 만족시키려 하는 것, Y축)이다. X축 = 협동성, Y축 = 독단성. 두 축을 기준으로 다섯 가지 갈등관리유형이 나누었다.

① **경쟁**(Competing) : 독단성은 높고, 협동성은 낮은 수준으로, 상대방이 이기면 자신은 얻는 것이 없게 된다는 생각으로 갈등에 접근한다. 자신의 관심사와 목표를 달성하는 것이 최우선이며, 내가 상대방을 이겨야 한다는 '나win-너lose'를 목표로 한다.

② **수용**(Accommodating) : 조절로도 불리며 독단성은 낮고, 협동성은 높은 상태이다. 자신의 관심사는 포기하고 다른 사람의 관심사를 충족시켜주는 방식이다. 피상적인 조화와 관계 유지를 위해서 상대방의 기분을 상하게 하지 않기 위해서 요구조건을 받아주는 유형이다. 자기를 희생하며 본인의 요구와 바람은 덮어버리고 타인의 주장과 목표를 만족시키는 '나lose-너win' 방식이다. Adam Grant는 〈Give and Take〉에서 이런 사람을 '호구'라고 표현한 바 있다.

③ **회피**(Avoiding) : 독단성과 협동성 모두 낮은 수준이다. 갈등 문제로부터 한 발 물러나거나 갈등 해결을 위한 적극적 역할 수행을 거부하며 중립적 입장으로 포장하는 유형이다. 자신뿐만 아니라 타인의 목표 달성마저 무시하고 늦추는 방식을 취하기도 한다. 일하던 도중 갑자기 연락을 끊고 나타나지 않는다거나, 하겠다고 말만 하면서 계속 시간을 끄는 행동이 대표적이다. 나도 안 하고, 상대방도 못하게 만드는 '나lose-너lose' 방식이다.

④ **타협**(Compromising) : 협상으로도 불리며 독단성과 협동성 모두 중간 수준이다. 갈등상태에 있는 양자가 상호 교환과 희생을 통해 부분적 만족을 취하는 방식이다. 경쟁과 수용의 중간지점으로 신속한 합의가 목적이다. 나도 하나 양보하고, 너도 하나 양보한다. 서로 어떤 것은 포기, 어떤 것은 유지한다. 가장 흔하게 쓰이는 방식으로 승자도 없고 패자도 없다.

⑤ **협력, 통합**(Collaborating) : 독단성과 협동성 모두 높은 수준이다. 양 당사자의

관심사를 통합하기 위해 갈등을 겪고 있는 양자의 관심사를 모두 만족시키려는 방식이다. 서로의 입장을 이해하고 고려하여 최선의 해결책을 모색한다. 당사자들이 서로 받아들일 수 있는 해결안에 이르기 위해 차이점을 조사하고 정보를 교환하며 개방적 대화를 이어간다. 갈등 해결을 통해 양자는 모두 이득을 볼 수 있으며 장기적으로는 더 좋은 관계를 맺게 되는 '나win-너win'을 추구한다.

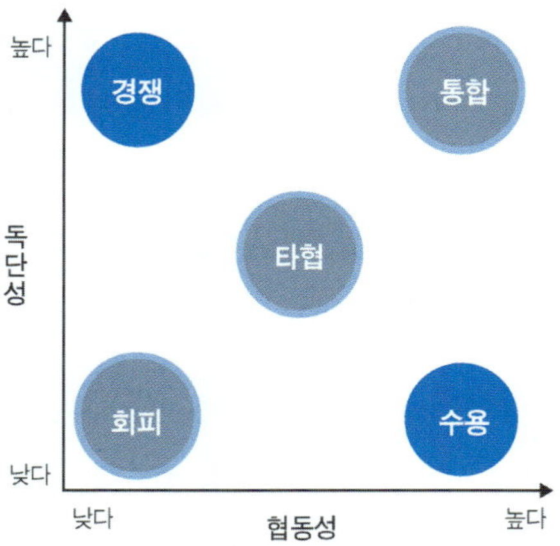

[그림 11-1] Thomas의 갈등관리 유형

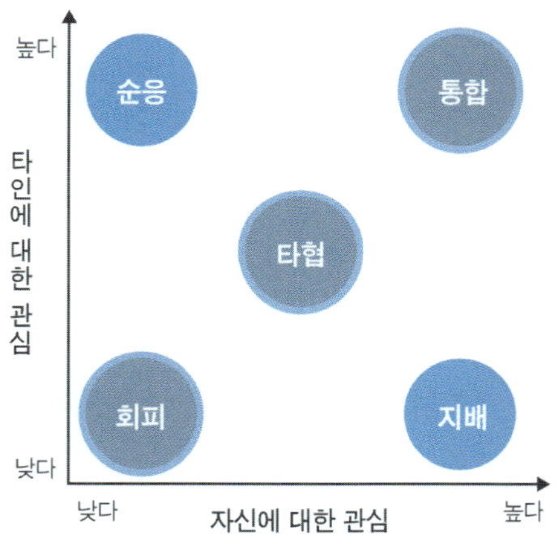

[그림 11-2] Rahim의 갈등관리 유형

Rahim은 갈등을 개인 내, 집단 간, 집단 내의 조직 갈등으로 구분하였다. 그리고 갈등관리전략을 자기만족과 타인만족이라는 두 가지 차원으로 분류하였는데, 이를 기준으로 통합, 타협, 순종, 지배, 회피의 다섯 가지 유형으로 갈등관리전략을 제시하였다.

① **통합**(Integrating) : 갈등상황에서 문제를 정확하게 파악하고 종합적인 대안을 제안하여 공동선의 입장에서 갈등을 관리하고자 하는 것을 의미한다. 자신과 타인에 대한 관심이 모두 높은 갈등관리전략이다.

② **타협**(Compromising) : 양측이 모두 성숙하게 수용할 수 있는 상황에 이르기 위해 어떤 부분을 포기하는 것으로 자신의 관심사와 타인의 관심 모두가 중간 정도

의 수준에 있는 갈등관리전략이다. 통합전략과 타협전략은 나의 관심사와 타인의 관심사 모두에 보통 수준 이상의 중요도를 부여한다는 점에서 공통점을 갖지만, 통합전략의 경우 자신의 관심과 요구 못지않게 상대방의 관심과 요구를 보다 정확하게 파악하고자 하며, 세심하게 고려하고자 하는 상당히 적극적인 노력의 과정이 포함된다고 볼 수 있다. 이로 인해 지속 가능하고 실현 가능하며 공정한 해결책을 추구하는 전략이다. 타협전략에는 양측이 수용할 수 있는 결정을 내리기 위해 일부분 포기하거나 서로에게 필요한 부분을 상호 교환함으로써 빠르게 합의점을 찾는 것을 의미한다. 이는 통합전략보다는 상대적으로 문제점의 파악, 정보의 공유 등의 적극적인 노력의 과정이 적다고 볼 수 있다.

③ **순종**(Obliging) : 갈등상황에서 자신에 대한 관심보다 타인에 대한 관심이 높은 경우에 활용되는 전략으로, 타인의 만족을 위해 자신의 이익을 양보하여 우호적인 관계를 유지하고자하는 것을 말한다.

④ **지배**(Dominating) : 자신의 이익을 강요하며 상대방에게 양보를 요구하는 것으로, 자신에 대한 관심이 타인에 대한 관심보다 높을 때 사용된다.

⑤ **회피**(Avoiding) : 갈등상황에서 의견 불일치와 좌절을 공개적으로 표현하지 않거나 문제를 회피하여 갈등 상황을 미루는 특성을 갖는 전략으로, 자신과 타인에 대한 관심이 모두 낮은 갈등관리전략이다. 갈등 자체를 부정하거나 간접적이고 애매한 진술을 함으로써 갈등 주체인 자기 자신을 갈등상황으로부터 육체적·심리적으로 분리시키고자 하였다.

4 갈등관리의 예방전략

개인이나 조직 모두 갈등을 관리하는 것보다 예방하는 것이 중요하다. 소 잃고 외양간을 고치기보다는 잃지 않게 안전한 관리가 더 중요한 것이다. 갈등을 예방하는 대표적인 방법은 다음과 같다.

① 상호 의존성이 높은 과업의 경우 경쟁을 감소시키기 위해 집단분리 대신 통합하는 것이 대안이 될 수 있으며, 상호의존성에 대한 갈등을 예방하기 위해 조직 구조에 새로운 요인을 추가하거나 의사소통 및 의사결정 체계를 보완하는 등의 구조 변경이 필요하다.

② 조직성과 차원(불필요한 경쟁의 회피)에서 비용 및 예산통제, 수익 극대화, 성과측정 및 성과에 따른 책임들과 같은 조직 상황은 조직 구성원과 집단들 간의 경쟁을 촉진시켜 역기능적 갈등의 원인이 되기에 조직 구성원들 간의 불필요한 경쟁인 제로섬게임 경쟁은 피해야 한다.

③ 자원배분의 차원(균형 잡힌 자세의 유지)이다. 다양한 조직 구성원을 평가하고 자원을 배분하는 조직의 관리자가 균형적 태도를 취하는 것은 갈등 예방에 중요하다. 인정보상의 경우 상호의존성이 높은 집단은 개별적 평가와 차별적 배분이 갈등을 촉발할 수 있고, 상호의존성이 낮은 집단의 경우에는 전체적 평가와 균등한 배분은 갈등의 원인이 될 수 있다.

④ 조직풍토 차원이다. 상호작용주의 및 상황적 관점에서 볼 때 창의성과 자율성을 강조하며 상호 수용적이고 개방적인 조직풍토는 갈등 수용적 조직 문화를 형성함으로써 악성 갈등을 예방하는 데 기여한다. 그러나 이와 반대로 관료적이며 폐쇄적이며 배타적인 조직풍토는 악성 갈등의 원인이 될 수 있으며, 또한 조직풍토 형성은 리더십 유형에 큰 영향을 받으므로 리더십 개발이 중요한 관건이다. 이러한 조직풍토는 집권적-분권적, 기계적-유기적, 관료적-신축적, 부수석-진취적, 폐쇄적-개방적, 소극적-도전적, 수용적-배

타적 등의 대립적 요소의 쌍으로 설명될 수 있다.

⑤ 이해관계자 차원이다. 조직의 정책은 내용과 의사결정 절차와 방식에 따라 이해관계자들의 반발과 대내외적 갈등을 초래하는 원천이 되기에 이해관계자의 구조가 복잡할 경우 갈등예방 차원에서 다양한 의사결정 기법들이 요구된다. 갈등예방 기법은 표본 집단을 선발하여 토론회 시행 전후로 동일한 설문을 돌리는 방식인 공론조사(Deliberative polling)와 1990년대 초반 미국과 유럽에서 도입된 공공사업의 초기단계부터 시민참여 활성화를 위한 적극적인 전략으로 사회 갈등의 예방 및 해결을 위한 제반기법인 PI(Public Involvement)기법이 있다.

⑥ 공동의 적 설정이다. 갈등상태의 집단들은 경쟁조직이나 조직 내 제3의 집단 등에 대항할 힘을 합치기 위해 그들의 견해 차이를 재빨리 조정할 수 있다. 외부의 위협이 집단 내부의 응집성을 강화시키듯이 외부의 위협이나 적은 그에 대한 효과적인 대처를 위해 집단 간의 차이를 잊게 만드는데, 이러한 공동의 적을 설정하는 방법이 성공하기 위해서는 먼저 조직구성원이 자신의 집단이 위협을 피해야 하며, 공동노력이 필요하다고 인식해야 한다.

5 갈등관리의 해결전략

가장 바람직한 갈등해결방법은 갈등의 역기능을 최소화하고 순기능을 최대화시키는 것이다.

① **문제해결 전략** : 갈등을 일으키고 있는 당사자들이 직접 접촉하여 갈등의 원인이 되는 문제를 공동으로 해결하게 하는 방법이다.

② **상위목표 제시** : 갈등을 일으키고 있는 당사자들이 공동으로 추구해야 할

상위목표를 제시함으로써 갈등을 완화시키는 전략이다.

③ **회피** : 갈등을 야기할 수 있는 의사결정을 보류 또는 회피하게 하는 전략이다. 단기적으로 갈등상태를 봉합할 수 있으나 근본적 치유는 되지 않는다.

④ **수용** : 갈등상태에 있는 당사자들의 차이점을 일시적으로 덮어두고 유사점이나 공동의 이익을 부각시켜서 갈등을 해소하는 방법이다.

⑤ **타협** : 갈등상태에 있는 당사자들이 자신들의 견해나 주장을 서로 조금씩 양보하여 공동의 결정에 도달하도록 하는 방법이다.

⑥ **협상** : 이해당사자들이 서로 다른 선호체계를 가지고 있을 때 공동의 결정을 해 나가는 과정이 협상이다. 이 과정에서 당사자들이 서로 상대방에게서 자기가 원하는 것을 얻으려고 노력한다.

⑦ **권위자의 명령** : 구성원들의 의견이나 이해관계의 대립으로 나타나는 갈등을 공식적 권한에 근거한 상관의 지시나 명령에 의해 해소하는 방법이다.

⑧ **갈등 당사자의 태도 변화** : 갈등을 유발한 사람의 태도를 변화시켜서 갈등을 해소하려는 방법이다.

⑨ **구조적 요인의 개편** : 인사교류, 업무 배분 변경, 보상 체제 개편 등과 같은 구조적 요인들을 개편하여 갈등을 구조적으로 해소하려는 방법이다.

6 갈등관리의 자극전략

대부분의 사람은 갈등을 예방하고 해소하기 위하여 노력을 기울인다. 하지만 리더에게는 조직의 목표성취를 위하여 갈등을 조장하는 것 또한 필요하다. 이는 구성원들이 무기력해지는 것을 막아주고 창의적이고 쇄신적인 활동 증대, 집단의 응집력 강화를 위해서이다.

① **새로운 구성원의 투입** : 기존 구성원들과 상이한 경력, 태도, 가치관을 지닌 외부인을 투입하는 것이다.

② **의사전달에 의한 방법** : 표면화된 공식적·비공식적 정보전달 통로를 의식적으로 변경함과 아울러, 갈등 수준을 높이기 위해서 모호하고 위협적인 메시지를 사용하는 것이다.

③ **제도적 직무의 재설계** : 현재 상황에 혼란을 주기 위해서 조직 내의 수평적 분화를 통해 조직구조를 변경하고, 조직의 계층 수를 증대시킴으로써 상호의존성을 증가시킨다. 조직구성원의 이동 등으로 직위관계를 재구성하고, 이를 통하여 새로운 리더를 맞이하게 하는 것이다.

④ **경쟁의 조성** : 집단의 대다수의 입장에 대한 반대하는 의견을 낼 사람을 임의적으로 지정하는 것이다. 이를 통하여 조직구성원 간 경쟁심을 높인다.

7 갈등의 기능

갈등은 일어나는 상황과 원인, 양상이 매우 복잡하며 분리와 해체, 통합과 단결 등 이질적 기능 요소들의 상호작용 결과이기 때문에 갈등의 기능 또한 다양하다.

갈등은 어느 개인 간이나 조직도 일어 날 수 있는 현상이며, 갈등으로 인해 개인이나 조직이 추구하는 목적이 방해 받을 수 있다. 하지만 갈등을 부정적으로만 인식할 필요는 없다. 갈등도 긍정적인 기능을 수행하기 때문이다. 이를 갈등의 순기능이라고 하는데, 갈등의 순기능이란 갈등을 해결함으로써 개인 간이나 조직 내 변화를 일으켜 구성원들의 태도와 행동을 변화시키는 것을 말한다. 이와 반대로 갈등의 역기능도 존재한다. 갈등의 역기능이란 갈등으로 인해 조직이 갖고 있는 목표달성의 노력이 분산되고, 조직원의 심리적 불안과 적개심, 스트레스 등이 유발되는 것을 말한다. 다음 〈표 11-1〉은 갈등의 순기능과 역기능의 결과표이다.

〈표 11-1〉 갈등의 순기능과 역기능의 결과

갈등의 순기능적 결과	갈등의 역기능적 결과
새로운 아이디어 유도	목표달성 노력 분산
창조성 유발	업무로부터 에너지 낭비
조직의 생동감 제고	심리적 안정 상태 위협
개인과 조직의 동일성 회복에 긍정적 영향	자원의 낭비
문제해결 촉구	적개심과 공격적 행동
심리적 욕구를 만족시킴	인간관계의 악화
혁신과 변화의 초래	조직의 부정적 결과 초래
새로운 관계 형성	전체의 목적보다 하위목표와 이익추구
의사결정의 길 개선	적대감 심화

우리 삶에는 언제나 갈등이 있다. 그러나 갈등은 그 자체로 나쁜 것이 아니다. 갈등 상황을 잘못된 방법으로 해결하려고 할 때 효율성이 떨어지고 문제가 지속되는 것이다. 하지만 현명하게 접근한다면 갈등을 해결하는 과정에서 목표 달성에 좋은 방법을 찾고 관계가 더 단단해지게 되기도 한다. 우리가 살아가고 일을 하면서 갈등이 전혀 없어야 좋은 것이 아니라, 발생한 갈등을 어떻게 해결해 가는가 하는 것이 더 중요하다는 의미이다.

WORKSHEET 1

갈등유형 측정

집단 내의 갈등의 원인을 알아보기 위한 측정 도구입니다.
아래 내용을 읽어보시고 자신을 가장 잘 나타내는 숫자에 체크하여 주십시오.

문항	절대 그렇지 않다	그렇지 않다	보통이다	그렇다	항상 그렇다
1. 우리는 팀 내에서 진행 중인 작업과 관련하여 구성원들 사이에 의견 충돌이 자주 있다.	①	②	③	④	⑤
2. 우리 팀 내에서 업무와 관련된 생각의 차이로 인해 구성원들 사이에 논쟁이 자주 있다.	①	②	③	④	⑤
3. 우리 팀 내에서는 어떻게 업무를 성취해야 하는 가에 대한 구성원들 사이에 의견 차이가 많이 있다.	①	②	③	④	⑤
4. 우리 팀원들은 팀 작업에 관련된 의견 차이로 인한 갈등을 어느 정도 경험한다.	①	②	③	④	⑤
5. 우리 팀 내에서 팀원들은 서로 간의 마찰을 자주 경험한다.	①	②	③	④	⑤
6. 우리 팀 내에서 팀원들은 서로 간의 성격 차이로 인해 갈등을 자주 경험한다.	①	②	③	④	⑤
7. 우리 팀 내에서 팀원들은 서로 간의 관계에서 긴장감을 자주 경험한다.	①	②	③	④	⑤
8. 우리 팀 내에서 팀원들은 서로 간의 관계에서 감정대립을 자주 경험한다.	①	②	③	④	⑤

■ 결과보기

다음의 합계 점수를 기록하세요.

관계갈등	1~4번	
과업갈등	5~6번	

_______________학과 _______________________학번 _____________이름

WORKSHEET 2

지금 나의 갈등 찾아보기

나와 나의 갈등	나와 가족 간의 갈등
나와 사적 타인과의 갈등	**나와 공적 타인과의 갈등**

________________학과 ________________________학번 ______________이름

WORKSHEET 3

● 나의 갈등대처유형

다음은 개인 간의 갈등(Personal Conflict)에 대응하는 자신의 대응유형을 알아보기 위한 검사입니다. 다른 사람과 자신의 의견이 서로 다른 상황이라고 가정하고 검사바랍니다. 만약 머릿속에 떠오르는 갈등상황이 있다면 그것을 생각하면서 나의 반응이 어떤지를 고르면 도움이 될 것입니다. 아래 내용을 읽어보시고 자신을 가장 잘 나타내는 숫자에 체크하여 주십시오.

Ⅰ. 다른 사람과 의견이 다르다는 것을 느끼기 시작하면, 나는…		절대 그렇지 않다	그렇지 않다	보통이다	그렇다	항상 그렇다
1	비록 서로 의견이 많이 다르더라도 모든 의견을 동등하게 받아들일 수 있도록 생각을 열어 놓는다.	①	②	③	④	⑤
2	모든 사람을 기쁘게 할 수 없으므로 내 의견이나 입장을 다른 사람들에게 분명히 이해시키려고 노력한다.	①	②	③	④	⑤
3	내 입장을 분명히 하지만, 그 수위를 조금 낮추어 어느 정도 시점에 가서는 해결책을 찾을 수 있도록 한다.	①	②	③	④	⑤
4	토론이나 논쟁에서 잠시 벗어나 상대방과 불편하고 긴장되는 상황으로 발전하는 것을 피한다.	①	②	③	④	⑤
5	내 개인적인 목표보다 다른 사람의 감정에 신경을 더 많이 쓴다.	①	②	③	④	⑤
6	나의 의견이 다른 사람과의 관계에 영향을 주지 않도록 고려한다.	①	②	③	④	⑤
7	나의 의견을 설명하려고 노력하는 만큼 다른 사람의 의견도 이해하려고 노력한다.	①	②	③	④	⑤
8	다른 사람의 느낌이 어떤지보다는 내가 가장 중요하다고 보는 목적에 우선순위를 둔다.	①	②	③	④	⑤
9	'다름'이나 '차이'가 일을 진행함에 있어 크게 걸림돌이 된다고 생각하지는 않는다.	①	②	③	④	⑤
10	양보할 것은 어느 정도 양보하고, 얻을 수 있는 것은 얻어낸다.	①	②	③	④	⑤
11	나의 요구뿐만 아니라 상대방의 요구도 받아들여질 수 있도록 더욱 활발하게 토론에 참가한다.	①	②	③	④	⑤
12	상대방의 기분을 고려하기보다는 내가 옳다고 생각하는 것이 다른 사람에게도 옳게 보여질 수 있도록 노력을 기울인다.	①	②	③	④	⑤

______________학과 ______________________학번 ____________이름

	Ⅱ. 만약 이견이 지속되거나 감정이 격해지기 시작하면, 나는…	절대 그렇지 않다	그렇지 않다	보통 이다	그렇다	항상 그렇다
13	내 주장만을 고집하지 않고 이상적으로 행동하지만, 내가 반드시 찾아야 할 부분을 찾는다.	①	②	③	④	⑤
14	내 의견을 절대로 강요하지 않으며, 상대방의 요구에 조금 뒤로 물러난다.	①	②	③	④	⑤
15	내 주장을 잠시 접어두고 다른 사람과의 관계에 더욱 신경을 쓴다.	①	②	③	④	⑤
16	다른 사람과의 직접적인 접촉을 줄이고, 적당하고 안전한 거리를 유지한다.	①	②	③	④	⑤
17	우선 결정해야 할 상황을 일단 해결해 놓고, 나중에 관계개선을 위해 노력한다.	①	②	③	④	⑤
18	다른 사람의 감정을 풀어주기 위해 필요한 모든 노력을 한다.	①	②	③	④	⑤
19	다른 사람의 요구를 받아들여주는 만큼 나의 요구도 관철되도록 한다.	①	②	③	④	⑤
20	중용과 타협을 이끌어냄으로써 일을 해결하고, 다음 단계로 진행될 수 있도록 한다.	①	②	③	④	⑤

■ 결과보기

1. 모두 마친 후에는 각각의 해당하는 숫자를 다음 빈칸에 채우세요. 그 후 두 숫자를 합하면 됩니다.

Ⅰ. 다른 사람과 의견이 다르다는 것을 처음 느끼기 시작했을 때(차분할 때)					
번호	1:	2:	3:	4:	5:
번호	7:	8:	10:	9:	6:
합					
	협동	경쟁/대립	타협/절충	회피/보류	양보/순응
Ⅱ. 다른 사람과 이견이 지속되어 갈등이 해결되지 않고, 감정이 점점 격해졌을 때(고조일 때)					
번호	11:	12:	13:	14:	15:
번호	19:	17:	20:	16:	18:
합					
	협동	경쟁/대립	타협/절충	회피/보류	양보/순응

2. 높은 숫자에서 낮은 숫자순으로 합산된 점수와 대응방식을 기재하십시오.

Ⅰ. 차분할 때		Ⅱ. 고조일 때	
점수	대응유형	점수	대응유형

■ **설명:**

'1~10번'은 다른 사람과 자신의 의견이 다르다는 것을 느끼기 시작했을 때, 즉 다른 사람과의 관계에서 갈등이 처음 발생했을 때 보이는 나의 즉흥적인 반응입니다.

'11~20번'은 다른 사람과 의견차이가 커졌을 때, 즉 다른 사람과 갈등이 커져 감정이 격해질 때 보이는 나의 반응입니다.

검사 결과는 두 가지의 상황에 대응하는 다섯 가지 방식을 나타내고 있습니다.

차분할 때에 해당되는 점수는 이견이 처음으로 나타날 때 흔히 나타나는 반응을 표시하고 있고, 고조일 때에 해당되는 점수는 의견 차이가 잘 해소되지 않고 감정이 고조되는 상황에서의 반응을 나타냅니다.

점수가 높은 방식이 주로 대응하는 방식이라 할 수 있습니다. 만약 전 방식에 걸쳐 점수가 비슷하다면 갈등대응에 있어 어느 특정 방식보다는 여러 가지 상황에 따라 다양하게 변할 수 있는 스타일이라고 할 수 있습니다.

청어와 메기

템스 강에서 어로작업으로 생활을 이어오던 어부들은 공해로 템스 강을 포기해야만 했고, 템스 강 하구와 그 근해에서 잡히는 고기마저 등이 휘고 기름 냄새가 나서 런던 시민들에게 외면당하고 팔리지가 않아 경제적인 어려움을 겪을 수밖에 없었다. 그 결과 어부들은 어쩔 수 없이 공해로 오염되지 않은 더 먼 바다로 나가 고기를 잡아 와야만 했다.

어부들은 조금씩 먼 바다로 나아가다가 영국의 북쪽바다인 북해에까지 나아가서 어로작업을 하였다. 그곳에서 싱싱한 청어를 많이 잡게 되었다. 그 당시 영국에서는 청정해역으로 알려진 북해에서 잡혀오는 청어는 런던 시민은 물론 전 영국인들에게 상당한 인기를 끌었으나 어부들에게는 또 하나의 고민거리가 생겼다. 그것은 워낙 먼 바다에서부터 청어를 런던까지 운반하여야 하는데 그 당시의 어선은 지금과 같이 기계화된 어선이 아니었고 냉동시설도 갖추지 못 했으므로 운반하는 데 많은 시간이 걸렸으며 그 사이에 청어들은 서서히 죽어갔던 것이다. 런던 시장에는 운반과정에서 다 죽어버린 청어를 내어놓을 수밖에 없었으며 죽은 청어는 값을 싸게 쳐서 팔 수밖에 없었고 어쩌다가 운이 좋아 한두 마리 살아 있는 청어는 상당히 비싼 값에 팔렸다.

어부들은 많은 돈을 벌기 위해 살아 있는 청어를 시장에 내어놓으려고 북해에서 런던까지 운반과정에서 청어를 살리기 위한 온갖 방법을 동원하고 노력하였다. 항해하는 동안 어부들은 청어를 넣어둔 어항에 시간 맞추어 물을 갈아주고, 먹이를 넣어주고, 물의 온도를 맞추어 주고, 온갖 정성을 다 쏟아 부어 보았지만 런던시장에 도착하기 전에 그 호사스러운 대접을 제공 받았던 대부분의 청어들은 죽어갔던 것이다. 그런데 유독 한 어부는 많은 청어를 살아 있는 채로 아주 싱싱한 상태로 런던시장에 내어놓고는 몇 배의 청어 값을 받아서 많은 돈을 벌고 있었다.

이 사실을 알게 된 다른 어부들이 그 어부에게 그 비결을 좀 알려달라고 청하였으나 그 어부는 그 비결을 알려주지 않았다. 그 후 몇몇 어부들이 그 비결을 알아내기 위해 계획을 세우고 다음 출항 때는 청어를 잡지 않고 그 어부의 하는 일을 관찰하기로 하였다. 출항 하면서부터 그 어부의 활동 상황을 유심히 관찰하였으나 북해에 도착하여 다른 어부들과 같이 열심히 청어를 잡아 올려서 어항에 넣고, 그물정리하고 갑판 청소를 하고, 별다른 것을 관찰할 수 없었다. 고기잡이 후 런던으로 귀항 중의 관찰에서도 다른 어부들은 청어를 살리기 위해서 분주하게 선상을 돌아다녔지만 이 어부는 갑판 위를 정리하고, 청소하고, 잡지를 보고, 가끔씩 태양에 달구어진 갑판 위에 물을 뿌려주고, 별다른 행동이 없었다. 오히려 다른 어부들보다 더 한가로운 항해를 하고 있었다.

그로부터 몇 해가 지나가고 싱싱한 살아 있는 청어를 시장에 내다팔던 그 어부는 너무 늙어서 고기잡이를 할 수 없게 되었고 바다의 전망이 아름다운 별장에서 여유 있는 노후를 보내고 있을 때 북해에서 청어잡이를 하는 동료 어부들을 별장으로 초대하였다.

이 소식을 들은 어부들은 그 비결을 말해 줄 것이라는 기대를 가지고 그 어부의 별장으로 몰려들었다. 그 어부는 지난날의 동료 어부들에게 만남의 기쁨으로 식사를 대접하고 나서 즐거운 추억의 대화를 나누는 시간에 노환으로 인한 힘겨운 목소리로 말을 이었다.

"여러분! 여러분이 궁금해 하는 청어를 살려서 돌아오는 비결을 말하겠소. 청어잡이를 위해 런던을 출발할 때 크고 힘센 메기 두어 마리를 어항에 넣어가지고 출항하시오, 그리고 북해에 도착할 때까지 메기에게 먹이를 주지 마시오, 그리고 북해에서 청어가 잡히는 대로 그 어항에 넣어두시오……." 잠시 적막이 흘렀다. 어부는 계속 말을 이었다.

"그리하면 여러분은 런던에 도착할 때까지 청어는 살아서 펄떡일 것이고, 싱싱한 청어를 시장에 내다 팔 수 있을 것이오." 이 말을 모두 경청한 어부들은 적막을 깨고

웅성 거렸다. “여보시오, 영감님. 정신이 있으시오? 그리하면 메기와 청어는 천적관계인데 청어를 다 잡아먹거나 상처를 내어서 그나마 한두 마리도 살려오기 어려울 것이오.” 웅성거리는 어부들을 주시하면서 그 노인은 잠시 침묵을 지키더니 조용한 음성으로 말을 이었다.

“생명은 호사스러운 조건에서보다, 고난과 역경 속에 있을 때 더욱 강해지는 것이오!” 그 노인은 계속 말을 이었다. “몇 마리의 청어는 메기에게 잡혀 먹히겠지요. 그리고 몇 마리는 상처 입힘을 당할 겁니다. 그러나 많은 청어는 자기의 천적이 존재하는 한 울타리 안에서, 그저 본능적으로 살아 남기 위한 몸부림을 칠 것입니다. 삶의 목적도, 방향도 잊어버리고 그저 존재하기 위해서 말입니다! 그러다보면 청어들은 런던의 어시장에 도착해 있을 것입니다.”

갈등의 순기능 사례는 사회적으로 잘 이슈화되지 않는다. 그러나 성과를 내는 개인이나 조직의 경우 대부분이 갈등관리를 잘 하는 사람이나 조직이다.

갈등이 너무 없을 경우 개인은 나태해지고 조직도 변화를 하지 않고 안주하게 된다. 따라서 훌륭한 사람이나 조직은 무사 안일함을 버리고, 갈등을 변화의 기회로 자신과 조직을 돌아보고 성장의 원동력으로 삼는 것이다.

12

CHAPTER

일과 직업 그리고 권리

◐ 학습목표 ◑

1. 직업이 주는 가치를 알아본다.
2. 직업이 될 수 있는 조건을 알아본다.
3. 직업인으로서의 권리를 알아본다.

직업은 삶의 근간이다.

– 프레드리히 니체–

어려운 직업에서 성공하려면
자신을 굳게 믿어야 한다.
이것이 탁월한 재능을 지닌 사람보다
재능은 평범하지만 강한 투지를 가진 사람이
훨씬 더 성공하는 이유다.

– 소피아 로렌–

진정한 성공은 평생의 일을
자신이 좋아하는 일에서 찾는 것이다.

– 데이비드 메컬로 –

일을 즐기면 일의 완성도가 높아진다.

– 아리스토텔레스 –

내가 계속할 수 있었던 유일한 이유는
내가 하는 일을 사랑했기 때문이라 확신합니다.
여러분도 사랑하는 일을 찾으셔야 합니다.
당신이 사랑하는 사람을 찾아야 하듯 일 또한 마찬가지입니다.

– 스티브 잡스 –

12
CHAPTER

일과 직업 그리고 권리

1 직업

1) 직업의 가치

직업의 사전적 의미는 개인이 사회에서 생활을 영위하고 수입을 얻을 목적으로 한 가지 일에 종사하는 지속적인 사회 활동이다.[1] 직업이 우리에게 주는 가치는 다음과 같다.

(1) 직업은 우리의 기본적인 생계유지를 할 수 있게 한다

이 세상을 살아가기 위해서 인간은 기본적으로 의식주를 해결해야만 한다. 의식주를 해결하기 위해서는 기본적으로 돈이 있어야 하며, 이것은 직업 활동을 통해서 가능하게 된다.

1) 다음 한국어 사전

(2) 직업은 사회적 역할을 수행할 수 있게 한다

대한민국 국민은 지켜야 할 기본적인 네 가지 의무가 있다. 그중에 하나가 근로의 의무이다. 근로의 의무를 함으로써 사회 구성원으로 자신이 가지고 있는 재능을 통해서 국가와 사회에 일정한 부분에 기여를 하게 된다. 이러한 기여는 국가와 사회가 원활하게 움직이게 되는 원동력이 된다.

(3) 직업은 사회적 관계망과 위치를 가질 수 있게 한다

개인은 직업을 통해서 개인의 사회적 관계망의 범위가 결정되며, 직업을 통한 지속적인 자기개발은 개인의 사회적 위치를 통해서 자신의 정체감을 형성할 수 있도록 한다.

(4) 직업은 개인의 개성과 자아실현을 하게 한다

개인의 타고난 재능과 역량은 직업을 통해서 발휘될 수 있는 좋은 요인이 된다. 따라서 자신이 가지고 있는 재능과 역량을 직업을 통해서 자아실현을 하게 되고, 직업을 통한 자아실현은 자신의 존재적 가치와 행복감에 많은 여향을 준다.

2) 직업의 조건

한국표준직업분류(2007)에서는 직업이 될 수 있는 조건으로 다음과 같이 네 가지를 제시하였다.

(1) 직업은 계속성이 있어야 한다

직업은 유사성이 같은 과업이나 업무를 지속적으로 수행하는 것을 말한다. 직업의 계속성이란 매주, 매일, 매월 등 주기적으로 행하는 것, 계절적으로 행하는 것,

명확한 주기는 없으나 계속으로 행하는 것, 현재 하고 있는 일을 계속적으로 행할 의지와 가능성이 있는 것을 말한다.

(2) 직업은 경제적 보상이 있어야 한다

직업은 경제적 거래관계가 성립하는 활동을 수행해야 한다. 그러나 노력 없이 자연발생적인 이득이나 우연하게 발생하는 경제적인 과실에 전적으로 의존하는 활동은 직업이라 보기 어렵다.

(3) 직업은 윤리성과 사회성이 충족되어야 한다

직업의 윤리성은 비윤리적인 영리행위나 반사회적인 활동을 통해 경제적인 이윤을 갖는 직업 활동을 인정하지 않는다. 또한 모든 직업 활동은 사회적인 기여를 해야 한다.

■ **한국표준직업분류(2007)에서 직업으로 인정되지 않는 경우**

1. 이자, 주식배당, 임대료(전세금, 월세금) 등과 같은 자산 수입이 있는 경우
2. 연금법, 국민기초생활보장법, 국민 연금법 및 고용보험법 등의 사회보장이나 민간보험에 의한 수입이 있는 경우
3. 경마, 경륜, 복권 등에 의한 배당금이나 주식투자에 의한 시세차익이 있는 경우
4. 예·적금 인출, 보험 수치, 차용 또는 토지나 금융자산을 매각하여 수입이 있는 경우
5. 자기 집의 가사활동에 전념하는 경우
6. 교육기관에 재학하며 학습에만 전념하는 경우
7. 시민봉사활동 등에 의한 무급 봉사적인 일에 종사하는 경우
8. 도박, 강도, 절도, 사기, 매춘, 밀수와 같은 불법적인 활동
9. 의무로 복무 중인 사병, 단기 부사관, 장교와 같은 군인
10. 사회복지시설 수용자의 시설 내 경제활동
11. 수형자의 활동과 같이 법률에 의한 강제노동을 하는 경우

2 직업인으로서의 권리

1) 근로자가 알아야 할 권리

(1) 계약기간이 1년이 넘지 않으면 수습기간을 적용할 수 없다

사업장에서 임금을 절감하기 위하여 수습기간을 정하여 최저시급제보다 낮은 임금을 주고자 할 때가 있다. 1년 이상 근로 계약을 했을 때 최대 3개월을 수습기간으로 정할 수 있으며 이를 넘길 수는 없다. 수습기간의 급여는 회사 규정과 근로 계약에 따라 원래 급여의 70%, 90% 등 다양하지만 모든 계산을 마쳤을 때의 금액이 반드시 최저시급의 90% 이상을 넘어야 한다.

(2) 근로 시간은 휴게시간을 제외하고 하루 8시간을 초과할 수 없다

「근로기준법」 제50조 제1항에서는 1주간의 근로시간은 휴게시간을 제외하고 40시간을 초과할 수 없다고 하였다. 8시간을 초과할 경우에는 반드시 추가급여를 주어야 한다.

(3) 생리휴가는 무급휴가이며 사용 금지는 불법이다

「근로기준법」 제73조에 "사용자는 여성 근로자가 청구하면 월 1일의 생리휴가를 주어야 한다"고 명확하게 명시되어 있다. 아르바이트생 역시 예외 없이 사용 가능하며, 1달에 한 번 근로자가 요청할 경우 고용주는 이를 허용해야 할 의무를 가진다. 단, 5인 미만의 사업장의 경우에는 생리휴가 부여가 의무 적용되지 않으며 모든 생리휴가는 무급휴가로 규정된다. 특히 생리휴가의 사용은 소정 근로일 및 개근일수와 무관하며 만약 고용주가 이를 위반할 경우엔 최대 500만 원 이하의 벌금형에 처해진다.

(4) 1주일 동안 규정된 근무일수를 다 채운다면 주휴수당을 받을 수 있다

「근로기준법」 제55조에는 "사용자는 1주일 동안 소정의 근로일수를 개근한 노동자에게 1주일에 평균 1회 이상의 유급휴일을 주어야 한다"고 명시되어 있다. 이때 유급휴일에 받는 것을 주휴수당이라고 한다. 주휴수당은 상시 근로자 또는 단기간 근로자에 관계없이 일주일 15시간 이상 근무한 모든 근로자가 적용대상이 된다.

(5) 근로계약서를 반드시 작성해야 한다

근로계약서는 근무 시 발생할 수 있는 불이익에 대하여 법의 보호를 받을 수 있는 가장 기본적인 서류이다. 근로계약서는 계약기간, 근무 장소, 근로 시간, 주휴일, 연차, 휴가, 임금, 임금 지급일을 반드시 포함하여 작성되어야 한다. 만약 근로계약서를 작성하지 않았을 경우, 고용주는 최대 500만 원 이하의 벌금형에 처해진다.

(6) 최저시급제를 반드시 받아야 한다

2023년 최저시급제는 9,620원이다[2]. 대상은 1인 인상의 근로자를 고용하는 모든 사업, 또는 사업장이다. 최저시급제를 위반할 경우 고용주는 3년 이하의 징역 또는 2천만 원 이하의 벌금이 부과된다.

(7) 1년 이상 일한 모든 근로자는 퇴직금을 받을 수 있다

퇴직금이란 근로자가 퇴직 후 생활안정을 위해서 도입된 제도이다. 따라서 상시 근로자수와 관계없이 1년 이상 일한 근로자라면 반드시 받아야 하는 모두의 권리이다.

2) 2024년 최저시급제는 9,860이다.

(8) 사업장 상시 근무자가 5인 이상인 경우, 누구나 연차유급휴가를 받을 수 있다

근로기준법 제60조 제1항에 의하면 '1년간 80%이상 출근한 근로자에게는 15일의 유급휴가를 주어야 한다고 명시되어 있다. 그러나 5인 미만(4인 이하)의 회사인 경우 「근로기준법」상 연차휴가는 발생하지 않는다.

2) 직장생활에서의 인권

(1) 직장 내 폭력

「근로기준법」 제8조(폭행의 금지)에서는 사용자는 사고의 발생이나 그 밖의 어떠한 이유도 노동자에게 폭행은 하지 못한다고 하였다.

(2) 직장 내 성희롱

사업주 또는 상급자, 동료 근로자는 직장 내 지위를 이용해 다른 근로자에게 성적 굴욕감(혐오감)이나 고용에 불이익을 주면 안 된다.

① 직장 내 성희롱 유형

성희롱 유형	내 용
언어적 유형	• 음란한 농담을 하거나 음탕하고 상스러운 이야기 • 외모에 대한 성적인 비유나 평가 • 회식자리 등에서 무리하게 옆에 앉혀 술을 따르도록 강요 • 성적인 사실관계를 묻거나 성적인 내용의 정보를 의도적으로 유포 • 성생활이나 사생활에 대해 캐묻거나 폭언 또는 욕설을 하는 것
육체적 유형	• 가슴, 엉덩이 등 특정 신체부위를 만지는 행위 • 입맞춤, 포옹, 뒤에서 껴안기 등의 신체적 접촉 • 안마나 애무를 강요하는 행위 • 신체검사 시 가슴에 손을 얹는 경우 • 귀엽다면서 뺨 쓰다듬기

성희롱 유형	내 용
시각적 유형	• 음란한 사진, 그림, 낙서, 출판물 등을 게시하거나 보여주는 것 • 음란한 손짓이나 몸짓을 하는 것 • 성적 언어를 쓴 메모나 편지를 전해 주거나 외설적인 책이나 글을 보게 하는 것
고용 불이익을 주는 것	• 채용탈락, 감봉, 승진탈락, 견직(絹織), 정직(停職), 휴직, 해고 등과 같이 채용 또는 근로조건을 일방적으로 불리하게 하는 것

② 직장 내 성희롱 성립요건

직장 내 성희롱이 성립되기 위해서는 ㉠ 성희롱의 당사자 요건, ㉡ 지위를 이용하거나 업무와의 관련성이 있을 것, ㉢ 성적인 언어나 행동, 또는 이를 조건으로 하는 행위일 것, ㉣ 고용상의 불이익을 초래하거나 성적 굴욕감을 유발하여 고용환경을 악화시키는 경우일 것을 들 수 있다.

(3) 성희롱의 당사자 요건

① 가해자

「남녀고용평등법」상 가해자는 고용 및 근로조건에 관한 결정권한을 가지고 있는 사업주나 직장 상사를 비롯하여 동료 근로자와 부하직원까지 포함되지만, 거래처 관계자나 고객 등 제3자는 가해자의 범위에서 제외되고 있다.

한편, 「남녀차별금지 및 구제에 관한 법률」에서는 '성희롱'의 가해자의 범위에 대하여 공공기관 종사자(예: 학교나 정부 각 부처 및 그 산하기관, 지방 행정기관의 공무원 및 일반직원 등)뿐만 아니라 「남녀고용평등법」상 '직장 내 성희롱'의 가해자 범위에 포함될 수 없는 거래처 관계자나 고객도 '성희롱'의 가해자가 될 수 있다. 그리고 가해자 성별이 대부분 남성이지만 여성이 가해자가 될 수도 있다.

② 피해자

모든 남녀근로자는 직장 내 성희롱의 피해자가 될 수 있다. 대부분의 피해자는 여성근로자가 주요 대상이지만 남녀근로자(협력업체 및 파견근로자 포함) 모두 해당되며 현재 고용관계가 이루어지지 않았더라도 장래 고용관계를 예정하고 있는 모집 채용과정의 채용희망자(구직자)도 성희롱 피해자의 범위에 포함된다고 보고 있다. 그러나 고객과 거래처 직원은 '직장 내 성희롱' 피해자 범위에서 제외한다.

(4) 지위를 이용하거나 업무와의 관련성이 있을 것

'지위를 이용하거나 업무와 관련성이 있을 것'이라는 요건 때문에 '성희롱' 또는 '직장 내 성희롱'이 단지 '직장 내'라는 장소에서 일어나야 한다는 것을 의미하는 것은 아니다. 예를 들어 업무와 관련한 출장으로 차 안에 있을 때, 전체 회식장소 등에서 발행하는 성희롱도 업무관련성이 있다고 볼 수 있다. 심지어 사적인 만남이라고 할지라도 업무를 빙자하여 상대방을 불러내는 등 업무와 관련성이 있다고 판단할 만한 요소가 있다면 '직장 내 성희롱' 또는 '성희롱'이라고 볼 수 있다.

물론 사업장 안이었거나 근무시간 중이었다면 업무 관련성이 있다는 것을 쉽게 추정할 수 있을 것이다. 한편 남녀 직원들의 사교 애정에 의한 성적 언동이나 '서로의 동의에 의한 것'은 직장 내 성희롱에 들어가지 않는다.

(5) 성적인 언어나 행동 또는 이를 조건으로 하는 행위일 것

직장 내 성희롱은 성적인 언어나 행동에 의하거나 이를 조건으로 하는 행동이다. 여기에는 육체적 유형, 언어적 유형, 시각적 유형, 기타 사회 통념상 성적 굴욕감을 유발하는 것으로 인정되는 언어나 행동, 성역할에 기반한 성희롱으로 나눌 수 있다. 또한 이를 조건으로 하는 행위란 이런 다양한 유형의 성적 행위를 피해자인 상대방이 적극적으로 하여줄 것을 요구하거나 또는 소극적으로 참아줄 것을 바라는 것이라 할 수 있다.

(6) 고용상의 불이익을 초래하거나 성적 굴욕감을 유발하여 고용환경을 악화시키는 경우일 것

「남녀고용평등법」에서는 직장 내 성희롱이 성립하기 위해서는 고용조건이나 고용환경에 관하여 성을 이유로 한 차별적 취급이 있어야 한다.

그러나 「남녀차별금지 및 구제에 관한 법률」의 경우 '성적 굴욕감 또는 혐오감을 느끼게 하는 것'이라고 정의함으로써 고용조건상의 불이익 또는 고용환경의 악화를 초래하지 않더라도 성적 굴욕감 또는 혐오감을 느끼게 하는 것만으로도 인격권의 침해행위로서 직장 내 성희롱이 성립한다고 판단할 여지가 있다.

(7) 성희롱 대응책

① 개인적 대응

- 직접적으로 거부의사를 밝히고 중지할 것을 항의한다.
- 증거자료를 수거하고 공식적 처리를 준비한다.
- 상사나 노동조합 등의 내부기관에 도움을 요청한다.
- 외부단체 및 성폭력 상담기관 등에 도움을 요청한다.

② 직장의 대응

- 회사 내부의 관련 직원이나 외부의 전문가를 초빙하여 공정하게 처리한다.
- 사안에 대해 신속하게 조사하여 처리한다.
- 개인 정보의 유출을 철저히 방지한다.
- 가해자에 대해 납득할 정도의 조치를 취하고 결과를 피해자에게 통지한다.

참고문헌

강정한, 김문조, 김종길, 김홍중, 유승호, 하홍규(2013). **현대사회학이론**: 패러다임적 구도와 전환. 서울: 다산출판사.

강헌주(2017). 호텔 조직 내 리더십이 갈등관리, 혁신행동 및 서비스 성과에 미치는 영향. 경기대학교 대학원, 박사학위논문.

권석만(2013). **현대 이상심리학**(2판). 서울: 학지사.

권준수, 김재진, 남궁기, 박원명, 신민섭, 유범희, 윤진상, 이상익, 이승환, 이영식, 이헌정, 임효덕(2015). 정신질환의 진단 및 통계편람 제5판. 서울: 학지사.

김경령, 서은희(2020). 젠더 감수성 측정을 위한 구인 탐색 및 척도 개발. **교육연구논총**, **41**(4), 63-90.

김경애, 김명숙, 박찬수, 손승영, 송희영, 오세은, 오은경, 이재현, 이주미, 장소진, 공미혜, 이미경(2004). **성과 사랑의 시대**. 서울: 학지사.

김은정, 서기만(2016). **인공지능시대를 위해 시작해야 할 두 번째 고민**. LG경제연구원.

김종운(2017). **만남 그리고 성장을 위한 인간관계 심리학**. 서울: 학지사.

김종일(2016). Satir 사랑척도 개발 및 타당화 연구. 서울불교대학원대학교, 박사학위논문.

김주환(2011). **회복탄력성 - 시련을 행운으로 바꾸는 유쾌한 비밀**. 경기: 위즈덤하우스.

김태련, 이선자, 조혜자(1995). **성의 심리학**. 이화여자대학교 출판부.

노유진(2006). 성인 애착유형이 미혼남녀의 사랑유형과 이성교제에 미치는 영향. 중앙대학교 대학원, 석사학위논문.

문용갑, 이남옥(2016). **조직갈등관리: 심리학적 갈등조정을 중심으로**. 서울: 학지사.

민경환, 김명선, 김영진, 남기덕, 박창호, 이옥경, 이주일, 이창환, 정경미(2013). **심리학 입문**(2판). 서울: 시그마프레스.

박지현(2004). 대학생 커플의 성행동에 관한 연구: 부모와의 의사소통 특성과 대학생의 성태도 및 성대화에 따라서. 성신여자대학교 대학원, 석사학위논문.

백보경(2010). 여대생의 자아존중감과 사랑유형의 관계: Sternberg의 사랑의 삼각이론을 중심으로. 서울여자대학교 사회복지・기독교대학원, 석사학위논문.

변금령(2010). 기혼 남녀의 성 의사소통 유형이 성생활의 질 및 사랑 요소에 미치는 영향. 가톨릭대학교 대학원, 석사학위논문.

서은주(2017). 격려스트로크를 활용한 교사의 회복탄력성 집단프로그램 개발. 경상대학교 대학원, 박사학위논문.

송인섭(1998). **인간의 자아개념 연구**. 서울: 학지사.

심준섭(2015). 개인 간 갈등관리의 2차원 모형에 대한 검증, 국가정책연구, 29(4).

안상수, 김인순, 김금미(2016). 개정 한국형남녀평등의식검사 개발 1: 검사 타당화 기초연구. 한국여성정책연구원.

우정공무원교육원(2016). 갈등관리를 위한 스킬. 천안: 우정공무원교육원.

유연희(2016). 대학생의 사랑유형과 성 태도에 관한 연구. 울산대학교 대학원, 석사학위논문.

유영달, 이희영, 김용수, 이동훈, 하도겸, 유채은, 박현주, 천성문, 이정희, 박성미, 이희백(2016). **인간관계의 심리**. 서울: 학지사.

유인경(2006). **나만 모르는 내 성격**. 서울: 모멘토.

윤순임 역(2005). **남녀관계의 사랑과 공격성**. 서울: 학지사.

윤옥희(2017). 지능정보사회의 창의적 인재육성을 위한 핵심역량 요인에 관한 탐색적 연구. 숙명여자대학교 정책·산업대학원, 석사학위논문.

이성태(2017). **인간관계론**. 경기: 양성원.

이수정(2022). 가스라이팅 및 스토킹의 심리적 기재에 관한 비교. **한국경찰연구**. 21(2), 211-236.

이인수, 최명구, 이태연, 정기수(2007). **인간관계의 이해**. 서울: 도서출판 신정.

이재희, 김경진, 이상익, 권은주, 김정일(2017). **(NCS 직업기초능력)직업윤리**. 파주: 양성원.

임세라(2017). 조직의 갈등관리 커뮤니케이션 전략이 공중 협력에 미치는 영향: 공중의 소외감 매개효과를 중심으로. 한국외국어대학교 대학원, 석사학위논문.

장동숙 역(2010). **5가지 사랑의 언어**. 경기: 생명의 말씀사.

장인록(2016). 사회성증진프로그램이 소년수형자의 회복탄력성에 미치는 영향에 관한 연구경기대학교 교육대학원, 석사학위논문.

장현갑, 이진환, 신현정, 정봉교, 이광오, 정영숙(2004). **힐가드와 애트킨슨의 심리학 원론**(14판). 서울: 박학사.

정기연(2006). 사회의 패러다임 전환과 리더십 발전방안에 관한 연구. 조선대학교 정책대학원, 석사학위논문.

정동섭(2009). **가족치유, 마음치유**. 서울: 요단출판사.

정민철(2013). 이상심리학. 한국정보지원센터.

정은주(2017). 청소년 회복탄력성 관련 변인에 관한 메타분석. 초당대학교 대학원, 박사학위논문.

정진경(1990). 한국 성역할 검사 (KSRI). 한국심리학회지: 사회 및 성격 5(1), 82-92.

채규만(2006). **성행동 심리학**. 서울: 학지사.

채규만(2018). **성행동 심리학**(2판). 서울: 학지사.

최성애(2014). **회복탄력성 – 최성애 박사의 행복 에너지 충전법**. 서울: 해냄출판사.

홍성열(2008). **사회심리학**. 서울: 시그마프레스.

황규대, 박상진, 이광기, 이철기(2012). **조직행동의 이해**. 서울: 박영사.

Ainsworth, M. D. S.(1969). Object relations, dependency and attachment: A theoretical review of the infant-mother relationship. *Child Development, 40*, 969-1025.

Aron, A., Aron, E. N., & Smollan, D.(1992). Inclusion of other in the Self Scale and the structure of interpersonal closeness. *Journal of Personality and Social Psychology*, *63*, 596-612. American Psychological Association. Adapted with permission.

Bartholomew, K. & Horowitz, L. M.(1991). Attachment style among young adults: A test of four category model. *Journal of Personality and Social Psychology, 61*, 226-244.

Beaker, W. C.(1964). *Consequences of different Kinds of Parental Disciple Review of Child Development Research*, Martin L. Hoffman and Lois W. Hoggman(Eds.), by Russell Sage Foundation.

Berman, W. H., & Sperling, M. B.(1994). The structure and function of adult attachment. In M. B. Sperling & W. H. Berman(Eds.), *Attachment in adult*(pp. 3–28). New York: The guildford press.

Bowlby, J.(1973). *Attachment and loss: Separation, anxiety and anger.* New York: Basic Books.

Bowlby, J.(1982). *Attachment and loss: Vol. 1. Attachment*(2nd Ed). New York: Basic Books.

Caspi, A., & Herbener, E. S.(1990). Continuity and change: Assortative marriage and the consistency of personality in adulthood. *Journal of Personality and Social Psychology, 58*(2), 250–258.

Gary Chapman & Jennifer Thomas(2012). 5가지 사과의 언어[The Five Languages of Apology]. (김태곤 역) 생명의 말씀사(원전은 2006년에 출판).

Gary Chapman.(2003). *The 5 love languages*. Northfield Publishing.

Greenberg, M. T., J. M. Siejel, & C. J. Leitch.(1983). The nature and importance of attachment relationships to parent and peers during adolescence. *Journal of Youth and Adolescence, 12(5)*, 373–385.

Hazan, C., & Shaver, P. R.(1987). Conceptualizing romantic love as an attachment process. *Journal of Personality and social Psychology, 52*, 511–524.

John Paul(2003). *The little book of conflict transformation*. Intercourse, PA: Good Books.

Kenny, M. E.(1987). The extent and function of parental attachment among first year college students. *Journal of Youth and Adolescence, 16*, 17–27.

Kobak, R. R., & Sceery, A.(1988). Attachment in late adolescence: Working models, affect regulation, and representations of self and others. *Child Development, 59*, 135–146.

Landy, David, Sigall, Harold.(1974). Beauty is talent: Task evaluation as a function of the performer's physical attractiveness. *Journal of Personality and Social Psychology, 29*(3), 299–304.

Landy, David, Sigall, Harold.(1974). Beauty is talent: Task evaluation as a function of the performer's physical attractiveness. Journal of Personality and Social Psychology, Vol 29(3), 299–304.

Mita, Theodore, H., Dermer, Marshall, Knight, Jeffrey(1977). Reversed facial images and the mere-exposure hypothesis. *Journal of Personality and Social Psychology, Vol 35*(8), Aug 1977, 597–601.

Norwood, R.(1989). *Woman who loves too much*. New York : Book Road.

Schaefer, E. S.(1959). A circumplex model for maternal behavior. *The Journal of Abnormal and Social Psychology, 59*(2), 226–235.

Schiffenbauer, A., & Schiavo, R. S.(1976). Physical distance and attraction: An intensification effect. *Journal of Experimental Social Psychology, 12*(3), 274-282.

Sheposh, J. P., Deming, M., & Young, L. E.(1977). The radiating effects of status and attractiveness of a male upon evaluating his female partner. *Paper presented at the annual meeting of the Western psychological Association*. Seattle.

Stephanie Moulton Sarkis.(2022). Healing from Toxic Relationships: 10 Essential Steps to Recover from Gaslighting, Narcissism, and Emotional Abuse. Hachette Go.

Sternberg, R. J.(1998). *Cupid's Arrow: The Course of Love through Time*. Cambridge Univ. Press.

Sternberg, Whitney.(1991). *Love the Way You Want It: Using Your Head in Matters of the Heart*. Bantam.

Stroebe, W., Insko, C. A., Thompson, V. D., & Layton, B. D.(1971). Effects of physical attractiveness, attitude similarity, and sex on various aspects of interpersonal attraction. *Journal of Personality & Social Psychology. 18*, 79-91.

Symonds, P. M.(1949). *The dynamics of parent-child relationships.* Oxford, England: Bureau of Publications, Teachers College, Columbia University.

Tennov, Dorothy(1999). *Love and Limerence: the Experience of Being in Love*. New York: Scarborough House.

Theodore Millon(2004). *Personality Disorders in Modern Life*. Wiley.

경안일보(2018.4.12.). "고독하다"는 한국인의 심리상태

네이버 시사상식사전 https://terms.naver.com/entry.naver?docId=5138864&cid=43667&categoryId=43667

아시아경제(2018.3.12.). "나는 스스로 아웃사이더가 되기로 했다", 인간관계 '번아웃'

위키백과 http://www.hani.co.kr/arti/culture/book/809182.html#csidx7bfa90a85ace8d19ec6606cacc9f013

찾아보기

저/자/소/개

■ 황혜원

숙명여자대학교 대학원 교육학 박사(상담・교육심리 전공)

전, 가톨릭관동대학교 베름교양대학 조교수

정화예술대학교 교양과정부 조교수

현, 공군 보라매리더십센터 교수

■ 정민철

성신여자대학교 대학원 임상심리학 박사

전, 원광대학교 초빙교수

정화예술대학교 겸임교수

현, 임상심리전문가

정신건강임상심리사 1급

심리클리닉 마음 대표

■ 심호규

서울여자대학교 대학원 심리치료학 박사

전, 사과나무심리상담센터 소장

춘천교육대학교 초빙교수

현, 공군 보라매리더십센터 교수

상담심리사 1급(한국상담심리학회, 한국상담학회)

청소년상담사 1급(여성가족부)

[개정판]

긍정심리와 인간관계

1판 1쇄 발행 ― 2018년 9월 5일
2판 1쇄 발행 ― 2023년 8월 25일

저　　자 - 황혜원 · 정민철 · 심호규
발 행 인 - 강철원
발 행 처 - 양성원
주　　소 - 경기도 파주시 검산로 173번길 29-12
전　　화 - 031-946-3861(代)
팩　　스 - 031-946-3864
이 메 일 - tnwpub@naver.com
홈페이지 - tnwpub.co.kr
출판등록 - 2015년 8월 31일 제 2015-000211 호

ISBN 979-11-6126-550-6

정가 20,000원